高等院校民航服务专业系列教材

民用航空地面服务与管理
（第 2 版）

马松伟　主　编
李　永　周为民　苗俊霞　杨桂芹　副主编

清华大学出版社
北　京

内 容 简 介

本书以旅客乘机旅行之前的机场地面服务为主要内容，根据民航特色专业教材的编写出版要求，针对民航地面服务工作的实际需要，分七章介绍了民航地面服务与管理的相关理论及实践，包括机场概述、机场的构成及功能、机场候机楼管理及流程、机场值机服务、机场安全检查服务、机场候机服务、机场商业服务等内容。

本书充分结合中国民航的实际情况，突出专业性、实用性、通俗性、创新性，努力将民航行业规范、实际需求、应知应会、易学易用结合起来，并贯穿于各章内容之中，有利于读者了解民航地面服务实际操作流程、掌握民航服务知识与技能、开阔学习应用民航知识的思路和眼界。

本书可以作为民航特色专业教材，也可供民航行业培训机构及相关工作人员学习参考。

本书封面贴有清华大学出版社防伪标签，无标签者不得销售。
版权所有，侵权必究。举报：010-62782989，beiqinquan@tup.tsinghua.edu.cn。

图书在版编目(CIP)数据

民用航空地面服务与管理/马松伟主编. —2版. —北京：清华大学出版社，2020.4（2024.6重印）
高等院校民航服务专业系列教材
ISBN 978-7-302-54201-8

Ⅰ.①民… Ⅱ.①马… Ⅲ.①民用航空—旅客运输—商业服务—高等学校—教材 ②民用航空—机场管理—高等学校—教材 Ⅳ.①F560.9 ②F560.81

中国版本图书馆CIP数据核字(2019)第255896号

责任编辑：杨作梅
封面设计：杨玉兰
责任校对：周剑云
责任印制：宋 林

出版发行：清华大学出版社
　　　　网　　址：https://www.tup.com.cn, https://www.wqxuetang.com
　　　　地　　址：北京清华大学学研大厦A座　　　邮　编：100084
　　　　社 总 机：010-83470000　　　　　　　　　邮　购：010-62786544
　　　　投稿与读者服务：010-62776969, c-service@tup.tsinghua.edu.cn
　　　　质量反馈：010-62772015, zhiliang@tup.tsinghua.edu.cn
　　　　课件下载：https://www.tup.com.cn, 010-62791865

印 装 者：三河市铭诚印务有限公司
经　　销：全国新华书店
开　　本：185mm×260mm　　印　张：15.75　　字　数：383千字
版　　次：2015年8月第1版　2020年4月第2版　　印　次：2024年6月第6次印刷
定　　价：59.00元

产品编号：082698-01

高等院校民航服务专业系列教材
编审委员会

主　　任： 梁秀荣（中国航协飞行与乘务委员会高级顾问）

副 主 任： 徐小搏　（北京东方通航教育科技有限公司总经理）

主任委员：

　　　　　　周为民（原中国国际航空股份有限公司培训部教员、国家乘务技术职能鉴定考评员、国家级高级乘务员）

　　　　　　杨桂芹（原中国国际航空股份有限公司主任乘务长、国家级高级乘务员）

　　　　　　苗俊霞（原中国国际航空股份有限公司培训部教员、国家乘务技术职能鉴定考评员、国家级乘务技师）

　　　　　　刘茗翀（原中国国际航空股份有限公司乘务长、海南航空乘务训练中心教员、国家级高级乘务员）

　　　　　　马　静（原中国国际航空股份有限公司主任乘务长、国家高级乘务员）

高等院校民航服务专业系列教材
编写指导委员会

总策划：车云月

主　任：王　涛

副主任：李海东　姜琳丽　霍巧红

委　员：

　　　　周　贤　郭　卫　陈倩羽　徐颖丽　王瑞亮

　　　　郭　峰　姚庆海　李　杨　杨　峰

前　言

中国民航局近日发布《中国民用航空发展第十三个五年规划》（简称《规划》），描绘了民航产业发展蓝图，并提出系列目标。"十三五"期间全国续建、新建机场项目74个。

随着我国旅游业及相关产业的快速发展，越来越多的商务和度假旅客都选择飞机出行这种便捷方式，这也势必带动民航的蓬勃发展。中国航空运输业在全球的排名已跃升至世界第三位。随着中国经济的快速发展，中国航空运输业年均增长速度将保持10%左右，每百万平方公里拥有的机场数量将大幅度增加，航班速度、旅客客运量等各项指标都将快速增长，中国将成为亚太地区乃至全球范围内最重要的航空市场。民航业的高速发展，对航空专业服务与管理人才的需求量也将大大增加。

我国民航行业不断发展、规模不断扩大的现实与趋势，迫切需要民航行业从业人员数量上的增长和质量上的提高，迫切需要一套适应民航行业经营管理运营实际、适应民航行业发展速度及发展规模的教学培训用书。为此，我们按照专业性、实用性、通俗性、创新性的原则编写了本书，力图帮助读者了解民航地面服务实际操作流程、掌握民航服务知识技能、开阔学习应用民航知识的思路和眼界。

相对于空中客舱服务而言，民航地面服务是民航售票、交通候机等一系列服务的总称。为方便教学，本书主要以旅客乘机旅行之前的机场地面服务作为主要内容，针对民航地面服务工作的实际需要设定教学目标，分七章介绍了民航地面服务与管理的相关理论及实践，包括机场概述、机场的构成及功能、机场候机楼管理及流程、机场值机服务、机场安全检查服务、机场候机服务、机场商业服务等内容。

本书参编人员长期从事中国民航新闻宣传和图书出版工作，熟悉中国民航的发展历程、业务框架及工作实际。在本书的编写过程中，他们以严谨认真的工作态度，反复协商斟酌，努力将民航行业规范、实际需求、应知应会、易学易用结合起来，并贯穿于各章内容之中，使之成为民航特色专业师生教学学习所用的有益图书。本书的分工为：马松伟负责制定全书的编写原则、整体框架、内容统筹，并编写第一、二章，李永编写第三、五章及全书统稿，周为民编写第四章，苗俊霞编写第六章，杨桂芹编写第七章。

由于时间仓促，加之编者水平所限，本书尚有许多不足之处，敬请读者批评指正。

编　者

目 录

第一章 机场概述 ... 1

第一节 机场的发展历史 ... 2
一、世界机场发展的历史概况 ... 2
二、中国机场发展的历史概况 ... 5

第二节 机场的分类和等级 ... 13
一、机场的分类 ... 13
二、机场的等级 ... 15

第三节 机场的管理体制 ... 17
一、世界主要机场的管理体制 ... 17
二、中国的机场管理体制 ... 19

第四节 机场在国家及经济发展中的地位和作用 ... 20
一、机场是国家权力的组成部分 ... 20
二、机场是国家交通联系的枢纽 ... 20
三、机场能够推动所在地的社会进步 ... 22
四、机场有利于所在地经济的发展 ... 22
五、机场能促进邻近地区相关产业的发展 ... 23

练习题 ... 23

第二章 机场的构成及功能 ... 25

第一节 飞行区的构成及功能 ... 26
一、跑道 ... 26
二、滑行道 ... 29
三、机坪 ... 29
四、机场导航设施 ... 29
五、机场地面灯光系统 ... 30
六、机场的进近区 ... 33
七、飞行区内的其他设施 ... 33

第二节　候机楼区的构成及功能 ………………………………………………………………… 34
　　一、登机机坪 …………………………………………………………………………………… 35
　　二、候机楼 ……………………………………………………………………………………… 38
　　三、候机楼内的乘机流程 ……………………………………………………………………… 40
第三节　地面运输区的构成及功能 ………………………………………………………………… 46
　　一、机场进出通道 ……………………………………………………………………………… 46
　　二、机场停车场和内部道路 …………………………………………………………………… 47
第四节　机场的运营与管理 ………………………………………………………………………… 48
　　一、机场管理的内容和组织 …………………………………………………………………… 48
　　二、机场的运营管理 …………………………………………………………………………… 50
第五节　机场具体工作部门设置及职责 …………………………………………………………… 61
　　一、党政管理系统机构 ………………………………………………………………………… 61
　　二、业务管理系统机构 ………………………………………………………………………… 66
　　三、安全保卫系统机构 ………………………………………………………………………… 72
　　四、机场辅助系统机构 ………………………………………………………………………… 73
　　五、机场驻场机构 ……………………………………………………………………………… 82
　　六、机场相关系统机构 ………………………………………………………………………… 86
练习题 ………………………………………………………………………………………………… 88

第三章　机场候机楼管理及流程 ……………………………………………………………… 89

第一节　候机楼是机场标志性建筑和城市窗口 …………………………………………………… 90
　　一、候机楼的一般特性 ………………………………………………………………………… 90
　　二、中国候机楼特性举例 ……………………………………………………………………… 93
第二节　机场候机楼内旅客进出流程 …………………………………………………………… 105
　　一、旅客离港 ………………………………………………………………………………… 105
　　二、旅客进港 ………………………………………………………………………………… 111
　　三、旅客中转 ………………………………………………………………………………… 115
第三节　民航机场候机楼广播用语规范(MH/T 1001—95) …………………………………… 118
　　一、主题内容与适用范围 …………………………………………………………………… 118
　　二、广播用语的一般规定 …………………………………………………………………… 118
　　三、广播用语的分类 ………………………………………………………………………… 119
　　四、航班信息类广播用语的格式规范 ……………………………………………………… 120
　　五、例行类、临时类广播用语的说明 ……………………………………………………… 128
练习题 ……………………………………………………………………………………………… 128

第四章 机场值机服务 ... 129

第一节 办理旅客乘机手续 ... 130
- 一、办理乘机手续的程序和要求 ... 130
- 二、办理乘机手续的一般规定 ... 131
- 三、查验客票 ... 135
- 四、座位安排 ... 136
- 五、收运行李 ... 140
- 六、行李的延误、损坏或丢失 ... 145
- 七、安全检查 ... 147
- 八、值机服务柜台的种类 ... 147
- 九、值机服务的时间要求 ... 150

第二节 重要旅客的运输服务 ... 151
- 一、重要旅客的范围 ... 151
- 二、重要旅客订座 ... 152
- 三、重要旅客客票填开 ... 152
- 四、重要旅客机票变更及退票 ... 152
- 五、重要旅客的接待 ... 153
- 六、重要旅客的服务程序 ... 153
- 七、头等舱服务程序 ... 154

第三节 特殊旅客运输服务 ... 155
- 一、特殊旅客的概念 ... 155
- 二、特殊旅客运输服务的一般规定 ... 155

第四节 旅客运输不正常服务 ... 160
- 一、误机、漏乘、错乘旅客的服务 ... 160
- 二、使用不合规定客票乘机旅客的处理 ... 161
- 三、无票乘机旅客的处理 ... 161
- 四、无订座记录旅客的处理 ... 161
- 五、航班座位超售的处理 ... 161
- 六、航班不正常时对旅客的安排 ... 162

练习题 ... 163

第五章 机场安全检查服务 ... 165

第一节 机场安全检查与安全保卫 ... 166

一、机场安全检查工作的发展概况 …………………………………… 166
　　二、中国民航机场安检工作的发展过程 ………………………………… 169
第二节　机场安检工作机构和人员 …………………………………………… 171
　　一、机场安检机构 ………………………………………………………… 171
　　二、机场安检人员 ………………………………………………………… 172
　　三、教育培训 ……………………………………………………………… 174
第三节　机场安检工作和保卫工作 …………………………………………… 176
　　一、安全检查的对象 ……………………………………………………… 176
　　二、安全检查的方法 ……………………………………………………… 179
　　三、机场安检岗位工作职责 ……………………………………………… 182
　　四、机场安检的四个级别 ………………………………………………… 184
　　五、机场候机隔离区安全监控 …………………………………………… 184
　　六、民用航空器监护 ……………………………………………………… 184
　　七、安检工作中特殊情况的处置 ………………………………………… 185
第四节　机场的安全保卫服务工作 …………………………………………… 187
　　一、概述 …………………………………………………………………… 187
　　二、民用机场开放使用应当具备的安全保卫条件 ……………………… 188
　　三、机场安全区域划分 …………………………………………………… 188
　　四、机场内的禁止行为 …………………………………………………… 189
　　五、机场外围保卫 ………………………………………………………… 189
　　六、机场货物保卫 ………………………………………………………… 190
　　七、机场安检入口保卫 …………………………………………………… 190
练习题 …………………………………………………………………………… 200

第六章　机场候机服务 …………………………………………………… 201

第一节　机场候机服务资源 …………………………………………………… 202
　　一、候机楼内的旅客服务资源 …………………………………………… 202
　　二、候机楼内服务的内容及相关标准 …………………………………… 209
第二节　机场信息服务系统 …………………………………………………… 214
　　一、机场信息服务系统概述 ……………………………………………… 214
　　二、离港系统 ……………………………………………………………… 215
　　三、货运系统 ……………………………………………………………… 217
　　四、航显系统 ……………………………………………………………… 219
　　五、行李自动分拣系统 …………………………………………………… 220

　　六、民航机场机位分配系统 221
　　七、其他系统 223
第三节　机场候机服务意外事件及处理 225
　　一、飞行意外因素造成的机场服务非常态 225
　　二、机场跑道意外因素造成的机场服务非常态 226
　　三、候机楼意外或紧急情况造成的机场服务非常态 228
练习题 230

第七章　机场商业服务 231

第一节　机场候机楼内的购物餐饮 232
　　一、免税店 232
　　二、餐饮店 232
　　三、食品店 233
　　四、工艺品店 233
　　五、皮具、玩具店 233
　　六、书刊、鲜花礼品、药品店 233
　　七、体育用品店 234
第二节　机场候机楼的交通服务 234
第三节　机场候机楼的医疗急救及服务 236
第四节　机场候机楼内的其他商业性服务 237
　　一、候机楼内的保险服务 237
　　二、候机楼内的银行服务 237
　　三、候机楼内的邮政服务 237
　　四、候机楼内的宾馆、旅游服务 237
　　五、候机楼内的通信、展示服务 237
　　六、候机楼内的休闲服务 238
练习题 239

参考文献 240

第一章
机场概述

　　机场作为飞机起降的场所,经历了从无到有、从小到大、从简单到复杂、从单一功能到多种功能的历程,其发展历史可以概括为三个阶段:"飞行人员的机场""飞机的机场""社会的机场"。

　　中国最早的机场是1910年修建的北京南苑机场,在1949年10月新中国成立之前,中国大陆能用于航空运输的主要航线机场只有36个,且多是小型机场,大都设备简陋。新中国成立后,机场建设成就巨大,北京首都国际机场是其突出代表。到2014年年底,中国已有颁证机场202个。这些机场按照使用性质及飞行区等级分为不同类别和使用级别,进而实行各具特色的管理体制。现在的机场,已经不再仅仅是交通运输环节中的一个部分,而是正在成为提高人类生活品质、转变国家经济发展结构、推动地区社会发展的新动力。

第一节　机场的发展历史

一、世界机场发展的历史概况

机场，也称飞机场、空港、航站，是指专供飞机起飞、降落、滑行、维修保障、旅客及货物装卸等活动的场所。按照国际民用航空组织(International Civil Aviation Organization，ICAO)签署的《国际民用航空公约》附件14"机场"的定义，"机场是指在陆地或水面上一块划定的区域(包括各种建筑物、装置和设备)，其全部或部分意图供飞机着陆、起飞和地面活动之用"。《中华人民共和国民用航空法》(以下简称《民用航空法》)对机场的定义为："机场是指专供民用航空器起飞、降落、滑行、停放及进行其他活动使用的划定区域，包括附属的建筑物、装置和设施。"

到目前为止，机场经历了从无到有、从小到大、从简单到复杂、从单一功能到多种功能兼具的历程，其发展历史可以分为三个阶段。

第一阶段：最早的飞机起降地点是草地，一般为圆形草坪，飞机可以在任何角度，顺着有利的风向进行起降，周围会有一个风向仪以及帐篷机库，因为那时的飞机一般由木头和帆布制成，不能承受风吹雨打、日晒雨淋。随之飞机材质从木头、帆布发展到金属材料，草坪机场阻力较大的缺点开始显现。为避免草坪增加的阻力，土质机场开始被使用。但是，土质机场不适合潮湿的气候，一旦遭遇雨雪等天气，跑道就会泥泞不堪，对飞机的起降造成重大影响。同时，随着飞机制造材料的不断发展以及飞机需要承担的任务更加广泛，飞机的重量也不断增加，其起降要求亦随之提高。在水泥、混凝土等新型建筑材料研制成功后，由水泥、混凝土筑造的机场跑道出现了，这种新型的机场在任何天气、任何时间皆可适用。

关于哪一个机场是世界上最早的机场的问题，目前仍有争议，但成立于1909年的美国马里兰州大学园区机场(College Park Airport)被普遍认为是世界上最老且持续经营时间最长的机场。另一个则是美国亚利桑那州的比斯比—道格拉斯国际机场(Bisbee-Douglas International Airport)。1908年，道格拉斯航空俱乐部在此成立，其飞机主要是滑翔机，由两匹马拉动，可以飞过道格拉斯青年会大楼后方。1909年，飞机开始装设马达和螺旋桨，亚利桑那州又成为首架动力飞机的飞行区域，美国总统罗斯福曾在一封信中称该机场为"美国的第一座国际机场"。

真正意义上的机场最早出现于1910年的德国，用于起降"齐柏林飞艇"。这个机场只是一片划定的草地，安排几个人来管理飞机的起降，设有简易的帐篷来存放飞机。很快，帐篷变成了木质机库，但仍然没有硬地跑道，被划定的草地并不像一个机场，反而更像当时的公园或者高尔夫球场，当然，就更没有用于与飞行员通话的无线电设备，也没有导航系统帮助飞行员在恶劣天气情况下起降。空中交通管制也仅仅是由一人挥动红旗来作为起飞降落的信号。在这种条件下，飞机只能在白天飞行。由于这个时候的飞机在安全性和技术方面尚不稳定，而且作为新生事物，还未被社会所广泛接受，所以使用十分有限。直到1920年飞机还多是用于航空爱好者的试验飞行或军事目的飞行，并不搭载乘客，所以机场也只是为飞机和飞行人员服务，基本上不为当地社会服务。这一阶段是机场发展的幼年期，只是"飞行人员的机场"。

第二阶段：1919年后，随着第一次世界大战的结束，飞行技术得到迅速应用，欧洲一些国家率先开始对机场设计进行初步改进，当年修建完成的巴黎勒布尔热(Le Bourget)机场和伦敦希思罗(Hounslow)机场保证了巴黎至伦敦的定期旅客航班的开通，欧洲开始建立起最初的民用航线。1919年2月5日，德国的德意志航空公司开辟的柏林至魏玛之间的每日定期民航客运是欧洲第一条民航飞机定期航线；1919年3月22日，法国的法尔芒航空公司使用"法尔芒—戈立德"飞机在巴黎和比利时的布鲁塞尔之间开辟的每周一次的定期航班飞行，是世界上第一条国际民航客运航线；1919年8月25日，英国第一家民用航空公司空运和旅游有限公司使用德·哈维兰公司的 D. H. 16 型飞机开通的伦敦至巴黎每日定期航线，是世界上第一条每日定期航班。随着航空运输的发展，机场大量建设起来，特别是在欧洲和美国，机场建设得到了稳步而快速的发展。1920年至1939年之间，欧美国家的航线大量开通。同时为了和殖民地联系，各殖民国家和殖民地之间开通了跨洲的国际航线，如英国开通了到印度和南非的航线，荷兰开通了由阿姆斯特丹到雅加达的航线，美国开通了到南美和亚洲的航线，与之相伴的是机场在全世界各地大量出现。同时，随着航空技术的进步，飞机对机场的要求也提高了，机场建设中出现了各种新兴的需求，如航管和通信的要求、跑道强度的要求、一定数量乘客进出机场的要求等。为了满足这些要求，机场的建设中出现了塔台、混凝土跑道和候机楼，现代机场的雏形已经基本显现。这时的机场主要是为飞机服务，是"飞机的机场"。

第二次世界大战期间，飞机发挥的重要作用使航空业得到快速发展，也在全世界范围内进一步刺激了机场的发展。美国联邦政府以更好地保卫美国国防及美国利益为由，拨巨资进行专项资金建设和改进了数百个机场，其中最大的和最好装备的机场由政府接管，确保机场设施最为先进，以保证适应大型军用飞机的使用，同时继续鼓励私人建设机场。美国政府对机场建设的支持一直延续到第二次世界大战之后，这使美国成为世界上机场数量最多的国家。

第二次世界大战以后，出现了更成熟的航空技术及飞行技术，加上全世界经济复苏的推动，国际交往得到增加，航空客货运输量快速增长，开始出现了大型中心机场，也叫航空港。1947年国际民航组织（ICAO）的成立，标志着对世界航空运输进行统一管理的机构的出现，在它的倡议下，52个国家在美国芝加哥签署的《关于国际航空运输的芝加哥公约》成为现行《国际航空法》的基础。它在国家机场设计方面和空中交通规程标准方面起到十分重要的作用，ICAO标准和推荐的规程包括跑道特性、机场灯光和大量有关安全的其他范畴。20世纪50年代，ICAO为全世界的机场和空港制定了统一标准和推荐要求，使全世界的机场建设有了大体统一的标准，新的机场建设已经有章可循。

第三阶段：20世纪50年代末，大型喷气运输飞机投入使用，使飞机变成真正的大众交通运输工具，航空运输成为地方经济的一个重要的不可或缺的组成部分。而这种发展也给机场带来了巨大的压力，它要求全世界范围内的机场设施必须提高等级。一方面，先进的飞机性能要求各个机场的飞行区必须有很大改进，不仅是跑道、滑行道、停机坪的硬度、宽度和长度，还涉及飞机起降设施水平的提高、空管系统的改进等。另一方面，载重量更大、航程更远的喷气飞机的使用，也造成乘机旅行、客流量和货运量的增加，原有的候机厅不能满足需要而要重新设计或改扩建，以满足新增加的要求。

这种情况下，大量的机场需要改进，而改进大量的机场需要数额巨大的资金。以美国政府执行的方针为代表，他们在确保机场基金的情况下采用向用户征收（包括旅客）机场使用费的办法来获取机场改扩建所需资金，促进了机场设施等级和水平的提高，机场得到了有效改进。

20世纪60年代后，机场的建设随着喷气式飞机的增加而蓬勃发展，跑道延伸至3000米长，并利用滑模机筑出连续性的强化混凝土跑道，现代化的机场航站楼开始使用空桥系统，旅客不必走出室外登机——逐步出现了固定式旅客登机桥、候机楼与飞机间的可伸缩式走廊；出现了因候机楼面积扩大而供旅客使用的活动人行道（电梯）和轻轨车辆；出现了自动运送行李和提取系统；出现了在候机楼与远处停放飞机之间运送旅客的摆渡车；也出现了许多新建或扩建的先进货物处理设施。但也就是在这一时期，由于喷气飞机发动机带来的严重噪音问题，不少机场开始搬离市中心。

总而言之，得到了技术改进提升的机场的发展，不仅保证了航空运输行业日益发展的需求，而且还带动了机场所在地的商业、交通、旅游、就业等，它为所在地区的经济发展提供了巨大的动力。但是机场的发展也为城市的发展带来了许多矛盾和问题，如随着飞机起降速度的增加，跑道、滑行道和停机坪都要加固或延长；候机楼、停车场、进出机场的道路都要改建和扩建；航班数量的增加使噪音对居民区的干扰成了突出问题等。但无论如何，机场还是成了整个社会的一个部分，因而这个时期的机场是"社会的机场"，这种情况要求机场的建设以及管理要和城市的发展有协调的、统一的、长期的考虑。

> **资料链接：德国建成首个民航永久机场**
>
> 1922年，第一个供民航业使用的永久机场和航站楼出现在德国柯尼斯堡（今俄罗斯加里宁格勒州首府加里宁格勒），这个时代的机场开始使用水泥铺设的停机坪，允许夜间飞行的飞机和较重的飞机降落。20世纪20年代后期，开始出现第一个使用照明设施的机场；30年代，飞机进场下滑时下滑照明设备开始使用，自此飞机起降的方向和角度开始有了固定的规定，国际民用航空组织对照明的颜色和闪光时间间隔进行了标准化。到了40年代，飞机坡度线进场系统开始使用，此系统包括两排灯光，形成一个漏斗状图案，用于标示飞机在机场滑翔坡的位置，其他的灯光则表示不正确的进场高度和方向。
>
> 第二次世界大战期间，各个国家对机场的需求增大，特别是盟军利用有孔钢板铺设临时跑道组成一个个战地机场，主要供战斗机或轻型联络机使用。例如，在太平洋战争期间，有不少战争与机场争夺有关，最著名的当属亨德森机场（今霍尼亚拉国际机场）争夺战。
>
> 第二次世界大战之后，机场的设计日趋复杂，航站楼聚集在机场的一处，而跑道聚集在机场的另一处，这样的安排可以方便机场设施的扩展，但也意味着旅客在登机时必须移动较长的距离。

二、中国机场发展的历史概况

中国最早的机场是1910年修建的北京南苑机场。南苑在元朝时开始被皇家占用，因其地势低洼，水草丰盛，小动物和鸟类繁多，附近一带开始成为元、明、清三朝皇家猎园，后来成为清朝军队的演练校阅场。1904年，法国为向中国推销刚刚起步的飞机，把两架小飞机运到北京进行表演，见南苑地势开阔平坦，便选择在南苑进行飞机起降和飞行表演。1910年，清朝军谘府从法国买进了1架"法曼"(Farman)双翼飞机，并在南苑"毅军"（毅军为清朝政府的主力陆军，因其将领宋庆勇的号为"毅勇巴图鲁"，故称"毅军"）的操场上建立了中国最早的飞机修理厂，由留学日本归来的刘佐成、李宝焌开始研制飞机，同时修建了简易跑道。这是中国拥有的第一架飞机和第一个机场。

1918年，北洋政府交通部成立了"筹办航空事宜处"，这是中国最早的民用航空管理机构。1919年从英国购买了6架24座位的大飞机和两架小飞机，筹办京津、京沪、京汉和张家口至库伦（今乌兰巴托）之间的民用航线。

1920年5月，北洋政府先后开通了京沪航线京津段及京济段，北京南苑、天津东局子、济南张庄、上海虹桥、上海龙华和沈阳东塔等地出现了民用机场。1929年、1930年中国航空公司和欧亚航空公司成立后，全国主要的大城市都建立了机场，开辟了航线。但是在1949年10月新中国成立之前，中国大陆能用于航空运输的主要航线机场只有36个，且多是小型机场，大都设备简陋。天津航空站如图1.1所示。

图1.1　20世纪20年代上海—北平航线设立的天津航空站

新中国成立后，中央军委民航局立即着手进行了机场建设工作，先是改建天津张贵庄机场（该机场于1942年由侵华日军建成，1947年1月变为国民政府交通部民用航空局接管的民用机场）、太原齐贤机场和武汉南湖机场，新开工建设北京首都机场、昆明巫家坝机场、南宁吴圩机场、贵阳磊庄机场、成都双流机场等。特别是在1957年开始的"大跃进"运动中，各省、市、自治区在省会、首府及其所辖重点城市开展了修建机场的热潮，建起了一批机场。20世纪60年代，为了开辟国际航线，并适应喷气式大型飞机的起降技术要求，中国又快速改扩建了上海虹桥机场、广州白云机场，使其成为国际机场。随后，中国又新建、改建、扩建了太原武宿机场、杭州览桥机场、兰州中川机场、乌鲁木齐地窝铺机场、合肥骆岗机场、天津张贵庄机场、哈尔滨阎家岗机场等。由于这一时期航空运输还是只为较少的人员提供服务，对机场的需求也仅处于第二阶段——"飞机的机场"阶段。因为此时中国民航使用的飞机机型较小，所以建设的机场规模也较小，大多是中小型机场，用于航班飞行的机场数量达到 70 多个（其中军民合用机场 36 个），初步形成了大、中、小机场相结合的机场网络，基本上能满足当时中国的航空运输要求。天津张贵庄机场如图 1.2 所示。

图 1.2　1950 年建设的天津张贵庄机场航站楼外景

中国机场建设的真正跃进是从 1978 年开始的。改革开放政策的实施，使民航机场的作用日益凸显，特别是深圳、珠海、厦门、汕头 4 个经济特区和 14 个沿海开放城市以及海南省，都把机场建设作为开发特区和发展本地经济与旅游必不可少的工作，竞相新建和改建机场。于是厦门高崎机场、汕头外砂机场、大连周水子机场、上海虹桥机场、广州白云机场、湛江霞山机场、福州义序机场、青岛流亭机场、连云港白塔埠机场、烟台莱山机场、秦皇岛机场、北海福城机场、南通兴东机场、温州永强机场、宁波栎社机场、海口大英山机场、三亚凤凰机场、桂林奇峰岭机场、敦煌机场、黄山屯溪机场、张家界机场等得到新建、改建或扩建。同时，中国陆续引进了大型中、远程宽体喷气式飞机，促进了机场在标准、规模、安全保障等方面建设水平的提高。

1984 年后，内地省会以及各大中城市也掀起了民航机场的建设热潮，其数量之多、范围之广，均为民航史上空前少见，新建或扩建的大型机场有洛阳北关机场、重庆江北机场、西宁曹家堡机场、长沙黄花机场、沈阳桃仙机场、长春大房身机场、南京大校场机场、昆明巫家坝机场、西安咸阳机场等。扩建或改建的中型机场有成都双流机场、呼和浩特白塔机场、包头东山机场、齐齐哈尔机场等；新建或改建的小型机场有黑河机场、榆林机场、银川新城机场、佳木斯机场、丹东机场、赣州机场、常州机场、石家庄机场等。

中国国民经济的持续快速发展和民航运输突飞猛进的增长，进一步要求建设更大规模的现代化机场，自20世纪90年代起，深圳黄田机场、石家庄正定机场、福州长乐机场、济南遥墙机场、珠海三灶机场、武汉天河机场、南昌昌北机场、上海浦东机场、南京禄口机场、郑州新郑机场、海口美兰机场、三亚凤凰机场、桂林两江机场、杭州萧山机场、贵阳龙洞堡机场、银川河东机场、广州新白云机场等现代化机场相继投入使用。同时，一大批中、小型机场也完成了新建、改建和扩建。这一时期的机场建设指导思想是"集中力量，抓重点机场建设"，逐步拓宽融资渠道，加大投资力度。"八五（1991—1995年）"时期，民航基本建设投资为122亿元，技术改造投资60.9亿元；而"九五（1996—2000年）"时期，民航基本建设投资达到680亿元，技术改造投资为126亿元，分别是"八五"时期的5.6倍和2.1倍。"十五（2001—2005年）"时期，机场建设投资仍然保持着增长态势，全行业固定资产投资达到947亿元。"十一五（2006—2010年）"时期，全行业固定资产投资达到1400亿元，而"十二五（2011—2015年）"时期，全行业固定资产投资达到2000亿元。

总体上看，经过"八五""九五""十五"和"十一五"期间的努力，中国机场建设在数量和质量上都得到了很大发展，一大批重点机场建设项目相继建成并投产，改变了中国民用机场设施较为落后的局面。至2018年，中国大陆有民用航班机场235个，基本形成了大、中、小机场配套，规模较为适宜的机场网络格局。同时，在机场建设技术质量上也有很大改变，机场功能不断得到完善，旅客服务设施现代化水平不断提高，安全运行条件得到明显改善。

北京首都国际机场的建设和发展是对中国机场发展历程的最好证明。1954年，为改变民航和空军共用北京西郊机场的状况，建立中国民航的主要基地，中央同意在北京东北部兴建民用机场。在建设过程中，它先后被称为"北京中央航空港""北京天竺机场""北京中央机场"等名称。1957年11月，经国务院批准命名为"中国民用航空局首都机场"，简称首都机场，1958年3月1日正式投入使用。它是新中国成立后新建的第一个大型机场，包含长2500米、宽80米的水泥混凝土跑道和相应的滑行道、停机坪；全套助航和通信设备；航站楼及其他业务、工作、生活用房屋；飞机维护、供油、场内外各项公用设施和交通设施，并设有飞机修理基地。其规模和现代化程度，在当时的远东地区居于前列。北京首都国际机场停机坪（T0航站楼）如图1.3所示。

20世纪60年代中期，为使首都机场开通国际航线，能够接收当时国际通用的大型客机，首都机场进行了跑道扩建，跑道长度由2500米延长至3200米。跑道扩建后的北京首都国际机场(T0航站楼)如图1.4所示。

图 1.3 北京首都国际机场停机坪(T0航站楼)

图 1.4 北京首都国际机场(T0航站楼)

为了提高首都机场的总体运转水平，满足日趋繁忙的国内及国际运输业务需求，20

世纪 70 年代，首都机场进行了第二次大规模扩建，包括修建新航站楼（即 T1 航站楼）、修建一条长 3200 米、宽 60 米的平行跑道（西跑道），加强原有跑道（东跑道，跑道由 3200 米延长至 3800 米），建立先进的航行指挥和通信导航系统，修建大型飞机维修基地，新建和扩建供电、供水、供暖、供油及其他生产生活所需配套设施等。1974 年 8 月动工，边建设边投入使用，至 1984 年项目全部完工。第二次扩建后的北京首都国际机场 (T1 航站楼) 概况如图 1.5 所示。

图 1.5　北京首都国际机场 (T1 航站楼)

然而，民航发展的速度大大超过了机场管理者和建设者们的预料，刚完工不久的首都机场再次遇到了需要扩建才能适应民航发展速度和规模的情况。经过多方面考虑以及长时间调研，1995 年 10 月，首都机场开始进行第三次大规模扩建，工程包括新建 24 万平方米的航站楼（即 T2 航站楼）和 17 万平方米的停车楼、47 万平方米的停机坪和相关配套工程 14 项，总投资额为 76 亿元，是中国民航发展建设史上规模最大、投资最多的工程。经过近 4 年的建设，该机场于 1999 年 10 月投产使用。第三次扩建后的北京首都国际机场 (T2 航站楼) 夜景如图 1.6 所示。

为了满足北京 2008 年奥运会航空运输的需要，实现首都机场作为大型综合枢纽机场的功能，塑造中国国门的新形象，北京首都机场自 2005 年 3 月开始进行第四次大规模扩建，工程包括新建第三条跑道（长 3800 米，宽 60 米）及飞行区 (4F 级)、新建主降方向 III 类精密进近和次降方向 II 类精密进近的助航灯光系统、新建空管工程、新建 35 万平方米的航站楼（即 T3 航站楼）、货运区和配套的交通中心以及供水、供油、供电、供气等设施，总投资为194亿元。第四次扩建后的北京首都机场(T3航站楼)外景如图1.7所示。

图1.6　北京首都国际机场(T2航站楼)夜景

图1.7　北京首都国际机场(T3航站楼)外景

北京首都国际机场3号(T3)航站楼主楼由荷兰机场顾问公司(NACO)、英国诺曼·福斯特建筑事务所负责设计，2004 年 3 月开始施工，2007 年 12 月竣工。首都机场是经国务院批准的国家重点工程，其中 3 号航站楼主楼工程是整个扩建中最集中体现功能和形象的关键工程，其工程量最大、技术最复杂、建设任务最艰巨。耗资 270 亿元建成的 3 号航站楼是国内面积最大的单体建筑，也是世界上最大的单体航站楼，总建筑面积达 98.6 万平方米，其中 3 号主楼建筑面积为 58 万余平方米，仅单层面积就达 18 万平方米，拥有地面五层和地下两层，由 T3C 主楼、T3D、T3E 国际候机廊和楼前交通系统组成。T3C 主楼一层为行李处理大厅、远机位候机大厅、国内国际 VIP；二层是旅客到达大厅、行李提取大厅、轨道交通站台；三层为机场工作人员办公室；四层为旅客出发大厅；五层为餐饮大厅。北京首都国际机场 (T3 航站楼) 的停车场外景如图 1.8 所示。

图 1.8　北京首都国际机场 (T3 航站楼) 的停车场外景

　　3 号航站楼共设有 C、D、E 三个功能区，C 区用于国内国际乘机手续办理、国内出发及国内国际行李提取，D 区用于国内出发，E 区用于国际出发和到达。T3C (国内区) 和 T3E (国际区) 呈"人"字形对称，在南北方向上遥相呼应，中间由红色钢结构的 T3D 航站楼相连接，比 1 号航站楼和 2 号航站楼大得多。

　　由于 3 号航站楼南北两座建筑 (T3C 和 T3E) 距离过长，所以建造了旅客捷运系统，以方便乘客。旅客捷运系统 (APM) 是一套无人驾驶的全自动旅客运输系统，采用加拿大庞巴迪公司的设计方案，行车路线单程长 2080 米，分别设置在 T3C、T3D、T3E 的 3 个车站。

3 号航站楼的行李系统采用国际上最先进的自动分拣和高速传输系统，行李处理系统由出港行李处理系统、中转行李处理系统、进港行李处理系统、行李空筐回送系统和早交行李存储系统组成，覆盖了 T3C、T3E 及连接 T3C 与 T3E 行李隧道的相应区域，占地面积约为 12 万平方米，系统总长度约为 70 千米。航空公司只要将行李运到分拣口，系统只需要 4.5 分钟就可以将这些行李传送到行李提取转盘，大大减少了旅客等待提取行李的时间。

3 号航站楼的投入使用，使北京首都国际机场成为中国第一个拥有三座航站楼以及双塔台、三条跑道同时运营的机场，机场滑行道由原来的 71 条增加到 137 条，停机位由原来的 164 个增加为 314 个。

北京除首都国际机场外，还有南苑机场（现已关闭）。南苑机场位于北京市南部的丰台区南苑，地处南四环路以南 3 千米，距天安门广场正南 15 千米，是北京地区第一个军民两用的大型机场。机场等级为 4C，拥有一条跑道，是中国联合航空有限公司（现属东航旗下，简称中联航）的基地机场。该机场始建于抗日战争时期，属于南苑日伪兵营。1949 年新中国成立后，该机场成为北京郊区最重要的空军机场，归北京军区管辖，承担起保卫首都空域、保障首长专机起降的任务，新中国成立后的历次国庆阅兵的飞机编队也是从这里起飞的。另外，中国空军以及来访的外国的飞行表演也常在北京南苑机场举行。20 世纪 90 年代，中国联合航空公司成立，基地设在南苑机场，并先后开通了数十条国内客货航线，南苑机场由原来的军用机场变成军民两用机场。2007 年，新扩建的南苑机场候机楼建筑面积近 1 万平方米，可接待近千人同时候机，大大改善了旅客的候机环境。

2014 年 12 月底，计划投资 800 亿元的北京新机场正式动工，已于 2019 年投入使用。北京新机场的名称：北京大兴国际机场。今后北京将拥有一南一北两个规模相当的机场。新机场建成后，天合联盟成员公司以及南苑机场将搬迁至新机场。

第二节　机场的分类和等级

一、机场的分类

依据机场的功能与用途，机场可分为军用机场和民用机场两大类。民用机场按其功能又可分为两类：一类是用于商业性航空运输，亦即具有定期客货运航班服务的定期航班机场（也称为航空港，Airport）；另一类是通用航空机场，即主要用于农业、林业、地质、搜救、医疗等特定航空运输服务的机场，也包括用于飞行学习、企业或私人自用的机场。具体分类如图 1.9 所示。

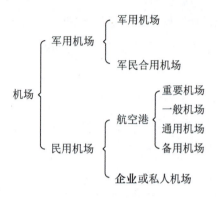

图 1.9 机场的分类

(1) 军用机场。军用机场主要用于军事目的,有时也部分用于民用航空或军民合用,但从长远来看,军用机场将会和民用机场完全分离。

(2) 军民合用机场。军民合用机场是既可军用,又可民用的机场,根据国务院、中央军委《关于军民合用机场使用管理的若干暂行规定》,机场的使用管理,原则上由机场产权单位负责,可根据双方需要和实际情况,划分区域,分区管理。场区建设,由产权单位统一规划,军民航专用设施应尽量分开修建,自成体系,自行管理。

(3) 航空港。航空港是指从事民航运输的各类机场。在中国通常把大型的民用机场称为空港,小型的民用机场称为航站,本书按国际通例,把商业性航空机场统称为机场。

① 重要机场。重要机场是指一个国家在航空运输中占据核心地位的机场。例如美国把运输量占全国 0.25%以上的机场划为大中型枢纽机场;中国则把由民航局直接管理的机场划为一类机场,这类机场在整个国家的运输中起着核心作用,属于重要机场。目前中国还没有关于这类机场的划分标准,但随着中国民航管理体制的改革,可以把每年客流量 50 万人次或 100 万人次作为重要机场的划分标准。

② 一般机场。一般机场是指重要机场之外的其他小型机场。在中国一般机场大多数都属于航站,虽然它们的运输量不大,但对于沟通全国航路以及对某个地区的经济发展起着重要作用。

③ 通用机场。通用机场主要用于通用航空,为专业航空的小型飞机或直升机服务。

④ 备用机场。在中国的备用机场多数是以前使用过的机场,现在由于各种原因没有航班,处于停用和保管状态。在国外备用机场平时不安排航班,只为通用航空或航空爱好者服务。一旦一些航空港交通拥挤,它可以在短时间内用来为商业航空服务,以减轻运输压力。

(4) 企业或私人机场。在中国除民航和军用机场外,有些机场属于单位和部门所有,如飞机制造厂的试飞机场、体育运动的专用机场和飞行学校的训练机场等。在国外还有大量的私人机场,服务于私人飞机或企业的公务飞机,这种机场一般只有简易的跑道和起降设备,规模很小,但数量很大。

关于机场的种类,还有以下不同的划分标准。

(1) 按航线性质划分,可将机场分为国际航线机场和国内航线机场。

(2) 按服务航线和规模划分,可将机场分为枢纽机场、干线机场和支线机场。枢纽机场往往是连接国际、国内航线密集的大型机场,如北京首都机场、上海浦东机场、上海虹桥机场、广州白云机场等国际机场;干线机场是以国内航线为主、空运量较为集中的大中型机场,主要是各省省会或自治区首府、重要工业及旅游开发城市的机场;支线机场一般是规模较小的地方机场,以地方航线或短途支线为主,如比较偏远的地区或少数民族居住区机场。

(3) 按旅客乘机目的地划分,可将机场分为始发/终程机场、经停机场和中转机场。

始发/终程机场是指运行航线的始发机场和目的地机场,如北京至哈尔滨航线上北京首都机场(始发机场)和哈尔滨太平机场(终程机场)。

经停机场是指某航线航班中间经停的机场。如北京经停昆明至丽江的航线,昆明长水机场为经停机场,在这里航班降落,供在昆明的旅客登机前往丽江。

中转机场是指旅客乘坐飞机抵达此处时需要下机换乘另外的航班前往目的地机场。如从南京乘机飞往拉萨,必须在成都双流机场中转,转乘国航西南分公司成都至拉萨的航班。此时,成都双流机场为中转机场。

(4) 备降机场。备降机场是指为保证飞行安全,在飞行计划中事先规定的,当预定着陆机场由于某种原因而无法着陆时,将前往着陆的机场称为备降机场。起飞机场也可作为备降机场。在我国,哪个机场作为备降机场是由中国民用航空局确定的。

二、机场的等级

为了合理地配置机场的工作人员和相应的设施设备,以确保飞机安全、有序、正点起降,必须给机场划分相应的等级。确定机场等级时,通常按照相关要求从以下几个方面进行划分。

(1) 飞行区等级的划定。飞行区等级由第一要素(等级指标I)、第二要素(等级指标II)的基准代号进行划定,用于确定跑道长度、宽度和所需道面强度,从而较好地划定了该机场可以起降飞机的机型和种类。飞行区基准代号详见表1.1。

飞行区基准代号表中的代码对应的是飞机的基准飞行场地长度。基准飞行场地长度是某型号飞机所规定的最大起飞重量,在标准条件下,即海平面、1个大气压、气温15℃、无风、跑道无坡度情况下起飞时所需的最小飞行场地长度。飞行区基准代号表中的代字应选择翼展和主起落架外轮外侧间距两者中要求较高者。

表 1.1 飞行区基准代号

第一要素		第二要素		
代码	航空器基准飞行场地长度 La/m	代字	翼展 L/m	主起落架外轮外侧间距 h/m
1	La<800	A	L<15	h<4.5
2	800≤La<1200	B	15≤L<24	4.5≤h<6
3	1200≤La<1800	C	24≤L<36	6≤h<9
4	La≥1800	D	36≤L<52	9≤h<14
		E	52≤L<65	9≤h<14
		F	65≤L<80	14≤h<16

(2) 跑道导航设施等级。按照机场所配置的导航设施能够提供飞机以何种进近程序飞行划定。

① 非仪表跑道。非仪表跑道是指供航空器用目视程序飞行的跑道，代字为 V。

② 仪表跑道。仪表跑道是指供航空器用仪表进近程序飞行的跑道。它主要分为非精密进近跑道(代字为 NP)、I 类精密进近跑道(代字为 CAT I)、II 类精密进近跑道(代字为 CAT II)、III 类精密进近跑道(代字为 CAT III)。III 类精密进近跑道又可进一步分为 III 类 A(代字为 CAT III A)、III 类 B(代字为 CAT III B)和 III 类 C(代字为 CAT III C)。

(3) 航站业务量规格等级。通常按照航站的年旅客吞吐量或货物(及邮件)运输吞吐量划定。航站业务量规模分级标准详见表 1.2。若年旅客吞吐量与年货邮吞吐量不属于同一等级时，可按较高规格定级划定。

表 1.2 航站业务量规模分级标准

航站业务量规格等级	年旅客吞吐量 CP/万人	年货邮吞吐量 CC/千吨
小型	CP<10	CC<2
中小型	10≤CP<50	2≤CC<12.5
中型	50≤CP<300	12.5≤CC<100
大型	300≤CP<1000	100≤CC<500
特大型	CP≥1000	CC≥500

(4) 民航运输机场规划等级。通常根据机场的发展趋势和当前的具体情况确定机场规划等级。具体划分标准见表 1.3。

表 1.3　民航运输机场规划等级

机场规划等级	飞行区等级	跑道导航设备等级	年货邮吞吐量CC/千吨
四级	3B、2C 及以下	V、NP	小型
三级	3C、3D	NP、CAT I	中小型
二级	4D	CAT I	中型
一级	4D、4E	CAT I、CAT II	大型
特级	4E 及以上	CAT II	特大型

第三节　机场的管理体制

一、世界主要机场的管理体制

世界机场管理体制是非常多样化的，不同的国家机场管理体制有着很大的不同。从所有权归属上划分，有归国家中央政府、地方政府、空军（如巴西）所有的机场管理体制，也有国家与私人合资管理或完全归私人所有的管理体制；从运营管理形式上分，机场管理可以分为行政化管理、国有企业管理和私人企业管理（包括国家所有机场委托私人企业管理）等。下面介绍几个不同国家的机场管理体制。

1. 美国的机场管理体制

美国是世界上机场数量最多的国家，世界上40 000多家民用机场中，1/3以上的公用机场和1/2以上的通用机场都在美国。美国的机场可分为商业服务机场、备降机场和通用机场三大类。

美国把提供商业性服务的公共运输机场定位为公益性基础设施，以政府投入为主，交由地方政府管理，绝大多数机场分别归属于当地州、市、县政府，由政府组织公用事业性质的机场管理局作为机场管理机构。机场也可以委托私营企业经营，但必须保证政府对机场发展政策和财务的控制。

以机场内的飞行区为主的相关设施主要由政府投资，投资包括联邦政府对机场改扩建的拨款、机场所在地发行的机场建设债券、机场收取旅客的机场建设费、当地政府的补助及借贷投入、机场运行收入（如起降费等）、机场的非运行收入（如广告费）等；机场内的辅助设施，如候机楼、加油设施、货运等交由私营企业经营管理。

地方政府对机场实行免税，机场亏损由其所在地政府补贴，机场盈利只能用于进一步改善机场设施，不得用于投资其他方面。

美国机场管理体制的最大特点是一体化，政府对机场管理在政策和投资上介入程度很高，但仍然允许私营企业广泛参与机场的经营管理过程。根据联邦政府通过的《国家一体化机场体系规划》(NPIAS)，所有的定期航班机场和90%以上的通用航空机场总计3300多个现有机场和200多个规划机场全部纳入国家发展计划，保证给予资助。而允许私营公司介入的机场管理部分则包括候机楼、货站、机场的地勤服务、机场的商业零售等。总而言之，除了机场管理当局和机场主体设施外，美国机场已比较全面地实施了私有化。

2. 法国的机场管理体制

法国的机场管理体制有三种：一种是中央政府直接管理，主要为中小型机场；二是特殊管理的国有公共企业，如巴黎机场集团公司等；三是对机场租赁经营。

法国的主要机场都由政府投资建设，并由国家民航局委托给公共团体或交由当地政府管理。小型机场则由地方政府或私人投资修建，经批准后自行经营管理。

法国政府规定，年旅客吞吐量低于30万人次的机场，经营者可以不承担全额运营费用，由地方政府给予补贴；吞吐量低于150万人次的机场，经营者可以不负责全部建设投资，地方政府给予补贴；吞吐量高于150万人次的机场，经营者应在经济上自负盈亏，政府不给予任何补助。

法国机场的主要代表——巴黎机场集团旗下戴高乐机场等14个机场原为国有独资企业，在2004年已经立法允许实行私有化，但政府持股不低于60%。

3. 英国的机场管理体制

英国的机场管理体制主要是机场私营化并拥有管理权，但政府保留对机场公司的经营、收费监督权和运行审查权。

体现英国机场管理体制的是拥有英国7家主要机场的英国机场集团(BAA)，它自1986年开始私有化改造，1987年其股票在伦敦股票交易所上市，成为全球第一个完全私有化的机场公司。它是世界机场商业零售的重要开发商和经营者之一，也是机场办公楼、仓储和宾馆最主要的开发商，其非主业收入超过了主业收入，成为世界上获利最多、经营最好的机场公司。

此后，英国政府又陆续把一些机场出售给私人企业，使英国的机场管理体制在世界上独树一帜。

4. 澳大利亚的机场管理体制

在20世纪80年代中期以前，澳大利亚的所有机场几乎全部由联邦政府所有。1988年由政府出面成立的"联邦机场公司"管理着22个机场，其中既有大型国际机场，也有地区机场和通用航空机场。为提高联邦机场公司的效益,政府允许机场公司跨行经营利润率高的业务,如经营造币厂、加油站、金矿等非航空主业。但自1993年起,联邦政府根据通过的《机场属地化计划》,将超过230个机场移交给地方政府。1995年,又决定将"联邦机场公司"所属的22个机场私有化。至2002年,澳大利亚的机场全部完成了私有化改造。

5. 日本的机场管理体制

和美国一样,日本政府也把民航机场定位为公共基础设施,并把机场分为四类:一是大型国家机场,如东京成田、大阪关西等机场;二是国内主要干线机场;三是较小的民用机场;四是军民合用机场。第一类和第二类中的大部分机场由中央政府投资建设、拥有和管理;第二类中的小部分机场由中央政府投资建设、拥有,但由地方政府管理;第三类机场由地方政府投资修建、拥有和管理;第四类机场由军方拥有和管理。

为鼓励地方政府发展机场,中央可按50%的比例投入第三类机场的飞行区建设。

日本机场的所有商业设施均由地方财团出资建设、管理。从1983年开始,日本也实施了政府与私人企业合资修建、经营机场的政策,大量运用民间投资,按企业化运营管理机场。1984年,为建设和经营日本现代化程度最高的关西国际机场而成立的"关西空港株式会社",是第一家吸收民间私人资本的股份公司,私人资本占总资本的1/3,并完全按企业化进行运作。1998年成立的"中部日本国际机场公司",私人资本的比例扩大到了50%,成为日本第一家由私营公司运营的大型机场。

二、中国的机场管理体制

中国的机场一直是由政府管理,但在管理形式上经历了三个阶段。

第一阶段:1949—1988年,由代表政府的中国民用航空局统一管理民航事务,民航局隶属关系先后为空军、国家政府交通部、国务院直属等。1980年整体脱离空军建制,实施企业化改革,中国民用航空局改为中国民用航空总局,直接管理民航各单位。

第二阶段:1988—2002年,在民航管理体制改革中,原有的地区(省)管理局、航空公司、机场、空中交通管理、航空油料、航空器材等多家合一的局面演变成六家逐步分开、独立运营,机场成为相对独立管理的企业,但仍接受中国民航总局的全面管理。在这一时期,国家对民航体制改革特别是机场管理体制改革开始试点,如将厦门高崎国际机场下放给厦门市政府并实行公司化运营,稍后建设的深圳黄田机场、珠海三灶机场也直接由所在地政府经营管理。1990年后,由于地方政府开始提高在建设机场中的投资比例,如福州长乐机场、南京禄口机场、上海浦东机场和上海虹桥机场,在建设完成后均下放给了地方政府管理,或中央、地方成立股份公司以地方为主进行管理,并按公司化经营运作。

在推行将部分机场交由地方政府管理的同时，民航总局还试点进行了机场部分私有化的工作：对机场非飞行区设施或商业性经营部分进行资产重组，在证券交易所挂牌上市；或直接吸收私有企业或私有资产参与机场部分职能的建设与管理。1996年4月，厦门国际航空港集团有限公司以厦门高崎国际机场候机楼等资产重组，发起成立全国机场首家民航系统上市公司，其25%流通股在上海证券交易所挂牌交易，开始机场部分私有化。之后，深圳、上海、海口、北京、广州等机场改制为上市公司，其中流通股比例最大的为海口美兰机场，占47.95%。

第三阶段：2002年至今，国家把除北京首都国际机场和西藏自治区机场之外的所有机场全部下放给省、市政府管理并转为企业化经营，各省纷纷成立机场管理集团，统一管理本省所有机场，如河北机场管理集团有限公司、山西省民航机场集团公司、内蒙古自治区民航机场集团有限责任公司、浙江省机场管理公司、辽宁省机场管理集团公司、吉林省民航机场集团公司、云南机场集团公司、甘肃机场集团公司、陕西省机场管理集团公司、重庆机场集团有限公司、广西机场管理集团有限责任公司、广东省机场管理集团公司、湖南省机场管理集团有限公司、湖北机场集团公司、山东机场有限公司、江西省机场集团公司、黑龙江省机场管理集团有限公司、安徽民航机场管理有限责任公司等。

同时，首都机场集团开始进行大规模的机场兼并活动，加强以资本、管理技术等为纽带的整合经营。通过控股、参股和托管等方式，目前该集团已经拥有北京、天津、重庆、湖北、贵州、江西、吉林、辽宁、内蒙古、黑龙江等省、市、自治区的数十家机场，可控资产超过1000亿元，正向世界级枢纽机场迈进。

第四节　机场在国家及经济发展中的地位和作用

一、机场是国家权力的组成部分

在战争或特殊情况下，国家可以征用民航机场或飞机为国家军事等目的服务；在和平时期，机场也是国际交往，如外交、国家安全等方面的重要部门。

二、机场是国家交通联系的枢纽

交通运输对任何地区的经济发展都起着重要的作用，特别是航空运输，在现代社会更是起着独特而重要的作用。机场是国家运输系统中的重要结合点，也是机场所在地经济发展的重要基础条件，是该地区通向国内重要的经济中心和通向国际的门户和窗口。如果一个地区没有机场，就像一个世纪前没有铁路穿过该地区或者50年前没有优质的公路交通经过该地区一样，就不能直接快速和远距离地开展人员和物资的交流，特别是在现代社会中，就无法迅速参与目前全球化快速发展的经济。处于航空闭塞的地区不仅会遭受到经济发展上的损失，还会影响到当地社会发展和居民的生活、医疗等。相对于其他交通方式，航空运输不论从时间还是金钱上都有很大的优势。通过下面的案例，可以看出航空发展情况不同会给各地区带来的区别。

 案例1：

2005年11月7日，在山东烟台工作的蔡淳治（上海中达运输公司驻烟台分公司经理）被自己喂养的五步蛇咬伤，必须在4个小时内抵达上海注射抗毒血清，在没能赶上中午最近航班（13时15分）而乘坐后续航班（15时15分）又来不及到上海的情况下，国航烟台营业部、山航烟台分公司向民航华东局、民航总局报告，建议把即将飞往大连、佳木斯的山航飞机优先供蔡先生使用。但紧急飞往上海还要申请临时航线，手续相当复杂。经民航总局协调，设法专门开辟一条直线飞行的绿色空中通道，这条空中通道将比正常航线少飞20分钟。机场有关人员感叹：我在民航签派室工作了近十年，从没有碰到过一个航班计划只用30多分钟就批下来的事情。因为当时的情况是，坐正常班机不行，要求正常包机也来不及。最后，以13个航班延误或取消，6家机场的近千名旅客延缓登机，4个航班、多家航空公司和机场及华东、华北、东北等管理局与空管部门飞行计划调整等为代价，调用了专机（山东航空庞巴迪CRJ700型）保证了蔡先生的生命。

 案例2：

2006年1月15日，甘肃嘉峪关市14岁女生在车祸中右脚被轧断，需赶赴兰州实施再植手术。在购买好两张机票并赶往嘉峪关机场后，被当日唯一赴兰州的海航HU 7536航班多尼尔328型支线飞机拒载。因为机长认为，按照海航航班机型与民航的安全规定，不可搭载该旅客。那么，可以就近调机或申请专机吗？机长的回答是不可以，也来不及。最后，该女孩经公路到达兰州后，失去了再植右脚的机会。

 案例3：

2006年4月18日18时左右，沈阳市29岁的马林先生被自己饲养的剧毒五步蛇咬伤，急需24小时内注射抗毒血清，沈阳市急救中心、沈阳桃仙机场、中国国际航空公司合作，将各种手续办理缩至最短时间，当时执飞的航班为CA1626，机型为B737-800型，正点起飞时间为21时25分。机组人员全力配合把病人放在最后一排，虽然他最后到达，但最先登机，并延迟起飞等待病人。最后，飞机于23点32分抵达北京。同时，由北京304医院联系，从上海空运至北京的抗毒血清于19日上午10时30分搭上飞机，14点30分到达，全方位的支持使马林先生得到了及时抢救。

那么，上述三个案例中，为什么有的旅客能够得到机场和航空公司的帮助，而有的旅客却没有得到？其中最关键的因素是看该地区的航空交通是否得到了很好的发展。

沈阳和烟台地处东部经济发达地区，航班多、开通航班的航空公司多，机型大，可以选择和变通的办法多。据查询，在沈阳，当天飞北京的航班有3家航空公司的11班飞机，机型均为波音737、757、747或空中客车321等大中型飞机。就算沈阳机场无法解决，与它相距1小时空中时间的城市还有长春、大连、天津、北京等，采取紧急调机的办法也是可能的。

同样，在烟台，当天至上海的航班有10个，机型也多。与烟台相距1小时空中距离的城市有青岛、济南、北京、南京、连云港、徐州等，有可能采取紧急空中调机等办法。

相反，嘉峪关地处甘肃省的西部，是航空欠发达地区。嘉峪关机场只有通往兰州的航班，而且每天只有1班（每周一、三、六是2班），只有海南航空和山东航空执行航班飞行任务，机型也是只能乘坐40～70人的小型飞机。与它最近的机场有兰州机场、西宁机场、银川机场等，空中飞行时间都在2小时以上，而且三个城市本身通往其他城市的航班和航空公司也较少。这些因素，极大地限制了对断脚女生的有效营救和其他搭载方案的实施。

在新疆、西藏、贵州等多山地区或边远地区，航空不发达，因此造成的严重后果更为明显，需要采取多种办法逐步改变这一状况。

三、机场能够推动所在地的社会进步

没有机场或暂时未修机场的地区已经明白，缺乏机场对地区的进步会产生极大危害，没有机场，就会使该地区不可能成为新兴行业或领导性企业、工厂等的落脚地，并因此阻碍当地的工业、商业甚至服务业的发展。可以说，机场已经成为一个地区商业和工业发展至关重要的因素。

四、机场有利于所在地经济的发展

机场对所在地经济发展的影响表现为以下两个方面。

(1) 机场可以增加当地对投资的吸引能力。由于航空运输的发展，工业和服务业开始向发展中国家和一些尚未开发的地区转移，大量资本投向这些地区建厂或设立公司等。这些未开发地区要得到投资的先决条件之一，往往为是否建有空中进出的门户，有了机场这个门户，才会有便利的人员来往手段而吸引投资者。

(2) 机场本身也能促进当地经济的发展和有利于就业。机场运转带来的客、货运服务，航空配餐，油料消耗，各种供应，以及围绕旅客的各种服务都带来了可观的收益和就业机会，加上外来的旅游者和相应行业的建设，能很快改变一个城市闭塞的状态和面貌，这也是各地争相建设机场的动力所在。

五、机场能促进邻近地区相关产业的发展

发达的机场设施和服务，必然会使机场所在地区从旅游和会展业务中受益很多，促进宾馆业、餐饮业、观光旅游业、汽车租赁业和文化消费等方面的收益提高。更重要的是，机场也会促进邻近地区的房地产升值，并形成新的经济增长点和发展区，如北京、广州、上海等城市，机场附近的房地产开发正在日益受到重视和取得很好的经济效益。

练习题

1. 为什么说北京首都国际机场是国内候机楼数量最多的机场？
2. 机场的类别是如何划分的？
3. 分别说出上海浦东机场、郑州新郑机场、张家界荷花机场、腾冲驼峰机场、天水麦积山机场的等级。
4. 2002年后中国民航的机场管理方式是什么？
5. 民航机场有利于所在地经济发展的表现有哪些？

第二章
机场的构成及功能

　　机场作为商业运输的基地,可以划分为飞行区、地面运输区和候机楼三大部分。飞行区是飞机运行的区域,主要用于飞机的起飞、着陆和滑行,包括跑道、滑行道、停机坪和登机门,以及一些为飞机维修和空中交通管制服务的设施和厂地,如机库、塔台、救援中心;地面运输区是车辆和旅客活动的区域;候机楼是旅客登机的区域,是飞行区和地面运输区的接合部位,多为飞行安全和旅客顺畅登机需要而设置的服务机构和服务流程,如值机、安检、行李托运、海关、边防、检疫等均在此进行。而作为机场本身的运营与管理,则更为专业和复杂,分别由不同的工作部门负责完成。

机场作为商业运输的基地，可以划分为飞行区、地面运输区和候机楼三大部分。飞行区是飞机运行的区域；地面运输区是车辆和旅客活动的区域；候机楼是旅客登机的区域，是飞行区和地面运输区的接合部位。机场的各个组成部分如图 2.1 所示。

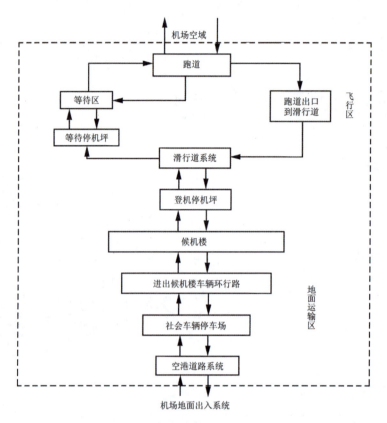

图 2.1　机场构成系统图

第一节　飞行区的构成及功能

机场飞行区是主要用于飞机的起飞、着陆和滑行以及飞机起降的空域，它分空中部分和地面部分。空中部分是指机场的空域，包括飞机进场和离场的航路。地面部分包括跑道、滑行道、停机坪和登机门，以及一些为飞机维修和空中交通管制服务的设施和厂地，如机库、塔台、救援中心等。

一、跑道

1. 机场跑道决定飞行区等级

跑道是机场的主体工程，是指陆地机场里整备出来供飞机着陆和起飞用的一块划定的长方形区域。跑道的数量取决于该机场航空运输量的大小。跑道的方位、方向主要与当地的常年风向有关。

跑道必须具有足够的长度、宽度、强度、粗糙度、平整度以及规定的坡度。跑道的性能及相应的设施决定了什么等级的飞机可以使用这个机场，机场按这种能力的分类，称为飞行区等级。飞行区等级用两个部分组成的编码来表示：第一部分是数字，表示飞机性能所相应的跑道性能和障碍物的限制；第二部分是字母，表示飞机的尺寸所要求的跑道和滑行道的宽度。对于跑道来说，飞行区等级的第一位数字表示所需要的飞行场地长度，第二位字母表示相应飞机的最大翼展和最大轮距宽度，它们相应的数据见表1.1。

中国各国际机场的飞行区等级大多都是4E级或者4F级，可以保证世界上最大的波音747、空中客车380等巨型飞机满载起降。

2. 跑道的基本参数

1) 主跑道的方向和跑道号

机场主跑道的方向一般和当地的主导风向一致，跑道号按照跑道中心线的磁方向以10°为单位，四舍五入用两位数表示。如磁方向为267°的跑道其跑道号为27，跑道号以大号字标在跑道的进近端。这条跑道另一端的方向是87°(267°～180°)，跑道号为09 (27～18)，因此一条跑道的两个方向有两个编号。如果机场有两条跑道，则用左(L)跑道和右(R)跑道表示。

2) 跑道的基本尺寸

跑道的基本尺寸是指跑道的长度、宽度和坡度。跑道的长度取决于所能允许使用的最大飞机的起降距离、海拔高度及温度，它的长短是机场规模大小的重要标志。海拔高度高、空气稀薄、地面温度高等因素，会导致飞机发动机功率下降，因而都需要加长跑道。如西藏拉萨贡嘎机场和昌都邦达机场的跑道长度分别为4000米和5500米，在中国民用机场中跑道最长。

跑道的宽度取决于飞机的翼展和主起落架的轮距，一般不超过70米。

通常情况下，跑道是没有纵向坡度的，但在有些情况下可以有3°以下的坡度。在使用有坡度的跑道时，飞机起降时要考虑到坡度对跑道性能的影响。

3) 跑道的道面和强度

跑道的道面可分为刚性道面和非刚性道面两种。刚性道面是由水泥混凝土筑成，能把飞机的载荷承担在较大面积上，承载能力强。一般中型以上机场都使用刚性道面。非刚性道面有草坪、碎石、土质、沥青等各类道面。这类道面只能抗压不能抗弯，因而承载能力较小,只能用于供中小型飞机起降的机场。

跑道的道面要求有一定的摩擦力。为此,要在混凝土道面上开出5厘米左右的槽,并且定期(6～8年)打磨,以保持飞机在跑道积水时不会打滑。另一种方法是在道面上铺一层多孔摩擦系数高的沥青,以增加摩擦力。为了保证跑道上不积雨水,还要在跑道两侧设置一定的坡度和一套排水系统。

4) 跑道的附属区域

跑道的附属区域包括跑道道肩、跑道安全带和净空道三部分。

跑道道肩是在跑道纵向侧边和相接的土地之间设置的一段隔离的地段,用于在飞机因侧风偏离跑道中心线时,不致引起损害。同时因大型飞机很多采用翼吊布局的发动机,外侧的发动机在飞机运动时有可能伸出跑道,这时发动机的喷气会吹起地面上的泥土或砂石,易使发动机受损,如果有了道肩,就会减少这类事故的发生。另外,有的机场在道肩之外还要放置水泥制成的防灼块,防止发动机的喷气流冲击土壤。跑道道肩一般每侧宽度为1.5米,道肩的路面要有足够强度,以备在出现事故时,使飞机不致遭受结构性损坏。

跑道安全带是指在跑道的四周划出的一定区域,目的是用于保障飞机在意外情况下冲出跑道时的安全。它可分为侧安全带和道端安全带两部分。侧安全带是由跑道中心线向外延伸一定距离的区域。大型机场(3、4级)要求这个距离为150米,在这个区域内地面必须平坦,而且不得有任何障碍物。道端安全带是由跑道端向外延伸至少60米的区域,其作用是为了减少飞机起降时冲出跑道的危险。

净空道是指跑道端之外的地面和向上延伸的空域,其宽度为150米,在跑道中心延长线两侧对称分布。在这个区域内除了有跑道灯之外不能有任何障碍物,但对地面没有要求,可以是地面,也可以是水面。机场跑道和净空道如图2.2所示。

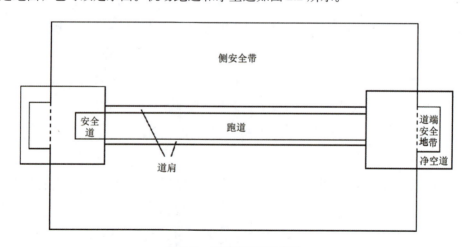

图2.2 机场跑道及净空道

二、滑行道

滑行道的作用是连接飞行区各个部分的飞机运行通路，它从机坪开始连接跑道两端。在交通繁忙的跑道中段还设有一个或几个跑道出口和滑行道相连，以便降落的飞机可以迅速地离开跑道。

滑行道的宽度由使用机场最大的飞机的轮距宽度决定，要保证飞机在滑行道中心线上滑行时，它的主起落轮胎的外侧距滑行道边线不少于 1.5～4.5 米。在滑行道转弯处，它的宽度要根据飞机的性能适当加宽。

滑行道的强度要和配套使用的跑道强度相等或更高，因为在滑行道上飞机运行密度通常要高于跑道，飞机的总重量和低速运动时的压强也会比跑道所承受的略高。

在滑行道和跑道端的接口附近有等待区，地面上有标志线标出，这个区域是为了飞机在进入跑道前等待许可指令。等待区与跑道端线保持一定的距离，以防止等待飞机的任何部分进入跑道而成为起飞飞机运行的障碍物或产生无线电干扰。

三、机坪

机坪是飞机停放和旅客登机、下机的地方，可以分为登机机坪和停放机坪。飞机在登机机坪可以装卸货物、加油、上下旅客等，在停放机坪过夜、维修和长时间停放。停机坪上设有供飞机停放而划定的位置，简称机位。停机坪的面积要足够大，以保证车辆和人员的活动。按照管理规定，停机坪上要用油漆标出运行线，使飞机按照标出的线路进出滑行道，以保证不影响机场交通。

四、机场导航设施

机场导航设施也称为终端导航设施，其作用是引导到达机场附近的每架飞机安全、准确地进近和着陆。实践证明，进近和着陆阶段是飞行事故发生最多的阶段，因而机场导航设施、机场地面灯光系统、机场跑道标志等被组成一个完整的系统，是机场的重要组成部分，用以保证飞机安全着陆。

机场导航设备可分为非精密进近设备和精密进近设备两部分。

(1) 非精密进近设备通常是指装置在机场的 VOR-DME(Very-High-Frequency Omnidirectional Range-Distance Measuring Equipment) 台、NDB(Non-Directional Beacon) 台及机场监视雷达。作为导航系统的一部分，它们可把飞机引导至跑道平面，但不能提供在高度方向上的引导。

(2) 精密进近设备则能进行准确的水平引导和垂直引导，使飞机穿过云层，在较低的能见度和云底高的情况下,准确地降落在跑道上。目前使用最广泛的精密进近系统是仪表着陆系统,还有部分使用的精密进近雷达系统以及正在发展并将最终取代仪表着陆系统的卫星导航着陆系统。

五、机场地面灯光系统

夜间飞行的飞机在机场进近降落,不论是在仪表飞行规则还是在目视飞行规则条件下都需要地面灯光系统助航。

1. 跑道灯光

跑道侧灯必须沿跑道两侧成排安装,为白色灯光,通常安装在一定高度的金属柱上,以防被杂草掩盖。灯上盖有透镜,以使灯光沿跑道平面照射。当离跑道端600米的距离时,透镜的颜色变为一面红色一面白色,红色灯光提醒驾驶员已经接近跑道端。跑道端灯的设置与跑道侧灯相同,但是使用一面红一面绿的透镜,红色朝向跑道,绿色向外。驾驶员着陆时看到近处的跑道端是绿色灯光,远处的跑道端是红色灯光。机场跑道灯光如图2.3所示。

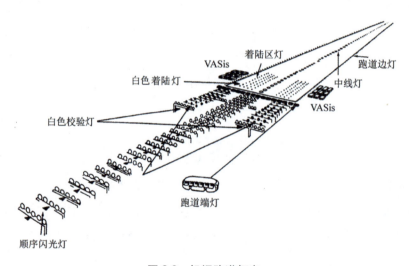

图2.3 机场跑道灯光

跑道中心灯沿跑道中心设置,间隔为22米,跑道中间部分为白色,在距跑道端300米之内,灯光为红色,提醒驾驶员跑道即将终结。中心灯使用强光灯泡,并嵌入跑道表面,上面覆盖耐冲击的透明罩,能抵抗机轮的压力。

接地区灯从跑道端开始在跑道上延伸750米,白色灯光,嵌入地面,使驾驶员注意这是着陆的关键地区,飞机应该在此区域内接地。为帮助驾驶员找到跑道出口,在滑行道的出口有滑行道灯，使用绿色灯光，间隔为15米。滑行道的中心灯为绿色，边灯为蓝色。

2. 仪表进近灯光

飞机在进近的最后阶段，一般都要由仪表飞行转为目视飞行，这时驾驶员处于高负荷的工作状态。夜航的驾驶员使用进近灯光来确定距离和坡度，从而做出决断。

进近灯光根据仪表着陆的等级或非仪表着陆有着不同的布局，非仪表着陆的进近灯安装在跑道中线的延长线上，长度至少为420米，间距为30米，为白色灯光。Ⅰ、Ⅱ类仪表着陆使用不同的进近灯光布局，如图2.4所示。

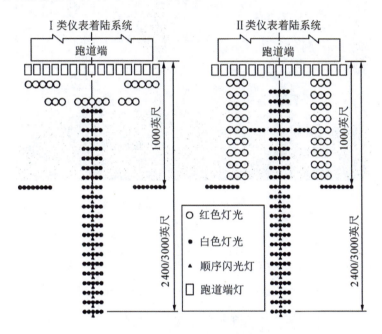

图2.4　机场Ⅰ、Ⅱ类仪表着陆跑道进近灯光布局

下面以Ⅱ类仪表着陆系统的进近灯光系统为例进行说明。

进近灯光从跑道中心线的延长线上900米（或720米）处开始，为5个灯一排的白色强光灯，每隔30米一排，一直装到跑道端。横排灯的中点和跑道中心的延长线重合，上面装有顺序闪光灯，它从远端顺序闪光，直指跑道端，每秒两次。驾驶员在空中可以看到一个运动的光点从远处指向跑道端。在距跑道端300米处，于中线灯两侧再加装两排横向灯，最前面两排为白色灯，向驾驶员提供目视测量机翼是否水平的依据，后面各排是红色进近灯，提醒驾驶员这个区域不能着陆。

3. 目视坡度进近指示器

目视坡度进近指示器（Visual Approach Slope Indicator，VASI）装在跑道外着陆区附近，由两排灯组成。两排灯组相距一段距离，每排灯前装有上红下白的滤光片，经其左前方挡板的狭缝发出两束光,它置于跑道端沿着着陆坡度发射。如果飞机的下降坡度正确,驾驶员看到的是上红下白的灯光;如果驾驶员看到的全是白光,表明飞机飞得太高,要向下调整;如果看到的全部是红光,表明飞机飞得太低,要向上调整。VASI的作用距离为7408米,高度为30米。对于一些特大型飞机,如波音747等,需要设置多组VASI(一般2～3组),以保证飞机在着陆时一直能看到灯光。夜色中飞机着陆的广州白云国际机场如图2.5所示。

图2.5　夜色中的广州白云国际机场

资料链接：机坪灯光的奥秘

灯光,象征着温暖、光明与希望,象征着奇迹与方向……

每当夜幕降临,机场飞行区便会展现出它最迷人的一面,五彩斑斓的灯光把机场打扮得分外显眼。但是,机场的这些灯光特别是跑道上的多种灯光,到底起着什么作用?

旅客在飞机上看到的机场灯光有很多种,而助航灯光是其中最典型的。助航灯光是为飞机驾驶员在夜间或低能见度情况下起飞、着陆和滑行提供目视引导而设在机场内规定地段的灯光标志的总称,包括进近灯光系统、跑道灯光系统和着陆区灯光系统。以首都机场为例,助航灯光共有34 000多套,其复杂程度可想而知。

对于助航灯光来说,颜色就是语言:白色灯是用来指示飞机快速起降时跑道的轮廓;绿色灯、黄色灯、红色灯的含义和普通交通信号灯相近,绿色表示通行,黄色、红色表示警告;蓝色灯是用来指示滑行道的边缘。正是在这些不同颜色灯光的共同"指引"下,飞机才得以安全地起、降和滑行。

尽管有各种先进的无线电助航设备和仪表着陆系统,但在飞机落地滑行的最后阶段,这些最直接的标识就是飞行员们的"北斗星",被称作飞行员的"第三只眼"。

实际上,助航灯光不是只在夜间才打开。一般而言,进近灯光系统和跑道灯光系统需要 24 小时打开；而滑行道灯光系统只在夜间或能见度较低时才打开，但是白天开灯的情况也不少，如雨天、雾天、阴天等。

除了助航灯光，飞行区还有另外一种重要功能的灯——高杆灯，学名为"机坪泛光照明"，它能为机坪提供足够的照明，确保机务维护保障作业顺利进行。晚上，整个停机坪在高杆灯的照射下如同白昼一般，如图 2.6 所示。

图 2.6 机场高杆灯

六、机场的进近区

机场要保证在飞机起降的低高度，地面不能有障碍物妨碍导航和飞行，因而要划定一个区域，其地面和空域要按照一定标准来控制，并把有关的地形情况标注在航图上，这个区域称为进近区或净空区。它的地面区域称为基本区面，空中区域则是在跑道周围 60 米的地面上空由障碍物限制面构成。障碍物限制面有以下几种。

(1) 水平面，是在机场标高 45 米以上的一个平面空域。

(2) 进近面，由跑道端基本面沿跑道延长线向外、向上延长的平面。

(3) 锥形面，在水平面边缘按 1∶20 的斜度向上延伸的平面。

(4) 过渡面，在基本面和进近面外侧以 1∶7 的斜度向上、向外延伸。

由这些平面构成的空间，是飞机起降时使用的空间，由机场当局负责控制管理，保证地面的建筑（楼房、天线等）不能伸入这个区域。另外，空中的其他飞行物（飞鸟、风筝等）也不得妨碍飞机的正常运行。

七、飞行区内的其他设施

飞行区内的其他设施包括以下几种。

(1) 测量基准点。测量基准点是指机场的地理位置基准点。它是由国家测绘机构定出准确的地理经度和纬度，作为这个机场的地理坐标。测量基准点通常选在机场主跑道的中点。

(2) 标高校核位置。标高校核位置是指机场的标高，也是它的海拔高度。由于飞机在起飞前都要进行高度表设定，因此一个机场要设置一个专门位置，为飞机在起飞前校核高度，这个位置在停机坪的一个指定位置。在停机坪高度变化不大时，整个机坪都是校核位置。

(3) 航行管制服务设施。这类设施通常指在飞行区的航管中心和塔台、气象服务中心等。

(4) 地面维护设施。如机库，是飞机维修和停放的地方；货运中心或货场，是处理空运货物的场所；其他设施，如油料供应的管道等。

(5) 消防和跑道维护设施。在每个机场都有消防和急救中心。由于一旦飞机发生事故往往伴随着起火和伤亡，因而这个中心听从塔台的指挥，一旦发生事故就迅速出动。

跑道维护的主要任务是防止积雪、积水或其他磨损，机场防止鸟撞及野生动物对机场道面的损害和阻碍也是跑道维护单位的任务。

第二节　候机楼区的构成及功能

候机楼区包括候机楼建筑本身以及候机楼外的登机机坪和旅客出入车道，它是地面交通和空中交通的结合部，是机场为旅客服务的中心地区。候机楼区的组成及流程如图 2.7 所示。

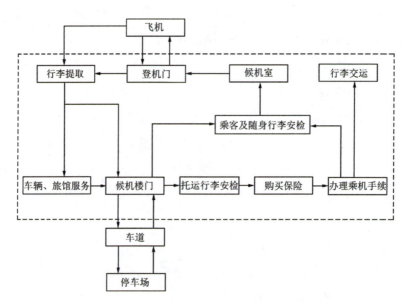

图 2.7　机场候机楼区的组成及流程图

一、登机机坪

登机机坪是指旅客从候机楼上机时飞机停放的机坪,这个机坪要求能使旅客尽量减少步行上机的距离。按照旅客流量的不同,登机机坪的布局可以有以下几种形式。

(1) 单线式。这种形式最简单,即飞机停靠在候机楼墙外,沿候机楼一线排开,旅客出了登机门直接上机。它的好处是简单、方便,但只能少量飞机上下旅客,一旦交通流量很大,有些飞机就无法停靠到位,势必造成延误。因此小型机场一般多采用这种布局。

(2) 指廊式。由候机楼伸出走廊,飞机停靠在走廊两旁,这样可停放多架飞机,是目前民航机场中使用比较多的一种形式。走廊上通常铺设人行道,以减少旅客的步行距离。

(3) 卫星厅式。在候机楼外一定距离设立一个或几个卫星厅,飞机沿卫星厅停放,卫星厅和候机楼之间有人行通道或定期来往车辆通道。它比指廊式优越的地方是厅内可以有很多航班,各航班旅客登机时的路程和用去的时间大体一致,旅客在厅内可以得到较多的航班信息。而指廊式的登机坪,旅客到最末端的登机门所用的时间比起始端的要长。卫星厅式的缺点是该建筑建成后不易进一步扩展。机场登机机坪如图 2.8 和图 2.9 所示。

(4) 车辆运送式,也叫作远距离登机坪。飞机停放在离候机楼较远的地方,登机旅客由特制的摆渡车送到飞机旁。这种方式的优点是大大减少了建筑费用,并有着不受限制的扩展余地。其缺点是增加了机坪上运行的车辆,也增加了机场上的工作人员,同时旅客登机的时间也相应增加,增加了旅客上、下摆渡车的次数,同时,因为下雨和刮风等外界天气的影响等带来的不便也增加了。车辆运送式登机坪如图 2.10 所示。

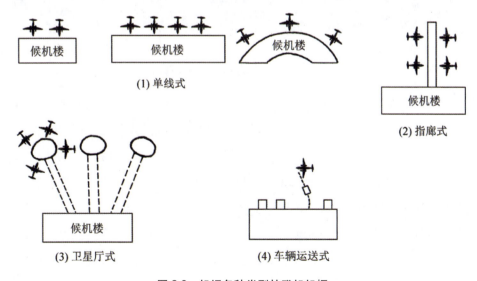

图 2.8　机场各种类型的登机机坪

图 2.9 机场卫星厅式登机机坪

图 2.10 车辆运送式登机机坪

在同一机场内,登机机坪的各种形式并不是单一固定的,可以采用各种混合形式。例如,北京首都机场 1 号、2 号航站楼是卫星厅式的,3 号航站楼则是指廊式的,而当客流量增大时,超过的部分旅客登机就采用远距离机位的登机机坪来解决。

以上各种形式的登机机坪,除远距离登机机坪外,在登机的停机位置都需要一定的设施帮助驾驶员把飞机停放在准确的位置,使登机桥和机门连接。登机桥是一个活动的走廊,它是可以伸缩的,并且有液压机构调整高度,以适应不同的机型。当飞机停稳后,登机桥和机门相连,旅客就可以通过登机桥直接由候机楼进出飞机。机场登机桥和停机位分别如图 2.11 和图 2.12 所示。

图 2.11　机场旅客登机桥

图 2.12　机场停机位

✈ **资料链接：机位分配的地面指挥家**

随着航班的安全着陆，飞机慢慢滑行，有经验的旅客总会默默祈祷一件事：飞机千万不要停靠在远机位，最好停在候机楼旁边的近机位，能从廊桥直接进入候机楼。"怎么又停在远机位？"那么，到底由谁来决定飞机是停靠近机位还是远机位呢？实际上，这牵涉到机场资源分配的一项核心工作——机位分配。

机位可分为两种：能通过廊桥直接登机、下机的机位是近机位；反之，不能通过廊桥直接登机、下机，需要搭乘摆渡车到达航站楼的就是远机位。机位分配就是将航班分配到合适的停机位，以保证旅客方便地上下飞机、提取行李、转机，确保机场地面各项作业的顺利进行。当然，谁都愿意享受便捷的服务，但机场的近机位资源毕竟是有限的。

每架飞机从停靠机位到离开机位，需要进行飞机仪器仪表检查、加油、上下旅客、保洁、装卸货物和行李等多项工作，机型不同，所需要耗费的时间也不一样。在首都机场，以波音737为例，占用机位的最短时间是65分钟，若遇到天气不好时间会更长。机位分配是这一系列工作的关键性起始定位，它首先要解决"停在哪"，之后才谈得上"怎么干"。

同时，机位分配也是一项复杂的系统工作，牵一发而动全局，需要机场相关部门统筹协调，系统布局。一架飞机降落在机场，究竟是停放近机位还是远机位是根据严格的分配规则来实行的。例如，机位和飞机一样都有大小之分，不同机型要匹配不同的机位，否则会造成严重的安全隐患；国际航班和国内航班要停放在指定区域，不能跨区停放；一个航班如果过站停留时间较长，则一般会被安排在远机位等。那些看似空闲的廊桥，其实都在完成自己的任务安排——要么是刚刚降落的飞机型号与这一廊桥无法匹配，要么是在等待缓缓驶来的另一架飞机。

在机位分配中，有一项原则永远被放在首要位置——珍惜所有旅客的时间。但是由于近机位数量有限、航班飞行时刻有限，确实难以做到每个航班出发或到达都能够停靠近机位。以北京首都国际机场为例，机场共有321个机位，其中近机位121个，远机位200个。近年来，首都机场旅客吞吐量突破8000万人次，日起降航班1500架次，持续保持着世界第二大机场的位置，在一个小时内常常会有数十架航班进港，因而无法保证所有航班都停靠近机位。

如果遇到雷雨、大雾等特殊天气引起航班大面积延误，致使航班正常起降受到限制时，本来就紧张的机位资源立刻变得捉襟见肘。此时如何分配机位，直接影响着整个机场的运行效率和运行质量。机位分配员不仅要对机场机位资源的状况了如指掌，还要熟知各类机型数据、航空公司以及地面代理公司等相关信息，更要能够从容应对恶劣天气、资源紧张、飞机不能正常起降等突发情况。他们像指挥家一样，能使机场上各种型号、不同类别的航班各得其所，共同奏出和谐的乐章。

二、候机楼

通常情况下，机场候机楼往往是一个城市或一个国家的门户，也是这个国家和地区的象征，它代表一种威严和标志。因而候机楼的建筑在考虑功能和实用之外，还必须雄伟壮观，体现出国家的气势、现代化的意识以及地方文化特色和区域特征，而且要有艺术性，同时还要考虑到使用者的服务便利、安全和保卫的需要。机场候机楼外景如图2.13所示。

图2.13　青岛流亭国际机场候机楼外景

候机楼的组成并不复杂，一般情况下，候机楼可以分为两大功能区，即旅客服务区域和管理服务区域。

旅客服务区域的功能：办理机票行李手续的柜台；安检、海关、检疫的通道和入口；登机前的候机厅；行李提取处；迎送旅客活动大厅；旅客信息服务设施，如问讯处、显示牌、广播通知系统、电视系统等；旅客饮食区域，包括供水处、饭店、厨房等；公共服务区，如邮电局、行李寄存处、失物招领处、卫生间、医疗设施等；商业服务区，如各种商店、银行、免税店、旅游服务处、租车柜台等。

管理服务区域的功能：机场管理区，包括机场行政办公室、后勤的办公和工作场所，如水电、暖气、空调等，还有紧急救援设施，如消防、救援的工作人员和设备的场地等；航空公司运营区，如运营办公室、签派室和贵宾接待室等；政府机构办公区，如民航主管当局、卫生部门、海关、环保、边防检查部门的办公区域。机场候机楼内景如图2.14所示。

图 2.14 机场候机楼内景

三、候机楼内的乘机流程

候机楼内的旅客都是按照到达和离港有目的地流动的,在设计候机楼时必须很好地安排旅客流动的方向和空间,才能充分利用空间,使旅客顺利到达目的地,不致造成拥挤和混乱。

目前,通用的安排方式是把出港口(出发)和入港口(进港)分别安置在上、下两层,上层为出港口,下层为入港口,从而既互不干扰又可以互相联系。由于国内旅客和国际旅客所要办理的手续不同,通常可将这两部分旅客分别安排在同一候机楼的两个区域,或者分别安排在两个候机楼内。

旅客流程设计要考虑三种类型的旅客。

第一类是国内旅客。他们手续简单,占用候机楼的时间较少,但人流量较大,因而国内旅客候机区的候机室面积较小,而通道比较宽。

第二类是国际旅客。他们要验证护照、签证,并且要办理过边防手续,行李也较多,在候机楼内停留的时间较长,同时还要在免税店购物,因而国际旅客的候机区要相应扩大候机室的面积,而通道面积要求较小。

第三类是中转旅客。他们是等候衔接航班的旅客,一般不到候机楼外活动,所以要专门安排他们的流动路线。当国内转国际航班或国际转国内航班的旅客较多时，流动路线比较复杂，如果人流量较大，机场当局就应该适当安排专门的流动线路。旅客乘机流程如图 2.15 所示。

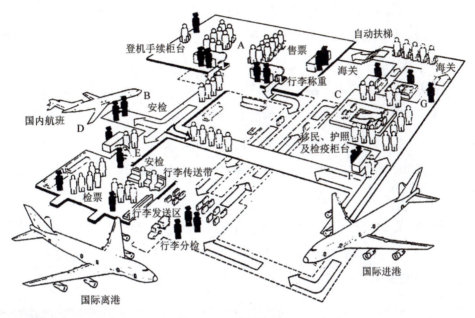

图 2.15 旅客乘机流程

在中国各机场乘坐民航飞机的流程大致相同，以正常情况下在机场乘坐国内航班为例，在此对从购票、进入候机楼开始直至抵达目的地的整个乘机流程及其中的注意事项做一个综合性的介绍。

1. 购买机票

旅客购买机票时，应出示中国政府主管部门颁发的证明其身份的有效证件，并填写《旅客订座单》。购买儿童票、婴儿票，需要提供出生年月的有效证明。重病旅客购票，应持有医疗单位出具的适于乘机的证明，经航空公司同意后方可购票。如果旅客最近进行过腹部、眼睛、口腔、鼻腔部位的手术，或者有上呼吸道感染、鼻窦炎等，请不要乘坐飞机，因为飞机上升或下降时的压力变化会使旅客感到很不舒服，甚至加重病情。

未满两周岁的婴儿按适用成人票价 10%的价格购买婴儿票，不提供座位。如需要单独占用座位时，应购买儿童票。每一成人旅客携带婴儿超过一名时，超过人数应购买儿童票。

已满两周岁未满 12 周岁的儿童按适用成人票价的 50%付费购买儿童票，提供座位。

旅客购买机票的注意事项如下。

(1) 旅客要主动出示身份证件。这主要是为旅客着想，经常出现的问题是：旅客的身份证已过期，但旅客并不清楚，等到登机前办手续或过安检时才发现，却为时已晚。按规定，售票机构应对此负一定责任。

（2）购票和售票方应主动留下联络方式。尤其是旅客预订机票的时间较长时，一旦航班发生变动，便于售票机构通知旅客，防止耽误旅客的行程。

（3）认真核对机票上的各项内容。这里主要是指机票上的旅客姓名必须与旅客身份证件上的姓名完全吻合，不得有丝毫差异。

（4）保管好机票。机票有效期一般是一年，遗失机票是一件很麻烦的事。

（5）主动了解所选择的航班到达目的地的时间。这实际上是指旅客应了解该航班使用的机型、是直达还是中途经停，不要以为早起飞的航班就肯定早到达。售票机构没有告知的义务，甚至为了某些原因可能有意不告知旅客或隐瞒相关情况。

2. 办理登机手续

办理登机手续主要是确认机票有效、换取登机牌和托运行李。如是国际航班，应先办理海关检查。旅客要注意航班规定离站时间前 30 分钟或 40 分钟停止办理乘机手续，这是乘机与乘坐其他交通工具最大的区别。办理登机手续的大厅如图 2.16 所示。

图 2.16　机场办理登机手续的大厅

登机牌上一般会注明个人姓名、航班号、登机口、航班登机及起飞时间、座位号等资料。持成人票或儿童票的旅客，每人免费托运行李的限额为头等舱 40 千克、公务舱 30 千克、经济舱 20 千克；婴儿票旅客可免费托运行李 10 千克。

行李声明价值：旅客托运的行李，每千克价值超过 100 元时，可以办理行李声明价值，航空公司收取声明价值附加费。声明价值不能超过行李自身的实际价值。每位旅客的行李声明价值最高为 8000 元。已办理行李声明的行李丢失时，按声明价值赔偿，行李的声明价值高于实际价值时，按实际价值赔偿。

旅客办理登机手续的注意事项如下。

(1) 确认在航班规定离站时间前 30 分钟或 40 分钟办理相关手续，部分机场开展晚到旅客服务，甚至把办理相关手续延长至离站时间前 15 分钟，开辟快速通道。但是不要把这当成是应该的，去选择赶这个时间点是不明智的，由于离站前 30 分钟或 40 分钟未办理登机手续而被取消登机资格是很正常的。

(2) 保管好登机牌，勿自行撕下登机联，它是旅客最后登机的唯一凭证。

(3) 托运过多行李要缴纳相当昂贵的逾重行李费用，超重每千克按经济舱全票价的 1.5% 计算，金额以元为单位。以厦门至北京为例，逾重行李费为 23 元 / 千克。强烈建议不要携带超重行李。图 2.17 所示为机场行李托运台。

图 2.17　机场行李托运柜台

(4) 千万不要替别人托运行李、携带行李，即使他是旅客的朋友或者和旅客一起坐飞机；如确实要帮随行朋友携带行李，建议了解具体物品的情况。替别人托运行李、携带行李对旅客及其他旅客来说是不安全的行为。一旦被发现行李有问题，旅客也将受到严厉的处罚，甚至承担刑事责任。

(5) 勿托运贵重物品，若发生丢失，民航赔偿额是很低的。

(6) 将托运行李包装完善、锁扣完好、捆扎牢固，并能承受一定压力，内无易碎物品。

(7) 尽量少随身携带行李。多托运行李，旅客会比较轻松。不必担心取行李太慢，目前大多数机场在这一方面做得很完善。以厦门机场为例，承诺飞机到达后15分钟内第一件行李送到领取处，30分钟内全部送到。否则，旅客可获得相应的赔偿。

(8) 如托运行李，保管好提货凭证。一般由工作人员将行李凭证贴在机票上。

3. 安全检查

安全检查主要是查验旅客的身份证件、机票，对旅客个人及随身携带的行李进行检查，确保安全。国际航班先办理边防检查，地点在安检通道前。

按照规定，随身携带物品的重量，每位旅客以5千克为限，随身携带的物品每件体积均不得超过20厘米×40厘米×55厘米。超过上述重量或体积限制的物品，应作为托运行李托运。安检人员有权拒绝旅客携带过多行李登机。

旅客安全检查的注意事项如下。

(1) 由于受美国"9·11"事件影响及各种非安定因素的存在，我国国内加大了安全检查力度，旅客应尽量配合。航班机组成员也要和旅客一样接受标准的严格检查后，才能登上飞机执行航班飞行任务。

(2) 旅客勿携带任何刀具登机，包括指甲剪等。

(3) 旅客的行李将比以往有更多需要接受开箱/包检查，旅客应积极配合。同时千万不要和安检人员、其他旅客、朋友开关于安全方面的玩笑，旅客无法想象这会带来的严重后果，最轻的处罚是因此而取消登机资格。

(4) 通过安全检查过程是旅客遗漏东西最多的地方。旅客经过安全检查后，要清点随身携带的物品，此时，可以将机票、身份证等收好，而把登机牌放在方便拿取的地方。

(5) 旅客通过安全检查后，要确认安检人员在登机牌上加盖安检章。如果安检人员失误，漏盖或印章不清，旅客可能在最后登机时遇到麻烦。

4. 等待登机

旅客应前往登机牌上标明的指定候机位置等待登机。登机时只检查旅客的登机牌，工作人员将确认旅客登机牌已加盖安检章，并正确乘坐航班。

旅客等待登机的注意事项如下。

(1) 旅客要注意收听所乘航班的登机时间和起飞时间，登机时间一般比起飞时间提前 25 分钟。起飞时间一过，登机资格将被取消。

(2) 候机位置可能随时变更，旅客应及时关注相关变化。尤其是到了预计登机时间，要注意收听机场广播，如果没有广播，旅客应尽快与工作人员联系。

5. 登机、飞行过程

飞机的飞行过程是指从飞机为开始飞行而关闭舱门时刻起，至飞机结束飞行后而打开舱门时刻止的所有时段。在这一时段，乘坐中国民航班机在飞机起飞、降落时手机必须关机或开启飞机模式。起飞或降落时禁止使用的电子设备还有：对讲机、遥控玩具和其他带遥控装置的电子设备、计算机、音频播放机（收录机、CD 播放机、MD 播放机、MP3 播放机）、视频录放机（摄像机、VCD、DVD 影碟机）、电子游戏机等。

随身携带物品可放在头顶上方的行李架上，较重物品可放在座位下面。但不要把东西放在安全门前或出入通道上。

旅客如发生误机，最迟应在航班离站后的次日中午 12 点（含）以前到乘机机场确认。此后如果要求改乘后续航班，各航空公司将在航班有可利用座位的条件下予以办理。

旅客登机、飞行过程注意事项如下。

(1) 尽量提前登机，不要一直拖到起飞时间才登机，这也是目前航班延误的一个主要因素。

(2) 飞机在起飞和降落的状态中，勿使用手机及其他电子设备。

(3) 在飞行过程中，旅客在座位上时要系好安全带。目前的航空技术水平还无法探测到晴空乱流，这种乱流很少见，但是遇到一次，其颠簸与伤害程度就会让人永生难忘。

(4) 旅客按登机牌确定的位置就座，尤其是当旅客乘坐的是小型飞机时。这与飞机的载重平衡有关，所以也关系到安全，不能像坐汽车、火车那样随便坐。

(5) 不要随意触动飞机紧急出口等安全设施，如在空中发生此种行为，必将机毁人亡。

(6) 不要将飞机上的救生衣等设备带走。目前，国内各航空公司均会在客舱出口安装探测设备，旅客如私自偷拿救生衣，需要接受相应处罚。

(7) 如果需改变行程，或飞机经停某机场时但旅客的目的地未到，旅客千万不要不辞而别，这将严重影响航班运作。因为一旦发生旅客不辞而别或其他原因没有登机，为了保证广大旅客的安全，必须确认该旅客没有遗留任何物品在飞机上，并对客舱进行全面检查。同时为了对旅客负责，航空公司须将该旅客所交运的行李从飞机上卸下，以免发生旅客、行李不在同一地点的情况，杜绝出现爆炸性物品。如果是过站旅客，由于无交运行李的具体清单，这项工作的执行将花费很长时间。

（8）与过安全检查一样，不要和机组人员、其他旅客、朋友开关于安全方面的玩笑，否则会无法想象由此带来的严重后果——飞机会立刻返航或就近做紧急降落，相关旅客可能要负刑事责任。

6. 到达、离机

旅客乘坐的航班安全抵达目的地机场后，要听从乘务人员的安排尽快离开飞机，到达候机楼的行李提取处等待托运行李的领取。

旅客到达、离机的注意事项如下。

（1）旅客离机时要注意清点随身携带的物品，不要有所遗漏。如离开飞机后发现遗漏，要尽快与机场工作人员联系，只要遗漏的东西不被误认为是垃圾扔掉，或被同机旅客顺手带走，民航工作人员会妥善保管，找回物品一般没有问题。

（2）旅客如有托运行李，要准备好托运行李的凭证，以备可能的查验。

同时旅客应注意，机场候机楼外相关区域及周边道路一般装有监控摄像头，主要是针对出租车不按规定载客、其他车辆违反规定乱停放等情况，旅客不当行为将被录像取证并送出租车管理机构及交警部门等机构处理。

第三节 地面运输区的构成及功能

地面运输区包括两个部分：第一部分是机场进出通道，第二部分是机场停车场和机场内部道路。

一、机场进出通道

机场进出通道是指旅客为到达机场乘坐航班及航班到达后乘坐地面交通工具进出机场候机楼的道路，如图2.18所示。

随着社会经济的不断发展和民用航空的大众化，民航机场逐渐成为城市的交通中心之一，而且由于机场进出通道对使用者严格的时间要求，因而从城市进出机场的通道也演变为城市规划的一个重要部分。特别是大型城市，为了保证机场交通的通畅，都修建了市区到机场的专用公路、高速公路或城市铁路。例如，北京首都机场的机场第一高速、机场第二高速、机场北线高速、机场南线高速、京承高速、东六环等，上海浦东机场的机场磁悬浮铁路、机场地铁、机场高速，广州白云机场的机场地铁、机场高速，南京禄口机场的机场高速等。

图 2.18　机场候机楼的空侧与路侧

一般情况下，只要是拥有机场的城市，为了解决旅客来往于机场和市区的问题，都要建立足够的公共交通系统，如有的机场开通了到市区的地铁或高架铁路，而大部分机场都有足够的公共汽车线路以方便旅客出行。同时，也要考虑航空货运问题，机场进出通道要把机场到火车站和港口的路线同时考虑在内。

二、机场停车场和内部道路

1. 机场停车场

机场停车场除必须考虑乘机的旅客自驾车辆需求外，还要考虑接送旅客的车辆、机场工作人员的车辆及观光者和出租车车辆的需求，因此机场的停车场必须有足够大的面积。当然，停车场面积太大也会带来不便。繁忙的机场一般可按车辆使用的急需程度把停车场分为不同的区域，离候机楼最近的是出租车辆和接送旅客车辆的停车区，以减少旅客步行的距离。机场职工或航空公司职工使用的车辆则应安排到较远位置的停车场，有条件的机场可以设置职工专用停车场。

2. 机场内部道路系统

机场要很好地安排和管理候机楼外的机场道路区域，这里各种车辆和工作人员混行，而且要装卸行李，特别是在机场航班高峰时期，容易出现混乱和事故。

机场内部道路的另一个主要部分是安排货运的通路，使货物能够通畅地进出货运中心。

第四节 机场的运营与管理

一、机场管理的内容和组织

机场管理是一个大系统，它大致可以分为四个部分，机场也通常会按照这四个部分设置四个副职分管，整个机场管理由一个总经理负责。大型机场集团则设置董事会，实行总经理负责制。机场管理组织如图2.19所示。

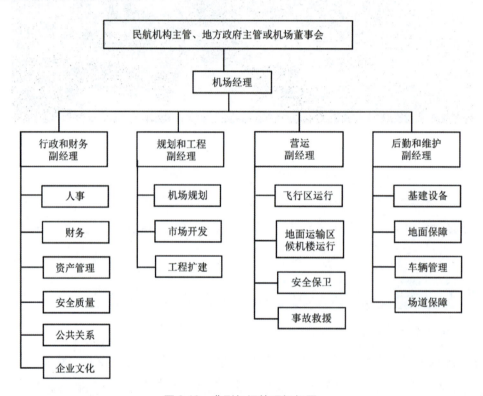

图2.19 典型机场管理组织图

1. 行政和财务部门

行政和财务部门包括人事部门、财务部门、公共关系部门、办公室、安全管理、企业文化、采购部门等。主管这个部门的负责人除管理行政和人事关系外，还必须对财务和公共关系投入很大精力。因为机场是一个企业性质的单位，如果财务运转出了问题，机场的运作就会发生困难。随着机场在社会上的重要性逐步增加，机场本身也成了敏感地区，所以机场的宣传和接待工作直接影响着一个机场的形象和信誉。

2. 规划和工程部门

机场在投入使用后最先遇到的是各项设施和设备的使用维护问题，此后还会不断遇到开发和新建的问题,特别是目前中国正处于经济高速发展时期,几乎每一个机场在投产的同时就遇到了进一步的扩展问题。因此统一规划、保证发展的整体性和建筑工程的质量是一个机场长期良好运行的必要条件。

3. 运营部门

机场的运营可分为飞机区、候机楼、安全保卫和事故救援四个部分,其任务如下。

(1) 飞机区。要保证飞机的运行严格按照各项规定进行,保证飞机着陆、滑行、停放、配载、卸载、飞行场地上地面交通工具的运行、航空公司的事务及紧急情况处理等相关的运行和保安规则、规章和程序得到贯彻执行,特别是对飞行区内的车辆运行严格管理,防止出现任何危险事故。要为特殊安排的飞机安排机位和登机门。

(2) 候机楼。要保证候机楼建筑和进出道路的安全和畅通,要防止机场内的从业人员和旅客的任何妨碍安全规定的行动,引导他们有秩序地按照规定行动。管理驻场的各种企业和协调各种政府机构的行动。

(3) 安全保卫。保护机场的禁止公众进入的地区和危险地区,保证在各登机门和安检区顺利执行任务,保护机场财物和人身的安全,在紧急情况下组织和疏散人群。

(4) 事故救援。在飞机发生坠落、失火等事故时,要组织紧急的救援行动。日常的工作包括训练、演习以及检查各项设备和设施的完好情况,一旦出现险情便能出现在现场,熟练地执行任务。

4. 后勤和维修

机场有大量的建筑和设备,维护和后勤工作量十分巨大。

(1) 场道的维护。所有机场的敷设道面(跑道、机坪和滑行道)都要保持良好的状态,要符合民航相关规定和标准,要及时维护以确保飞行正常和安全。另外,机场的环境和绿化也要不断维护和保持。

(2) 建筑物及设施的维护。这方面的维护主要是按计划对候机楼和其他建筑以及其中的设施定期维护和修理,候机楼的建筑物和设施是使用最频繁的,因而也是维护的重点。

(3) 车辆维护。机场使用大批的特种车辆和普通车辆,特种车辆的维护、修理是机场特有的问题,除了特殊的大修由外界承包外,其他维护、修理只能由机场自行组织解决。这个部门的任务除了车辆维护、修理外,还包括制订采购计划、更新车辆,并和生产商或经销商取得联系,以便得到他们的支援和服务。

二、机场的运营管理

要确保机场的安全运行,机场当局就要进行大量的维护检查工作,特别是机场的道面是每一次成功飞行的起点和终点。在跑道、滑行道、机坪区域的维护和维修,以及助航设施和灯光系统方面的任何疏忽都会导致事故的发生。

1. 机场道面的维护

机场道面包括跑道、滑行道和停机坪的道面,其中最重要的是跑道道面。由于飞机在跑道上高速运动,任何小的裂缝或隆起都有可能造成飞机爆胎或损害飞机起落架,从而引发更大的事故。

(1) 道面的裂缝和强度。大型机场的跑道都使用混凝土道面。世界上第一条混凝土跑道建于1928年的美国密歇根州的福特机场,此后不久,军用与民用机场开始流行铺设道面。混凝土道面又称刚性材料道面,承载能力较强,但在温度变化时其膨胀和收缩会产生较大内应力,因而混凝土道面在一定距离上都留有伸缩缝。冬天混凝土收缩,伸缩缝变宽,这时水和沙就会进入缝中,当水冻结时就会产生很大的压力,使伸缩缝边缘开裂,随后雨水就可以渗入混凝土底层,使整块道面出现裂缝、隆起或伸缩缝变宽。跑道维护人员要定期目视检查跑道的表面,在春季要增加检查次数,一旦发现问题要及时修补。

中型机场多在混凝土道面上铺一层沥青,又称柔性的材料道面,它不需要伸缩缝。但这种道面不耐恶劣天气和水汽侵蚀,如果天气寒冷,道面会很快恶化;而如果道面积水时间较长,就会造成小孔、裂缝等。如果道面强度低,飞机的重着陆和暴雨都会使道面上的软材料被带走,造成空洞。沥青道面虽然造价比混凝土低,但其维修的次数和费用都要高于混凝土道面。所以,每隔一段时间要对跑道的强度和性能进行检验。目前常用无损伤性技术之一的振动法来测定跑道的性能。这个方法不破坏跑道,只靠振动波的传播和反射来测定跑道的性能。在振动法不能确定的地方,有时用打孔、切槽等破坏性检验来做补充检测。

(2) 道面的摩擦力。跑道表面的摩擦力会由于道面的磨损、积水、沾污物和道面异常而变化,保持相应的道面摩擦要求,就要注意这些问题的出现。道面的磨损可以由及时的修补来解决。积水也是减低跑道使用摩擦力的因素,跑道上的薄层积水会使机轮打滑,甚至丧失全部摩擦力。解决的方法是在跑道道面上开出跑道安全槽。这些槽深为6～7毫米,间隔为30毫米,它们可以使道面上的水排干净,也可以排出由于轮胎摩擦造成的水蒸气和热量。

跑道污染主要是由于油漆、废物和轮胎上的橡胶颗粒黏附造成的,其中最主要的是橡胶黏附。清除这种污染比较费力，目前常用的方法有四种：一是高压水冲洗，水压在300大气压以上而且只能在5℃以上的气温中进行；二是化学溶剂溶解，酸性化学制剂用于混凝土跑道，碱性化学制剂用于沥青跑道，这种方法很有效，但容易引起环境保护问题；三是高速冲击方法，即机械刷除，这种方法的设备比较昂贵；四是超声波清洗，这是一种新的方法，成本不高，但效果较好。

2. 除雪和除冰

在中高纬度地区的机场，除雪和除冰是保证机场运行的重要工作，费用在每年的开支中也占据重要部分。机场要尽可能减少被雪封堵的时间，因而除雪要根据气象预报及早准备，一旦雪情妨碍飞行就立刻开始行动。

除雪的方法有两种：机械法和化学法。由于化学方法成本高且见效较慢，所以大多数机场使用机械方法除雪。除雪的三种机械为铲雪机、吹雪机和扫雪车。铲雪机前方有一个巨大的雪铲，铲的下缘由硬橡胶制成，以防损坏道面和与道面齐平的灯罩，它可以清除很厚的雪层；吹雪机有一个强力的吹风机，它可以吹掉雪堆和积雪，把积雪吹到其他地方，常用于清除滑行道、停机坪和停机区；扫雪车是用来清除不厚的积雪和湿雪，也可以用来扫除地面上的砂石。在有很厚积雪的机场，往往是三种车辆连续作业，铲雪机在前除去厚雪，吹雪机在后，把铲雪机铲到旁边的雪堆吹到远离跑道的地方，最后由扫雪车把道面打扫干净。机场跑道除雪如图2.20所示。

图2.20　机场跑道除雪

对飞机来说，跑道结冰比积雪更危险，而且除冰比除雪更难。如果扫雪车不能将冰扫走时，一般用撒沙子的方法，既能增加跑道的摩擦力，同时也加快了冰融化的速度。更先进的办法是撒加热的沙子，使沙粒嵌入冰层，冰融化的速度更快。

在有些地区，常用喷洒酒精或乙二醇的方法除冰。在应急情况下，用喷气发动机喷出的热气流除冰也极为有效，但是噪声太大，成本也很高。飞机除冰如图2.21所示。

图2.21　飞机除冰

3. 防止鸟撞

由于大部分鸟类的飞行高度在4000米以下，所以鸟撞飞机的现象多发生在机场周围。飞机起降时如果把鸟吸入发动机或与鸟相撞都会造成发动机停车或损害等危险，所以某些机场把驱散鸟类远离机场空域作为其经营管理中的主要工作之一。据统计，1998年前国际民航组织每年收到的鸟撞报告在2000次以上；而1998年后，每年超过3500次。经过计算，1990—1998年，世界上野生动物撞击飞机事件导致的飞机受损费用每年均超过3.8亿美元，飞机每年停飞检修的时间超过46.1万小时。

解决鸟撞的办法有很多种。最重要的一种方法是把跑道和空港周围的垃圾封盖起来，控制一些生物的生长，清除杂草、水塘，使鸟类在这个地区没有食物来源。其他方法，如使用声音驱赶鸟类、投放化学药物及猎杀等，但有些方法遭到环境保护组织和动物保护组织的反对。迄今为止，防止鸟撞仍是一个未能完全解决的问题，目前能做的仅是加强对机场周边环境的清理，研究这一地区鸟类活动的规律，使驾驶员提高警惕来防止事故发生。

资料链接：机场驱鸟——多花香，少鸟语

1903年12月17日，美国人莱特兄弟制造的人类飞行器首次升空，不到两年时间，第一起鸟击飞机事件便出现在了莱特兄弟的日记上。鸟击，这一长期以来威胁飞行安全的国际性难题几乎是伴随着飞机的发明而诞生的。

据权威统计，目前全世界每年大约发生10 000起鸟撞飞机事件，国际航空联合会已经把鸟害升级为"A"类航空灾难。

半个多世纪以来，机场的鸟击防治理念也经历了一次由"被动驱鸟"到"主动防鸟"的飞跃。从以往使用猎枪、驱鸟弹、黏鸟网、载炮驱鸟车在内的以猎杀与恐吓为主的传统驱鸟手段，正逐渐向"生态环境治理为主，硬件驱鸟设备为辅"的综合性鸟击防范策略转变。人类希望能与自然和谐相处。正如巴金先生写过的一篇散文《鸟的天堂》，把我们带入了人与鸟、大自然和谐的生态环境之中。现在，机场的驱鸟工作也肩负着同样的使命，在确保航空安全的同时，让人类与飞鸟共享蓝天。

一、鸟击之最

1. 最早记载的鸟击事故

世界上第一起有详细记载的鸟击事故发生在1912年4月，第一个飞越美洲大陆的卡尔·罗杰斯在加州附近飞行时与海鸥相撞，导致飞机坠入大海，罗杰斯不幸溺亡。

2. 最高的鸟击事故报告高度：11 277米

老鹰、野鸭、大雁、信天翁等鹰类、雁鸭类以及部分海鸟都能利用气流飞上万米高空，到达与飞机飞行高度一致的平流层。而在该高度，飞机飞行速度通常都在700千米/小时以上，此时飞鸟若与飞机相撞，极易造成"机毁人亡"的惨剧。据历史记载，最高的鸟击事故报告高度是11 277米。

3. 飞鸟撞击飞机时的破坏力

若鸟重1.8千克，飞机速度700千米/小时，该鸟与飞机相撞将产生比炮弹还大的冲击力。

二、生态驱鸟新尝试

首都机场集团旗下的天津滨海国际机场近年来进行了一种特殊的生态驱鸟手段试验——飞行区土面区绿植改造。天津机场土面区面积广阔，易生长多种杂草，会吸引多种鸟类在天津机场内逗留觅食。而香草类植物本身散发出的化学气味具有一定的驱鸟作用，且不易生虫，可以切断鸟类的食源空间，达到创造性生态治理鸟类的目的。从长远来考虑，这种香草类植物大面积种植形成规模后还能够美化飞行区，打造天津机场成为花园式机场。

香草植物植株较矮，种植后可不必打草，从而节约因夏季打草形成的运营成本。经过对土质的分级研究，初步确定了"金银花、百里香、薰衣草、鼠尾草、鸢尾"等十余种香草类植物进行试种，且这十余种经济作物均会有一定的经济效益。此次试验开创了天津机场生态治理鸟害工作的先河，同时也是对机场内新型产业的开发，既为机场节约了运营成本，又利用了机场闲置土地资源创造经济效益。

首都机场近年来引进了一项驱鸟新技术——生物驱鸟剂。这是一种水性缓释生物制剂，使用时通过喷洒在土地表面，缓慢持久地释放出一种特殊气体，致使鸟儿产生不适和厌食反应而飞走，并在其记忆期内不会再来。

4. 紧急救援和消防

据统计，所有航空事故有75%发生在距离机场半英里（0.8千米）以内的地方，亦即是发生在飞机起降的时候，并伴随着失火和伤员。因而机场要有一支训练有素、装备精良的救援队伍，随时准备出动以防不测。

救援的反应时间对于救援的效果有着决定性的影响，因而要求救援车队的第一辆车能在3分钟之内到达跑道的最远端，第二辆车在4分钟之内、其他车辆在4.5分钟之内到达。救援车队主要是消防车队，因此中国也把救援称为消防勤务，把救援队伍称为消防队。

国际民航组织为大型机场的消防队制定了推荐标准，如果达不到这个标准，就不能取得营运许可。机场消防队的装备要比一般中小城市消防队的先进，反应迅速，使用的车辆有快速救援救火车、轻型救火车和重型消防车。

资料链接：生命，永远是第一位的

较之公路运输和铁路运输，航空运输并非危险的交通方式。但是，除了机械故障等自身问题外，全球极端灾害天气的频发和恐怖活动的蔓延，使航空应急事件发生的可能性大大增加。

在此背景下，加强航空安全管理，完善安全保障措施，已经成为机场运营的一个关键问题。中国民航局因此提出了"持续安全"的理念，机场方面也在不断提高安全管理技术、能力、机制等，以保证民航运输的安全。

其中，机场应急救援工作的主要目标是：有效应对机场突发事件；控制事件扩大；开展有效的救援以抢救人员生命和减少财产损失，使机场运行秩序迅速恢复正常状态。

应急救援，最关键的是要反应迅速。机场应急救援应对的对象是突发性和后果影响严重的航空器失事、非法干扰、自然灾害与医学突发事件等。这些突发事件具有突发性、复杂性、不确定性，所以这也决定了机场应急救援的特点——迅速、准确、有效。

事实上，当航空器出现事故，只有以最快的速度、最短的时间到达事发现场实施救援，才能最大限度地减少人员伤亡和财产损失，尽快恢复机场运行秩序。

机场对于应急救援工作的重视，源于对旅客生命的尊重。例如，根据中国民航的相关规定，机场在发生航空器事故时，首辆消防车必须在3分钟内到达事发现场。3分钟虽然短暂，但事故发生后的3分钟，足以让大火烧透机身，危及旅客生命。

5. 安全保卫

机场的安全保卫工作主要是针对空中犯罪行为的，这些行为包括爆炸、劫机和走私，在地面上的保卫工作还包括防止偷盗和抢劫等。

(1) 外围保卫。机场的安全保卫从飞行区的外围开始，飞行区外围设置栅栏，重要地段要筑墙，在栅栏的两旁一般有3米以上的隔离带，在隔离带中不能有任何建筑物和障碍物，在僻静处的栅栏一般用电网和微波防护，栅栏上有明显标志警告接近者。

(2) 货场保卫。货场及货运中心是盗贼注意的目标，在这些地方要设置武装警卫。要有良好的照明，对于存入贵重物品的地区要设置闭路电视、录像装置。此外，由于近年来毒品走私的猖獗，很多大型机场的货场或货运中心都有毒品探测装置。

(3) 安检入口。20世纪60年代以来，恐怖主义炸机和劫机事件时有发生，所以旅客乘机前要通过一个X光检查台，以使检查人员能够看清楚其行李中的各个细致部位。行李由传送带运送，自动通过X光摄像机，以增加检查的速度。旅客则要通过一个金属探测门，在探测门的框内有电磁场，如果有一定体积的金属物品通过探测门就会有报警信号响起来。在X光检查机或金属探测门检查的结果不能确定时，旅客要接受开箱检查或搜身检查。

为防止塑性炸药被带入飞机，最近又发展了炸药探测仪。它有一个传感器（探头），里面装有电子敏感元件，可以探测出空气中数百万分之一的炸药分子。

如果旅客按规定在允许范围内携带武器，如手枪或小刀等，应把它交给机组保卫人员。

资料链接：反恐，并不遥远

发生在2001年9月的美国"9·11恐怖袭击事件"，第一次让人们深刻感受到了恐怖主义的罪恶行径。由于它发生在地球的另一边，似乎离我们很遥远。然而，2012年6月的新疆和田劫机事件让我们清醒地认识到，恐怖袭击，可能就在我们身边。

2012年6月29日，由新疆和田飞往乌鲁木齐的天津航空公司GS7554航班于12时25分起飞。10分钟后，有6名歹徒用暴力的方式企图砸开飞机驾驶舱舱门，意图劫机。恐怖分子将拐杖卸成钢管，实施暴力行为。经过机组人员及旅客的奋力反抗，歹徒被制伏，飞机随即返航和田机场并安全着陆，6名歹徒被公安机关抓获。在制伏歹徒的过程中，有机组人员和旅客受轻伤。

经事后调查,歹徒以伪装的拐杖为武器,试图进入飞机驾驶舱。GS7554航班为天津航空公司的EMB190机型,劫机事件发生时,飞机上共有旅客92人,机组成员9人。

6. 地面勤务

地面勤务运用一系列的地面车辆和设施为飞机的出港、进港、经停服务,包括上、下旅客,装卸行李、货物,供应食品及其他用品、供水、加燃油及清除垃圾。这些服务都有一定的时限,这样既可提高飞机的利用率,也可增加机场的经济效益。

飞机在经停时,一般要求在30～45分钟内完成勤务工作,环绕飞机周围,有十多辆服务车辆在进行服务。图2.22所示为客机在机坪上的地面勤务状况。

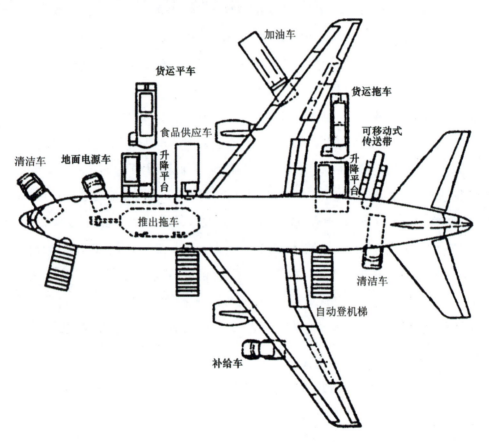

图2.22 机场勤务车辆示意图

勤务车辆有很多种,主要分类如下。

(1) 推出拖车:在指廊式或卫星式的机坪,飞机是机头向里停在停机位上的,因而飞机必须倒退出机位。但是由于飞机没有倒退装置,所以这时要借助于推出拖车把飞机推出机位。重型拖车可以把大型飞机推出,它的高度可以变化以适应不同机体的高度。

(2) 供水车：为飞机供应饮用水，可以携带数吨水。

(3) 加油车：分为两种，一种是油罐加油车，装有 10 吨以上的燃油，上面有加油臂，1 分钟可泵油 4000 升；另一种是管线加油车，它可把机场供油系统在机坪上的供油栓和飞机的加油孔连在一起，在 10 分钟内为波音 747 这样的飞机把油装满。

(4) 地面电源车：飞机停放在地面，发动机未开启时由这种车辆供电，用于启动发动机、照明和空调。但现代大型客机上都装有的辅助动力装置(APU)取代了它的功能，这种车辆的使用正在逐渐减少。

(5) 自动登机梯：在没有登机桥的机坪上可供旅客上下飞机。

(6) 货运拖车：由牵引车拖动，运送行李和小件货物。

(7) 补给车：可以载运清洁工人和食品供应人员以及将补充的各种物品送上飞机。

(8) 可移动式传送带：在飞机装卸行李时，它可以大大提高工作效率。

(9) 货运平车：用于放集装箱或集装货板，它的车体平面离地面不到 0.5 米，易于和传送带联合作业。

(10) 升降平台：用于清理或维护飞机外部，其升降高度可达 12 米，能保证到达飞机外部各个部位。它可分为液压式和构架式两种，构架式价格低，但不能到达空间比较小的地方。

(11) 清洁车：清除机上厕所污水和其他杂物。

(12) 食品供应车：给飞机上的人提供各种食品和饮料。

图 2.23 所示为机场停机坪勤务车辆。可以看出，一般情况下，每架飞机起飞前和降落后至少有十多辆地面车辆为其提供服务。首先开过来的是自动登机梯、货运拖车和可移动式传送带，旅客利用自动登机梯来上下飞机；货运拖车和可移动式传送带是用来给飞机装卸货物和行李的。随后加油车、清洁车、食品供应车、供水车、升降平台、地面电源车等纷至沓来，加油车给飞机加足燃油；清洁车上的工人把各种卫生用品送上飞机，再把机上的垃圾和污水运走；食品供应车给飞机上的人提供各种食品和饮料；供水车供应飞机上所需的水；升降平台用于维修人员在飞机外部检查维修或清理污迹时使用，它可以升到 12 米左右的高度，方便维修人员接触到飞机的各个部位；地面电源车为一些没有辅助动力装置的中小型飞机供电。最后到达的是推出拖车，它是专门用于推拉飞机的。因为飞机停靠廊桥时，机头都是朝向候机楼的，但当飞机要离开时，在此地无法自己掉头。这时平矮的推出拖车可钻到飞机腹下，挂住飞机前轮，把飞机推出廊桥区，拖到一定位置，然后松开接头驶离飞机，飞机这时才能自己滑动。推出拖车如图 2.24 所示。

图 2.23　机场停机坪勤务车辆

图 2.24　机场停机坪推出拖车

✈ **资料链接：机坪上的"Follow Me"**

全球各个机场的机坪各不相同：一是跑道数量不同，从一般的一条跑道到美国达拉斯机场最多的七条跑道，不同的跑道数量直接决定了飞行区的整体布局；二是飞行区的跑道构型不同，有平行的，有交叉的，甚至还有高速公路穿梭其间的。加之横纵交错的滑行道及点缀其中的候机楼，初来乍到的飞行员想滑行到指定机位，并不是一件容易的事情。

这个时候，飞行区引导车便必不可少。除了首次抵离机场的航班，在雨雪、大雾等特殊天气情况下，引导车也会出现在航空器的前面，引导这些"大家伙"滑行入位，"Follow Me"即"跟我来"。

引导工作有着严格的执行标准，安全、平稳是第一原则。在飞机脱离主滑行道之前，引导车就要打开引导标志灯在适当位置等待；开始引导后，则需与飞机保持适当的距离，并按照事先设计的路线匀速平稳前进；在路上，还可以根据需要开启车载报警器，提示过往的车辆避让，任何车辆靠近飞机的滑行路线或从引导车与飞机之间穿越都是不允许的。

最关键的是，引导员不能错过任何一个路口。原因很简单，飞机没有倒挡，想调头的话就只能靠飞机牵引车了。

与世界上大多数机场相比，北京首都机场的飞机引导工作更为复杂。首都机场飞行区总面积为15.73平方千米，绕首都机场围界走一圈，相当于绕北京二环路走一圈。飞行区分为15块机坪，内有142条滑行道、321个停机位、700多块标记牌。滑行道也不是横平竖直的，这些标志、标线、信号灯就像密码，形成了一个巨大的迷宫。遇到雨雪、大雾天气，机坪白茫茫一片，此时引导员的技能和经验就显得尤为重要，他们就是机坪上的"活地图"，对每个停机位的位置了如指掌，将与机位匹配的机型参数烂熟于心。

首都机场飞行区管理部的赵师傅说："在引导飞机时，引导员绝对不能犯错误，要保证100%的安全。"在机坪上，航空器引导的时间、路线都有严格的要求：不仅要沿着黄色滑行道前行，而且要时刻注意飞机滑行时前后200米和两侧50米内不允许车辆通行，要时刻关注视野范围内的其他飞机、车辆和人员。首都机场飞行区面积广阔、环境复杂，最远的引导距离达3千米，开车单程长达1个小时，这对引导员来说是一个挑战。赵师傅从1994年1月1日开始执行第一次引导任务至今，没有出现过一起引导安全责任事故，保持着引导工作100%的安全纪录，这个纪录，对任何工作领域都是一个传奇。

2008年8月7日，赵师傅和他的同事进入了保障北京奥运航班的实战高峰阶段，全天引导航空器251架次，引导及时率、准确率均达100%。最壮观的时候，7辆引导车在滑行道上一字排开，一辆引导车后面跟着一架公务机。

北京奥运会期间，老布什、萨科齐、普京等国外领导人的专机及大量公务机飞抵首都机场，有几乎停飞的CRJ-200，也有刚刚上市的FALCON-2000，数量之多、种类之广前所未有。这种历史大事件的参与感也让机场引导员们兴奋不已。

当然，赵师傅也有幸获得引导世界最大民航客机、人称空中"巨无霸"的空中客车A380首航北京首都机场，以及美国前总统布什乘坐的"空中一号"等重要专包机的任务机会,甚至还创造了日单人单车引导航空器116次的纪录。

7. 机场总体安全检查

机场的安全是机场管理的突出问题。机场应该有一个总体安全检查计划,并且定期地或随机地进行检查,从而建立起一套安全制度和体系。对检查到的隐患应及时排除或改进,同时要对职工进行安全方面的教育和技能培训。

安全检查的目的是防止由天气变化引起的各种危险,包括由障碍物或移动物体(如车辆、人员、动物)引起的危险,道面或设施的损坏引起的危险以及人为的操作、维修不当引起的危险。

机场重点检查区域包括以下几种。

(1) 机坪和停机位。在这里首先要注意防火,禁止吸烟,然后是道面平整,不得积水,还要检查飞机的固定情况等。

(2) 滑行道。检查道面是否平整,有无杂物,各种标志线是否完好、清楚,灯光系统是否正常工作。

(3) 跑道。检查跑道灯光和标志是否清晰可见,道肩是否完整,进近区的树木、地面障碍物是否在正常状态,车辆、行人、牲畜是否进入了跑道。

(4) 加油设施。加油设施存放区域必须远离停机坪,消防设备要齐全,定时检查保证其处于完好的工作状态。输油的接头、软管要保持清洁。要防止水和污染物进入油罐。

(5) 机库和维修车间。机库和维修车间要保持清洁,防火工具、设备要存放有序,各种标志(如禁止吸烟、出口、车间号等)要完整。

资料链接:《机场运行手册》要求的跑道运行标准及管理要求

一、机场跑道运行标准及要求

1. 机场跑道运行标准

(1) 保持道面清洁,道面上的泥浆、污物、砂子、松散颗粒、垃圾、橡胶沉积物、燃油、润滑油及其他污物应当及时清除。跑道、快速出口滑行道表面,雨后不得有积水。

(2) 跑道道面平整,3米范围内的高低差不大于10毫米;板块接缝错台不大于5毫米;道面缝封良好;跑道道面上无直径(边长)大于12厘米的损坏。

(3) 道面与道肩边缘相接的土面不高于道面边缘,且不低于道面3厘米。

(4) 跑道及快速出口滑行道的表面摩阻值任何连续100米的区域不低于0.4米。

2. 机场跑道运行管理要求

(1) 每天定时对跑道道面状况进行4次巡视检查。其中,航班运行前1次,航班运行中 2 次，航班结束后 1 次。

(2) 每月对跑道摩阻性能的检测不少于 2 次。

(3) 每季度进行 1 次全面步行检查。

(4) 每年对跑道进行 1 次系统评估，评估内容包括表面摩阻性能、跑道表面平整度、跑道表面缺陷情况、跑道道面结构强度情况、跑道道面高程、跑道表面排水能力等。

(5) 委托有资质的单位每 5 年进行 1 次跑道综合评估。

二、供电系统标准及要求

机场要有两路以上电源独立供电，并保证重要负荷在正常电源失电后，其备用电源能自动切换，其最大切换时间要符合《国际民航组织公约》附件 14"机场"第八章的要求。

三、净空管理标准及要求

1. 障碍物限制要求

依据经批准的机场总体规划，制作机场障碍物限制图，明确控制范围内其障碍物限制的要求。

2. 障碍物日常管理

障碍物日常管理包括日常巡视检查，障碍物的测量，建筑物或构筑物的新建、迁建、改扩建活动的审批，障碍物的拆除、迁移和处置。

四、助航设施的保护及要求

机场管理部门要采取措施对机场围界以内的助航设施，包括空管局的设施进行监控，防止人为的破坏或盗窃的发生；对目视和电子导航信号进行保护，防止信号的干扰。

第五节　机场具体工作部门设置及职责

机场不分大小或等级高低，均因为面对相同的服务对象和管理内容，而具有类似的管理部门设置与分工。只是大型机场的组织管理部门层次更多，设置更加细致；小型机场的管理部门设置则相对简单。

一般情况下，我国的机场管理部门有如下设置。

一、党政管理系统机构

1. 行政办公室（亦称办公室、总经理办公室、行政管理部）

行政办公室，亦称办公室、总经理办公室、行政管理部，是机场公司董事会、党委、经营领导班子的办事机构，是负责综合协调管理的职能部门。其主要工作职责如下。

(1) 认真执行公司党委、经营班子决策、决议和指示，并按照其要求，积极主动地发挥综合协调、参谋助手作用，及时、高效地完成被赋予的各项任务。

(2) 负责检查公司党委、总经理会议以及公司领导决议、指示的贯彻落实情况，认真进行督查督办并实施指导，及时做好信息反馈工作。

(3) 承办公司董事会、党委会、总经理会议以及其他重要会议的文秘、会务工作。

(4) 承办公司文电的起草、把关、传递和机要保密、档案管理以及接待工作，负责公司党群部门之间、公司与外部之间、公司各部门之间的沟通、协调工作。

(5) 根据公司领导要求，牵头开展公司体制及运行机制改革的研究，适时提出适应机场事业发展的具体改革方案。

(6) 承办公司领导交办的其他工作。

2. 党群工作部（亦称党委办公室等）

党群工作部，亦称党委办公室等，包括党委宣传部、党委组织部、团委、纪委、工会等机构。其主要工作职责如下。

(1) 研究拟订公司党建、组织宣传、政治思想、理论教育、精神文明、企业文化建设和企业内保工作计划，检查指导各单位对上述工作的落实，提出改进工作意见；主办机场报刊以及机场公司内外网站刊载内容的审查。

(2) 承办拟订工会工作计划，并组织实施。承担公司工会、职工代表大会闭会期间的日常工作及工会经费的使用管理工作；负责职工代表选举工作，组织职工参与公司民主管理，维护职工合法权益，组织职工开展文体活动；负责职工技协工作、调解工作以及组织开展群众性的劳动竞赛、岗位练兵、技术攻关、合理化建议等活动。

(3) 协助公司女工委员会做好女职工工作。

(4) 负责公司计划生育工作。

(5) 负责与上级工会的联络，指导下级工会工作。

(6) 承办公司领导和上级交办的其他工作。

3. 人力资源部（亦称人事处、人事劳动处等）

人力资源部，亦称人事处、人事劳动处等，是公司负责干部人事、劳动工资、社会保险、员工培训、退休人员管理等工作的职能部门。其主要工作职责如下。

(1) 认真执行公司党委、经营班子决策、决议和指示，并按照其要求，积极履行人事管理工作的职责，主动、及时、高效地完成所赋予的任务。

(2) 根据公司党委的部署要求，拟订干部员工考核、调配方案并报公司党委审批后具体组织实施；合理开发使用现有人力资源，拟订干部员工队伍新老交替、后备干部选拔培养方案，并组织实施。

(3) 拟订公司定岗定编方案，根据公司人才需求，拟订公司年度干部员工结构调整（进出）计划方案，并组织实施，负责干部员工档案的管理工作。

(4) 研究、拟订公司工资、劳动保护、员工福利规定、标准，并组织实施，负责工资总额和社会保险管理工作。

(5) 负责劳动关系管理，做好劳动合同、员工奖惩、劳动纪律管理以及劳动争议处理工作。

(6) 制订公司培训规划并组织实施，负责公司专业技术人员管理和继续教育工作。

(7) 在深入调查研究的基础上，拟订人事、劳动、分配三项制度改革总体方案，并组织实施。

(8) 办理员工退休手续，做好公司退休人员的管理工作。

(9) 承办公司领导交办的其他工作。

4. 计划财务部（亦称企管财会部、规划发展部等）

计划财务部，亦称企管财会部、规划发展部等，是公司负责计划、财务管理、会计核算、资金与资产管理等工作的综合职能部门。其主要工作职责如下。

(1) 负责贯彻执行国家税收、物价、财务、会计、计划、统计等政策法规，结合本公司实际，制定公司计划统计、会计核算和财务管理等制度。

(2) 负责公司生产计划、财务计划、资金计划、固定资产投资计划的编制和管理工作；负责公司计划编制的平衡和协调，以确保公司各单位计划的科学性和合理性。

(3) 负责对内、对外资金结算工作，及时做好资金的统一调度、平衡和管理工作，管好、用好资金，保证企业生产经营和发展资金的需要，提高资金使用效率，降低财务费用。

(4) 参与对公司所属各级单位进行的内部审计工作，督促其按照国家和公司的规定规范运作，确保国有资产保值、增值；并协助外部审计机构开展审计工作。

(5) 负责对全公司财会人员的管理和培训，并负责推荐委派至各单位的财会负责人，会同公司人事管理部门对委派的财会负责人进行考核。

(6) 负责公司会计核算工作，检查和指导各单位的会计核算工作，如实反映企业的生产经营和财务收支情况。

(7) 负责编制公司统计报表、会计报表，正确反映企业生产经营状况；并根据统计、会计资料，定期进行生产经营状况和财务状况分析。

(8) 负责公司资产登记、核算和管理工作，并定期会同实物管理部门做好实物资产的盘点工作,保证账实相符。

(9) 参与公司重大投资项目和重要经济合同的谈判、会审,并监督执行;参与工程项目、大宗物品招、投标工作;负责工程项目的预、决算审核。

(10) 负责按时缴纳税金;并认真研究国家的各项税收政策,正确把握国家的税收规定,争取政府给予更多的政策支持。

(11) 负责公司统计资料、会计凭证、账簿、报表保管和管理工作,并及时做好归档工作。

(12) 承办公司领导交办的其他工作。

5. 纪检监察室

纪检监察室是公司纪律检查委员会(以下简称纪委)的办事机关,承办纪委的日常工作。其主要工作职责如下。

(1) 坚决执行公司党委和上级纪委决定,检查公司各级党组织和科级以上管理人员执行党的路线、方针、政策、决议及遵守党的纪律的情况。

(2) 指导公司各单位对全体党员和科级以上管理人员党性、党风、党纪教育,针对党风建设方面存在的问题,提出加强和改进建议。参加公司党委民主生活会。

(3) 受理对各级党组织、科级以上管理人员中党员的申诉和党内外群众的举报和控告,办理各级党组织和科级以上管理人员中党员违纪案件的调查处理,并提出处理意见,具体指导督促公司党委下属党组织对其他党员的申诉和党内外群众的举报以及控告的办理,指导检查公司党委下属党组织受理其他党员的违纪案件的调查处理情况,接待、处理信访和上级转办的信函。

(4) 制定公司内部监督方面的规章制度,对监察对象进行遵纪守法、廉洁自律教育;参与机场公司安全生产和服务质量督察方面的相关工作;开展企业效能监察,检查、监督监察对象执行国家法律、法规、政策、计划、决定、命令和政府、民航局的有关规定,认真履行职责,提高工作效率和管理效能;同时受理对监察对象的违法、违纪行为的检举、控告,调查、处理监察对象的违法、违纪行为;参与对监察对象的考核、评议工作。

(5) 牵头负责制定公司内部审计相关制度,并组织开展对公司所属各级单位进行内部审计工作。

(6) 承办机场公司党委、公司领导和上级纪检、监察机关交办的其他工作。

6. 法律事务办公室

法律事务办公室是公司负责法律服务、法律政策研究的办事机构。其主要工作职责如下。

(1) 执行公司党委、经营班子决策、决议和指示，并按照其要求，积极开展公司法律服务和法律政策研究，及时主动地完成所赋予的各项工作任务。

(2) 承办公司经济合同、协议等法律咨询、审查工作，参加公司对外合作、合资项目的谈判，提供公司重要经济合作项目的法律咨询和论证；负责起草或确认公司适用的标准合同文本。

(3) 根据公司领导授权，代表公司负责处理由合同引起的诉讼、仲裁、纠纷，并参与调解和索赔。

(4) 配合公司宣传部门，开展公司员工普法教育工作。

(5) 负责对公司所属单位合同、协议文本的合法性进行监督、审查，并对执行法律规范情况进行检查、指导。

(6) 完成公司领导交办的其他工作。

7. 综合管理部

综合管理部是负责公司部分行政管理及房产、设备、车辆、物资等资产管理和后勤保障的职能部门。其主要工作职责如下。

(1) 执行公司党委、经营班子决策、决议和指示，并按照其要求，积极履行公司赋予的行政管理职责以及房产、设备、车辆、物资等资产管理和后勤保障的职责，主动、及时、高效地完成各项管理、服务、保障任务。

(2) 制定公司设备、车辆、物资管理、行政后勤管理的基本规章制度；会同有关部门编制公司设备、车辆年度更新、技改、检修计划和中远期发展规划以及维修费用的计划管理，并监督执行。

(3) 承办公司设备、车辆维修、报废的审核工作，参与对设备、车辆重大事故的调查处理，负责办理内、外场车辆、驾驶员的年检、年审、换证以及驾驶员的安全教育等工作；定期开展设备、车辆的检查与考核。

(4) 承办设备、车辆、物资的采购管理工作，做好生产物资、办公用品、职工被装以及劳保用品的供应工作。

(5) 负责公司生产、办公用房(除航站楼外)的调配、年度维修、改造计划编制审核工作；指导、实施职工住房制度改革。

(6) 负责职工食堂、公寓等管理工作，为各部门和员工提供后勤保障服务。

(7) 负责公司职工乘车证办理、市内交通费审核、三级机构以上负责人和特殊工种人员通信工具配置及费用的审核。

(8) 完成公司领导交办的其他工作。

二、业务管理系统机构

1. 企业管理发展部

企业管理发展部是机场公司负责企业宏观策划、管理创新和事业发展的职能部门。其主要工作职责如下。

(1) 认真执行公司党委、经营班子的决策、决议和指示，并根据其要求，积极主动地履行企业策划、管理和事业发展的职责；主动、及时、高效地完成所赋予的各项任务。

(2) 根据国家的法律、法规和民航行业管理的有关规定及企业改革发展的要求，研究制定公司企业发展规划和经营管理与发展方面的基本规章制度，并就企业机制创新方面的重大改革课题进行调查研究，提出方案。

(3) 组织拟定公司年度经营目标、经营考核办法，并组织和指导考核工作，承办公司规范化管理及国际质量体系的达标工作；做好机场公司经济合同、无形资产、计量管理工作。

(4) 承办机场国内国际航线、航班开通的促进工作以及客货包机业务等的筹划与协调工作；负责牵头组织航空地面服务协议的签订；开展机场客货市场的调研、促销工作，承担机场事业发展及企业管理相关的政策研究、信息收集、分析和传递工作；开展国际国内机场间及相关单位的友好交往活动，承担公司外事工作及相关的外事翻译服务工作。

(5) 参与公司投资项目的可行性论证、咨询和对外经济技术合作谈判及签约工作，并协助指导公司下属单位投资项目的可行性论证、咨询工作。

(6) 承办机场公司领导交办的其他工作。

2. 运输服务部

1) 主要职能

运输服务部是机场旅客服务和对航空公司服务的中心机构。其主要工作职责如下。

(1) 按照民航运输要求组织航空运输地面服务工作，为旅客、航空公司服务。

(2) 组织航空运输市场调查。

(3) 按照民航局、地区管理局的授权，实施对机场所在地区航空销售代理的行业管理。

(4) 对候机楼的使用管理进行监督，并制定候机楼管理制度。

(5) 负责受理旅客的电话投诉和涉及运输服务处投诉的处理。

2) 主要工作内容

一般情况下，机场运输服务部设置综合科、国内值机科、国际值机科、服务科、行李科、配载平衡科、客舱保洁科、设备保障科等，主要负责以下工作。

(1) 办理值机手续，行李收运及发放，计算飞机载重平衡，编制随机业务文件，组织旅客登、离机。

(2) 负责候机大楼内大厅的所有公共区域及厕所清洁卫生。

(3) 负责进出港旅客引导服务，包括重要客人(VIP)、无成人陪伴儿童、老人、病残旅客的服务。

(4) 负责不正常航班旅客服务和不正常行李的查询。

(5) 负责提供登机桥、客梯车、摆渡车服务及维护保养。

(6) 负责对航空公司运输业务的结算。

(7) 负责机场建设费和航空保险的销售及结算。

(8) 负责按候机楼管理制度对候机楼的秩序进行监督。

(9) 负责受理旅客的电话投诉和涉及运输服务处投诉的处理，并按时将旅客电话投诉的记录交被投诉单位和企管处处理和定期分析。

(10) 负责本单位的安全教育管理及消防、综合治理工作。

(11) 承担上级交办的其他事宜。

3) 主要工作权限

(1) 有权拒绝对不符合国家及民航法律、法规行为的旅客及行李办理乘机手续和提供服务。

(2) 有权制止并汇报危及航空、地面运输正常工作秩序与安全的行为。

(3) 有权依据规定对运输服务处的职工、干部实施奖惩。

(4) 有权根据工作需要对人员进行调配。

3. 现场指挥中心(亦称运行指挥中心等)

现场指挥中心，亦称运行指挥中心，主要职能是按标准与流程协调、指挥航班生产，保证现场生产运行管理，保证航班生产处于受控状态。

1) 主要工作内容

(1) 负责制定现场指挥中心管理规章制度以及各有关航班生产现场的指挥、协调、监管，保证飞行安全、正常。

(2) 根据航管和签派部门下达的飞行计划，编制次日飞行计划，并通知各保障部门领取飞行动态。

(3) 负责接收航管和签派部门的飞行信息，负责机场进出港航班信息的通报。

(4) 负责机场进出港航班信息的广播、电子显示,有线闭路电视信号的传输及设备的维修和电子显示屏、电视广告的制作。

(5) 负责监督、检查站坪、停机坪设施、设备的技术状况。

(6) 负责监督、检查航空器、车辆、人员的运行秩序和机具摆放的管理。

(7) 负责分配航空器的停放机位和值机柜台。

(8) 负责航空器停机位安排,以及航空器进入停机位的引导服务工作。

(9) 负责航班正常性的监管,组织协调备降和临时飞行任务的勤务保障工作。

(10) 了解和掌握各飞行保障部门准备情况(包括场道、灯光、站坪、停机坪、通信导航、消防、救护、机务、公安、安检、运输服务、机舱服务、空港服务、口岸办服务、加油服务、候机楼设施设备、机场供电等)。

(11) 负责 VIP 信息的通知。

(12) 负责协调各保障部门的工作关系,处理和裁决现场保障工作各操作工序之间发生的矛盾。

(13) 参与站坪、停机坪区域发生的地面事故调查。

(14) 负责紧急救援工作的日常事务和初期救援工作的组织与指挥。

(15) 负责机场进出港航班生产资料的统计。

(16) 完成公司领导交办的其他事宜。

2) 主要工作权限

(1) 授权指挥、协调当日航班生产。

(2) 有权制止各部门和各类人员可能危及航班生产安全的行为。

(3) 有权与驻场各单位进行工作协调。

(4) 有权管理机场有线电视的使用。

(5) 有权根据公司规定做好人事、费用管理工作。

4. 候机楼服务管理处

候机楼服务管理处的主要职能是确保为旅客乘机服务的各种设施设备、管理制度、工作流程、运行安全方面保持正常、顺畅、有序、高效。其主要工作职责如下。

(1) 认真贯彻执行民航局、民航地区管理局等上级部门制定的关于候机楼服务的相关政策、法规、条例和制度。

(2) 认真做好候机楼运输服务保障工作,为旅客提供优质服务。

(3) 负责为旅客提供符合标准的候机休息场所和服务。

(4) 负责为 VIP、头等舱、贵宾厅旅客提供服务工作。

(5) 负责机场问询服务工作。

(6) 负责值机工作。

(7) 负责配载、行李分拣工作。

(8) 配合客运公司为不正常航班旅客提供服务。

(9) 负责候机楼内所有设施、设备的使用、维护、维修工作。

(10) 负责候机楼内清洁卫生工作。

(11) 负责候机楼内的所有商务工作。

(12) 负责候机楼内的航空配餐工作。

(13) 按照应急预案要求，负责候机楼内紧急情况下旅客的疏散、疏导工作。

候机楼服务大厅如图 2.25 所示。

图 2.25　机场候机楼值机手续办理大厅

资料链接：贵宾厅服务项目

订购票服务：旅客应提前将行程安排通过电话或传真通知机场贵宾室，并于飞机起飞前一小时内到达机场取票，办理乘机手续，工作人员根据旅客需求代订购机票。对于无票航班，旅客有优先候补权。

迎宾服务：旅客到达机场后，工作人员将在贵宾通道口迎候。

引导服务：工作人员将全程引导旅客办理所有乘机手续。

值机服务：按旅客要求安排机舱座位和办理行李托运手续。

安检服务：在符合国家安全规定的条件下对旅客实行礼遇安检。

候机服务：根据飞机停靠位置，合理安排旅客到相应贵宾室候机，免费提供饮料一种、点心一份，工作人员按旅客需要安排优先或滞后登机。

送行服务：旅客抵达机场后，工作人员应陪同接站人员到廊桥口迎接，帮助旅客提取行李，送至 VIP 停车场登车。

航班延误服务：如果航班延误，应及时与旅客联系，第一时间将航班信息通知旅客。

代办临时乘机证明：旅客如身份证件遗失或过期，按规定协助办理临时乘机证明。

商务服务：利用资源优势，提供订房、订餐、传真、复印、打字等服务。

打包服务：按旅客要求对行李进行装箱打包。

租车服务：旅客如需用车接送，公司将提供租车服务。

会务接待：按旅客单位的要求，组织安排会务接待活动。

礼品服务：按旅客单位的要求，订购礼品。

5. 机场管理建设部

机场管理建设部是保证机场正常运行的基础性设施建设、维修、管理及改扩建的机构。

1) 主要职责

(1) 负责机场规划、设计、净空管理，做好机场工程建设、基建维修、扩建事宜等工作。

(2) 负责机场飞行区场务管理，按照飞行区适航标准负责场道、灯光、围界、排水沟等的管理和鸟害控制工作。

(3) 负责全场生产、生活用水、电、气、冷、暖的供应工作。

(4) 以灭火救灾、应急救援为主导思想，及时有效地扑灭机场范围内的各种火灾。

(5) 负责机场的场区环境保护、绿化、美化及保洁环卫工作。

(6) 统管集团公司的计量节能工作。

2) 主要工作内容

(1) 负责组织机场平面规划设计，办理有关的审批和报批工作；拟定机场管理的规章制度，并检查监督执行。

(2) 负责机场（包括通信导航台站、油库）净空和环境的保护工作，办理有关审批和报批事宜。

(3) 负责生产、生活用水、电、气的供应，负责房屋、建筑物、水、电、气、通用空调、自动电梯、登机桥以及其他通用设备、设施、管道的维护和修理工作；负责生产、生活用水、电、气的查表统计和基建统计工作。

(4) 负责机场的绿化、美化以及机场污水、垃圾的处理和公用道路的清扫工作。

(5) 负责跑道、滑行道、机坪、助航灯光、道路、围界的管理和维护工作。

(6) 负责所属车辆、设备的管理、保养，保持良好状态。

(7) 参与基建项目的选点，立项任务书的编制，财务预算、决算的审核工作；负责编制设计任务书，办理委托设计；组织修建或投标发包，监督施工，组织竣工验收。

(8) 负责统管集团公司的计量、节能工作，制订计量、节能发展规划、年度计划、管理制度，并监督贯彻执行。

(9) 负责所属人员的思想政治工作、行政管理工作、业务技术培训和职业道德教育。

(10) 做好国防动员工作。

(11) 完成机场领导交办的其他事宜。

3) 主要工作权限

(1) 对违反机场水、电、气、冷、暖供应有关工作法规的单位和个人提出处理意见。

(2) 有权制止违反飞行区管理的有关单位和个人的行为。

6. 机场机务部

机场机务部一般设置有综合科、质量控制科、航线维修科、航材设备科、特种车辆科等，主要负责以下工作。

(1) 按协议完成经停飞机的维修保障工作、相应的地面勤务工作及特殊的保障工作。

(2) 为经停飞机提供符合标准的机务特种车辆服务。

(3) 组织编写本单位的《维修管理手册》，并监督执行，不断进行修改、补充、完善。

(4) 组织制定机务处各项管理制度、工作程序，并监督执行。

(5) 根据需要，进行工具设备的申购和报废工作。

(6) 组织制订培训计划，并抓好落实。

(7) 负责专机、包机等非协议特殊飞行的机务保障工作。

(8) 提供飞机故障等适航管理信息，协助航空公司做好航空器本场排故工作。

(9) 抓好本处安全管理工作。

7. 机场动力技术部

机场动力技术部一般在大中型机场内单独设立，下设综合科、安全科、设备管理科、供电科、供水科、暖通空调科、航站楼设备维修科、弱电系统科等。如果是中小型机场，其职能会与机场管理部、机场后勤部等职能部门的职能重复或交叉。

机场动力技术部的主要职责如下。

(1) 负责机场范围的水、电、气、冷、暖的正常供应与管理。

(2) 负责全场动力设备及航站楼特种设备的正常运行与管理。

(3) 负责通信、弱电系统的正常运行与管理。

(4) 负责运营管理总部设备（车辆）的管理工作。

8. 机场医疗急救中心

机场医疗急救中心下设综合科、门诊部、防疫科（爱卫办），其主要职责如下。

(1) 负责国家卫生方针、政策、法规，以及民航行业有关卫生规定在本机场的贯彻落实。制定公司相应的医疗、防疫卫生工作制度。

(2) 为航空运输生产提供符合要求的应急救援和医疗急救服务，承担进出港旅客的医疗救护及应急救护工作；负责突发公共卫生事件的处置协调工作。

(3) 保证全公司员工身体健康与医疗工作处于受控状态；负责民航局干部职工住院及医疗协调联系。

(4) 组织飞行医疗救护和应急救护演练及事故抢救组织工作。

(5) 负责机场卫生防疫工作；负责机场辖区的创建工作、环境卫生、地方病防治、除"四害"的检查监督等工作。

(6) 负责机场辖区的药品管理工作。

(7) 负责民航旅客中传染病人的检查、隔离、治疗等工作。

(8) 代表政府履行空港辖区内食品卫生、公共场所、文化场所及餐饮卫生、饮水卫生、机供品卫生、环境卫生、航空配餐卫生的监督检查工作。

(9) 代表政府履行进出港动植物的防疫、检疫"三证"抽查监督工作。

(10) 代表上级卫生行政部门负责机场公共场所、餐饮、食品从业人员的体检和培训及办证工作。

三、安全保卫系统机构

机场公安机关的岗位职责：机场公安机关执行民用航空法规和规章，承担机场航空安全保卫工作，接受国家航空保安主管当局及其派出机构的指导、检查和监督。机场公安机关在航空安全保卫方面的具体职责如下。

(1) 根据民用航空安全保卫方面的法律、法规、指示、命令，制定本机场安全保卫方案并督促执行。

(2) 负责本机场范围内的空防、消防、治安、交通管理工作。

(3) 预防及侦破危害民用航空安全犯罪和机场范围内的其他刑事犯罪案件。

(4) 对机组、空中警察、安全检查机关及其他部门移交的非法干扰事件或事项进行查处。

(5) 监督指导机场安全检查工作,承担安全检查现场执勤,维护安全检查现场秩序,监视进、出港旅客中对航空安全可能构成威胁的人。

(6) 维护机场控制区秩序,并制发、管理机场控制区通行证件。

(7) 维护机场范围的道路交通、治安秩序。

(8) 与机场管理机构、公共航空运输企业,保安服务机构等共同制定应急预案,以应对并控制劫持、破坏、爆炸或其他威胁。

(9) 参与对劫持、炸机等非法干扰事件,协助提供人质谈判和排除爆炸装置等方面的专家和技术设备支持。

(10) 对发生在机场的重大事件提供快速武装反应。

(11) 对机场工作人员进行航空安全保卫实践与程序方面的培训。

(12) 收集上报航空安全保卫信息。

(13) 上级民航公安机关交办的其他航空安全事宜。

四、机场辅助系统机构

1. 机场航管站

目前机场航管站隶属机场当局管理,主要任务是在机场范围的起落航线上(半径不超过约46.3千米)为飞行提供空中交通管制服务,具体过程由机场管制塔台(Tower,TWR)完成。

由于机场管制服务是由机场管制塔台提供的,因此管制员也称为塔台管制员。他们在塔台的高层,靠目视来管理飞机在机场上空和地面的运动。近年来,机场地面监视雷达的使用使管制员的工作质量和效率有了很大提高。机场塔台管制员工作状态如图2.26所示。

1) 机场管制服务的范围和内容

(1) 机场管制服务的范围。

为防止航空器在机场里运行时相撞,机场管制服务的范围包括以下内容。

① 确保航空器在机场交通管制区的空中飞行。

图 2.26　机场塔台管制员

② 确保航空器起飞和降落的安全。

③ 确保航空器在机坪上的安全、顺序运动。

④ 防止航空器在运动中与地面车辆和地面障碍物碰撞。

从上述任务来看,前两项是空中的,后两项是地面的,因而较大的机场塔台一般均把任务分为两部分,分别由机场地面交通管制员和空中管制员负责。在不太繁忙的机场,通常只有一个塔台管制员负责整个机场从天空到地面的全部航空器的运动。

(2) 机场地面交通管制员。

机场地面交通管制员的主要任务是控制在跑道之外的机场地面上,包括滑行道、机坪上的所有航空器的运动。通常情况下,在繁忙机场的机坪上,可能同时有几架飞机在运动,此外还有各种车辆、行人的移动。地面交通管制员负责给出飞机的发动机启动许可、进入滑行道的许可。而对于到达的飞机,当飞机滑出跑道进入滑行道后,由地面管制员安排飞机运行至停机坪或候机楼。

(3) 机场空中交通管制员。

机场空中交通管制员的主要任务是负责飞机进入跑道后的运动和按目视飞行规则在机场控制的起落航线上飞行的交通管制。其具体方式是给出起飞或着陆的许可,引导在起落航线上飞行的起飞和着陆的飞机,并安排飞机的起降顺序,设置合理的飞机飞行间隔,以保证飞行安全。特别是在一条跑道既用于起飞又用于着陆的情况下,机场空中交通管制员要很好地安排起飞和着陆飞机之间的时间档次。机场管制中即将起飞的飞机状态如图 2.27 所示。

图 2.27 机场飞机排队等待起飞

2) 机场起落航线

起飞和降落的飞机在机场要按一定的航线飞行，这种飞行航线叫作起落航线。在目视气象条件下，飞机按照这种航线飞行，由塔台管制员控制。

航线由五段组成，每一航段称为一个边。第一段称为第一边或逆风边，它的航迹平行于跑道，方向与着陆方向相同。第二段称为第二边或侧风边，它垂直于跑道。第三段称为第三边或顺风边，它的航迹平行于跑道，但航向和着陆方向相反。第四段称为第四边或基本边，它的方向和跑道垂直，它的终端在和跑道中心线的延长线交点处。第五段叫作第五边，也称为末边，它的方向对准跑道中心线，飞机沿着它着陆。这种航线通常是左旋，称为左航线。如果受到城市或地形限制，也可以采用右航线。起飞和降落的飞机都要按这个航线飞行。但对降落飞行，飞机可以按顺序飞完全部的标准航线，也可以按管制员的调度只飞后面的几个边或一个边。对于仪表飞行的飞机，各个机场有标准仪表着陆程序，飞机可以按程序规定的航线降落。飞机的起落航线如图 2.28 所示。

机场航管站除了负责空中交通管理任务外，还要对飞行提供航行情报、气象资料、通信导航服务等。

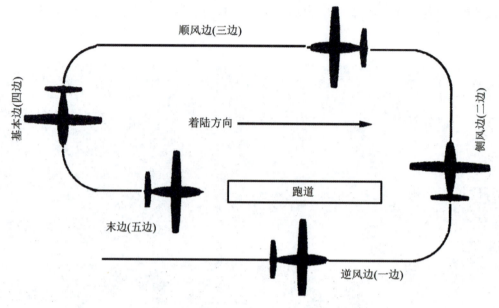

图 2.28　机场飞机起落航线（左航线）

2. 机场航空油料公司

在中国，民航所需航油资源一直被视为国家重要的战略物资，实行较严格的政府专营。航油资源实行国家计划单列，专项管理。凡是未经国家政府部门批准，未获得民航系统成品油经营批准证书的企业，不得擅自采购和销售航油。目前，民航航油使用计划由中国航空油料集团公司制订后向国务院计划管理部门（原国家计委、现国家经贸委）统一申报，并负责向各航油供销企业及使用单位统一平衡和协调供应。

航油需求计划得到批准后，国家计划部门向中石化、中石油系统在全国的各大石油炼油厂下达生产计划（不足部分可采购进口航油），中国航空油料集团公司派驻在各大炼油厂的代表处负责生产计划和协调配合、油品检验及对外运输。合格的航空油料将被运输到机场储油库或离机场较近的中转油库。

航空油料的运输主要是铁路运输，辅之以水路运输（如华东地区航油运至广东海南、进口航油的船只运至沿海港口、航油沿长江的上下运输等）、公路运输和管道运输（如天津港口至北京首都机场输油管道等）。运输到达目的地后，经检验合格，接卸并储入机场储油库或中转油库内（中转油库一般设在大型机场或特定地区内）。

一般情况下，机场储油库或中转油库通过输油管道（小的机场通过加油车）可将航空油料供应到机场内的使用油库，也称航空加油站。

目前，绝大多数机场的航空加油站隶属于中国航空油料集团公司，也有一部分机场航油公司是合股或中外合资经营。所以航空油料公司有非常专业的加油人员和加油设施，会根据机场供油设施状况、飞机停机位和飞机加油数量等因素决定是采用罐式加油车加油还是采用管线加油车加油。由于大型的现代化机场停机坪多建有管线加油设备，所以在近停机位的飞机及大型飞机均采用管线加油方式，而中小型机场、远停机位飞机及中小型飞机多采用罐式加油车加油。管线加油车如图2.29所示。

图2.29 管线加油车为飞机进行压力式加油

飞机的加油方式有两种：一种是翼下（压力）加油，另一种是翼上（重力）加油。采用翼上加油方式的主要是小型飞机。现在民航航班的飞机大部分是采用翼下加油即压力加油方式的大型飞机。

飞机的加油过程是由各部门协同配合完成的。机场的飞行管理部门或调度部门负责提供飞机的加油量；航行签派员负责提供飞机加入油料的牌号、规格和油载平衡表；地面油料部门负责飞机油箱的加油操作；机组人员负责检查油品质量、复核加油数量，并在油品质量保证书和飞机加油单上签字。具体的加油操作由中国航空油料公司系统工作人员负责完成，他们负责连接加油车与飞机机翼之间的加油导管和接头，并按各类飞机规定的加油工作压力和流速安全地加入合格的油品。

加油车分油罐加油车和管线加油车两种。油罐加油车是将燃油从储油库输至油罐后，驱车至飞机旁加油。油罐车的规格以其容量大小为标准，从1200公升（小型）至85 000

公升（巨型）不等，如图 2.30 所示。

图 2.30　罐式加油车为飞机进行压力式加油

由于现代大型飞机越来越多，油箱容量很大，而且飞机停站时间很短——一般规定回程飞机停 60 分钟，过站飞机限停 30 分钟，其中加油时间规定为 22 分钟，所以油罐加油车慢慢让位于管线加油车。管线加油车是将燃油从储油库经地下管道输至停机坪的加油井后，用软管连接油井，将油加至飞机油箱内。这种方法缩短了加油时间，减少了燃油蒸发和被污染的可能性，安全高效。但修建输油管道、加油井和购买管线加油车的基础费用昂贵。

航空油料公司除了负责飞机油料业务外，还在机场附近承担地面油料加注业务。机场有很多特种车辆、办公车辆、为旅客服务车辆及旅客自用车辆等，提供地面油料服务既是机场服务的延伸，也有很好的经济效益。地面加油站一般由机场与航空油料公司合作经营，也有的与中石油、中石化合作经营。

3. 机场航空食品公司

一般大中型机场都设有航空食品公司，用以为通航该机场的航空公司服务，同时为机场所在地的客户服务。

航空食品公司虽然业务少，但关系单位较多，因此内部岗位设置也较多。例如，日常办公管理机构包括办公室、财务、人事、党政工团等，还有设备采购、原料采购、车队管理（办公车辆、保鲜冷藏车等）、生产调度、生产车间管理、营销、法律事务、检验检疫、后勤维修管理等。

资料链接：航空食品上天，远超您的想象

30年前是物资匮乏的年代，大人们每次坐飞机出差，都会把舍不得吃的航空餐带回家，孩子们把这些天上的食品视为"宝贝"，拿到小伙伴面前显摆，久久舍不得吃掉。

如今，人们乘坐飞机时，往往不吃航空餐，不是舍不得，而是觉得不好吃，甚至感觉像在"吃剩饭"。对于航空配餐企业来说，能让餐食在经过冰火两重天的特殊考验之后，还能称得上"安全、美味"并不容易。一份热食、两份冷食、一份甜品，看似简单的一套航空餐食，却要经过原材料采购、果蔬清洗、肉类解冻、原材料粗加工、烹制、餐食拼摆、装车、装机、二次加热等多道工序，才能运上飞机，送到旅客手中。

一些坐过飞机的旅客认为，航空餐食口味单调，是食之无味、弃之可惜的"鸡肋"。一项随机调查数据显示，在20名旅客中，只有1名旅客认为航空餐食"很好吃"，7名旅客表示可以"将就着吃"，9名旅客认为"不好吃"，3名旅客则觉得"难以下咽"。旅客对航空餐食的不满主要集中在味道不好、花色品种太少等方面，其中以不满航空餐食口味的旅客最多。其实食物"上天"后变得更难"伺候"，航空配餐是餐饮行业中最难做的一个分支，这是航空配餐业的共识。航空运输的根本责任——安全，使航空配餐的美味大打折扣。其一，为保证安全，航空配餐用料被严格限制，如不能用有骨、有刺的食物，否则某个旅客让鱼刺卡住，航班就得备降；其二，因为安全与配送时间因素，餐食必须提前一天或数小时在生产车间制作完成，然后经过充分冷却后送入冷库，同时还须进行严格的检测、检验，最后装配送上飞机；其三，为保证飞行安全，飞机上不允许使用明火，只能使用专用烤箱对餐食进行二次加热。也就是说，航空餐食必须经过"冷藏并二次加热"才能送到旅客手中，在现有的技术条件下，口味自然难以令人满意。此外，在高空中人的口腔味蕾对各种口味的敏感度大为降低，这也影响了航空餐食的口味。

那么，与饭店、餐厅的餐食相比，航空餐食的特色何在？航空配餐又有哪些特殊要求和规定呢？

对于航空配餐企业而言，整个生产过程的质量控制尤为关键。进入生产区前，所有的工作人员都必须戴一次性头套、口罩，身穿白色工作服，再经过消毒液洗手、风淋过滤后才可以进入生产厨房。在生产区间，员工不可以佩戴各种饰物，更不允许化妆。

一份看似简单的航空餐食在送到旅客面前时要经历多少道烦琐的工序？航空配餐有什么要求？怎样让旅客吃得放心、舒心？这就要从制作航空餐食严格的生产流程说起。

配餐公司按照不同航线、不同舱位和航空公司自身的特定要求提供多套菜单供客户挑选，航空公司在试餐后综合多种因素最终确定当季菜单。

航空公司定好菜单后，配餐公司就要采购原料。食品安全控制的基础是源头控制，这就需要对原料供应商进行严格把关，保证原材料的质量。

在生产加工过程中，检验人员会用随身携带的温针随时对餐食进行温度测试，一旦发现热食温度低于74℃，就会要求工作人员重新加工制作。尽管原料种类多、数量大，但所有食品的采购、验收、生产、加工、流通和现场服务环节都会记录在案。而且，车间严格实行产品留样制度，以确保产品的全程可追溯性。从原材料储藏库到西餐、中餐不同的生产加工车间，每一道工序都要有相应的温度、时间控制记录。所有的生产都会按照精细的流程进行，甚至装盘后餐食重量误差都是以克计算的。

为有效抑制细菌，降低残留微生物繁殖的风险，工作人员会把烹调好的热食放进打冷机进行"打冷"。即根据餐食种类，在2小时内，将产品中心温度从60℃以上降到21℃，再经过4小时，将产品中心温度降至5℃以下；或在4小时内，将产品中心温度从60℃以上降至10℃以下，使餐食温度在短时间内降低到微生物繁殖的危险温度带以外。

地中海式蔬菜、黑森林蛋糕、三文鱼沙拉……丰富的色彩、多样的造型、种类繁多的餐食，让人目不暇接。配餐公司工作人员按照规定将各类餐食装入餐车，再经过装车、运输、装机、验收等程序后，空乘服务人员就可以将餐食进行加热，送到每一位需要餐食的旅客手中。

安全是航空配餐的第一要素。航空配餐食品属于特殊食品，从选料、库存到加工都非常严格，食品经过生产、速冻、冷藏三个过程后，不但保鲜，还保证了营养。制成后的餐食一旦超过规定时间就要报废，例如，热食类食品不能超过48小时，水果、冷盘、沙拉不能超过24小时，面包、蛋糕类一般不能超过72小时。

民航配餐不仅注重食品的营养和质量，还越来越注重旅客的特殊心理需求。因此，食品质量、品种、外包装能否给旅客一种满足感，也是配餐企业竞争的焦点。此外，为满足不同旅客的餐食需求，配餐公司专门成立了产品研发组，自主研发诸如低脂肪餐、糖尿病餐、素餐、清真餐、儿童餐、无谷物餐等上百种特别餐，全方位满足旅客的个性化餐食需求，大幅提升了航空配餐的品质。

我们有理由相信，未来航空餐食会在安全的基础上，更加健康、美味。图2.31所示为航空食品配餐场景。

图 2.31 航空食品配餐现场

4. 机场客运、货运销售代理公司

机场客运、货运销售代理公司主要利用机场的业务和地点优势，进行机票及货物的销售、代理工作，是机场经营收入的增长点。

5. 机场货运（站）公司

出于提高服务和经营的目的，机场成立货运公司或货站公司，进行航空货物运输的经营（营业厅）、运输及装卸（车队、技术装备）、储运（仓库、特种车辆）、市场营销等。在未来物流愈加发达的情况下，机场货运（站）公司必将成为一个有竞争力的部门。

6. 机场机电公司

机场机电公司亦称机电能源部、动力保障部等，其主要负责以下工作。

(1) 负责机场水、电、气的保障供应、维护维修和日常管理工作；负责机场供电设备、设施和用水、用电的安全检查，监督通信供电事故调查工作。

(2) 按照《电力法》的有关规定，对供电线路进行巡检和维护，对机场供电设备进行供电预试，对供电操作人员进行技能培训。

(3) 负责机场总配电站的管理工作。

(4) 协助供电设备、设施使用部门处理供电设备故障和事故抢修工作。

(5) 负责机场现有除特种车辆、候机楼内设备以外的生产设备管理工作。

(6) 负责机场新进生产设备的采购和管理工作。

(7) 负责机场水、电用量的统计上报和费用核算工作等。

7. 机场信息管理公司（部）

一般情况下，机场信息管理部门的工作以机场航班信息管理为中心，以面向机场生产指挥、地面服务、资源管理、航班信息发布、旅客信息管理等方面的机场现代化信息管理为工作内容，其总的目标是以机场管理的安全生产、经营管理和为旅客服务作为系统管理的主体，建立起既有操作和管理控制又有辅助决策功能的计算机网络系统，以信息共享为特点，全面、及时、高质量地为机场各级管理、决策部门和旅客提供信息服务。其具体表现为以下几方面。

(1) 实现航班信息及其相关信息的采集、传输和管理，满足航站楼内各职能部门及其他相关部门对航班信息的查询和使用要求。

(2) 与航班显示系统配合，实现航班信息的实时自动显示。

(3) 实现机场生产指挥、地面服务、资源管理、机场事务管理等方面的计算机信息管理功能，提高生产效率，优化服务质量。

(4) 为机场领导、决策部门提供计划、统计和辅助决策信息，包括生产宏观控制、机场财务状况、安全生产管理等信息。

(5) 实现与航班信息显示系统、公共广播系统(PA)、楼宇自动化系统(BAS)、行李处理系统等机场其他系统的连接。

(6) 负责各系统的正常工作维护和新功能的开发工作。

8. 旅客服务公司

旅客服务公司主要是出租汽车服务公司、机场巴士公司、机场停车场服务公司、汽车租赁公司等为旅客提供交通服务的公司或提供接送旅客、停放车辆的公司，工作职位涉及管理、调度、车辆驾驶、维修、业务推广、信息设备、设施维护等。

五、机场驻场机构

1. 机场公安边防检查站

机场公安边防检查站是国家设在机场的出入境边防检查机构，一般隶属于当地省市边防总（支）队，其任务是维护国家主权、安全和社会秩序，开展国际交往，对一切出入境人员的护照、证件和交通运输工具实施边防检查和管理，落实查控，防止非法出入境。

1) 主要职责

(1) 按照《中华人民共和国出入境边防检查条例》和《中华人民共和国出境入境管理法》的有关规定，对出境、入境的人员及其行李物品、交通运输工具及其载运的货物实施边防检查。

(2) 按照国家相关规定，对出境、入境的交通运输工具进行监护。

(3) 对口岸的限定区域进行警戒，维持出境、入境秩序。

(4) 执行主管机关赋予的和其他法律、行政法规规定的任务。

(5) 出境、入境边防检查工作由公安部主管。

该机构工作人员为国家公务员序列，想要进入需参加国家公务员考试。

2) 检查流程

(1) 入境检查流程。

外国人、港澳同胞、台湾同胞、海外侨胞到达中国口岸后，要接受公安边防检查站的检查，填写好入境登记卡，连同护照一起交入境检查员检验，经核准后加盖入境验讫章，收缴入境登记卡后即可入境。

(2) 出境检查流程。

外国人入境后应在签证有效期内离开中国。出境时，应向出境检查员交验护照证件和出境登记卡，持中国政府签发的居留证者，如出国后不再返回，应交出居留证件。出境检查员核准后，加盖出境验讫章，收缴出境登记卡后放行。

中国公民出境必须向主管部门申领护照，除有特殊规定外，不论因公因私出国，必须办好前往国签证，才能放行。外国对中国公民入境、出境、过境有专门规定的，中国政府主管机关将根据情况采取相应措施。

(3) 阻止入、出境。

凡被认为入境后可能危害中国的国家安全、社会秩序者，持伪造、涂改或他人护照、证件者，未持有效护照、签证者以及患有精神病、麻风病、艾滋病、性病等传染病者，或者不能保障在中国期间所需费用者等，公安边防检查站将阻止其入境。

出境的外国人或者中国公民，如果是属于刑事案件的被告人或者罪犯嫌疑人；有未了结民事案件者；有违反中国法律行为尚未处理，经有关主管机关认定需要追究者；未持有效证件或者持用他人的出境证件，以及持有伪造或者涂改的出境证件者等，公安边防检查站将阻止其出境。

(4) 交通运输工具的检查。

交通运输工具入境、出境、过境，必须从对外国人开放的或者指定的口岸通行，接受公安边防检查机关的检查和监护。航空器运抵中国前，交通运输工具负责人负责向旅客分发入境登记卡，运抵后要向边防检查站提供旅客和机组名单。出境时办完值机手续后，航空公司负责办理值机手续的人员要向公安边防检查站书面报告旅客人数。

2. 机场海关

1) 主要职能

机场海关机构一般设置的职能、业务处室有办公室、人事教育处、监察室、单证审核处、物流监管处、快件监管处、旅检处、调查技术处、缉私分局等。

机场海关是根据《中华人民共和国海关法》（以下简称《海关法》）对进出关境的运输工具、货物和物品进行监督管理和征收关税的国家行政机关。海关在国际航线机场的常设机构一般隶属于当地省市海关，主要任务是监管机场进出境的旅客、运输工具、货物和物品，包括对航空油料、航空食品和机上免税店、外航公务货、航站免税店、公共保税仓库、进出境运输工具及服务人员、进出境旅客携带的行李物品进行监管，征收关税和其他税费，查缉走私，并编制海关统计和办理其他海关业务。

该机构工作人员为国家公务员序列，想要进入需参加国家公务员考试。

2) 管理项目

(1) 进出境货物的管理。

进口货物自进境起到办结海关手续止，出口货物自向海关申报起到出境止；过境、转运和通运货物自进境起到出境止，应受海关监管。

(2) 进出境运输工具的管理。

进出境运输工具到达或者驶离海关时，运输工具负责人应当向海关如实申报，交验单证，接受海关的监管和检查。未经海关同意，停留在海关的进出境运输工具不得擅自驶离。

运输工具若装卸进出境货物、物品，或者上下进出境旅客，应当接受海关监管。进出境人员携带物品的，应当向海关如实申报，接受海关检查。对有走私嫌疑的，海关有权开拆可能隐匿走私物品的进出境运输工具的部位。

(3) 进出境物品的管理。

个人携带进出境的行李物品、邮寄进出境的物品，应当以自用、合理数量为限，接受海关监督；进出境物品的所有人应当如实向海关申报，并接受海关查验。任何人不得擅自开启或者损坏海关加封的封志；进出境邮袋的卸装、转运和过境应当接受海关监督。

(4) 关税的征收与减免。

准许进出口的货物、进出境的物品，除《海关法》另有规定外，由海关依照进出口税则征收关税。进出境物品的纳税义务人应当在物品放行前缴纳税款。部分规定的进口货物、进出境物品减征或免征关税。机场海关对进出境人员的检查如图 2.32 所示。

图 2.32　机场海关检查

3. 卫生、动植物检验检疫局

机场卫生、动植物检验检疫部门是代表国家，依据《中华人民共和国国境检疫法》（以下简称《检疫法》）、《中华人民共和国食品卫生法》（以下简称《食品卫生法》）、《中华人民共和国进出境动植物检疫法》（以下简称《进出境动植物检疫法》）及有关规定进行执法的机关，一般隶属于当地省市卫生、动植物检验检疫局。

1) 主要任务

(1) 负责机场出入境人员传染病监测以及携带物、出入境飞机、出入境集装箱、货物及其包装物和铺垫材料的检疫查验工作。

(2) 负责机场区域内疫情的应急处理、流行病学调查以及动植物疫情的监测、收集和上报工作。

(3) 负责对在机场出入境的尸体、棺柩、骸骨、骨灰的检疫查验、卫生监督并签发出入境许可证。

2) 机构常设部门

机构常设部门有检疫科、卫生监督科、检验鉴定科、综合科。

该机构工作人员为国家公务员序列，想要进入需参加国家公务员考试。

3) 检疫流程

(1) 对出入境飞机的检疫流程

工作人员在出境飞机起飞前1.5小时、入境飞机着陆前0.5小时到达指定地点，接受出入境飞机申报。对未实施电讯检疫的入境飞机及出境飞机实施登机检疫，而已申请实施电讯检疫的飞机则实施电讯检疫。对检疫合格的出境飞机，签发"交通工具出境卫生检疫证书"，对不合格者进行相关处理。

(2) 对出入境旅客及其携带物的检疫。

出境：对前往黄热病疫区的中国公民旅客，查验其预防接种证书。对发现有染疫或嫌疑染疫人的中国公民旅客禁止出境。对出境一年以上的中国公民查验其"国际旅行健康证明"。对出境携带特殊物品（如尸体、骨灰等）的，按照相关规定办理。

入境：按照有无申报通道，对旅客实行分类管理。允许患有检疫或监测传染病的中国籍旅客入境并作相应处理，控制疫情。禁止患有"艾滋病、性病、精神病、开放性肺结核、麻风病"的外籍旅客入境。查验旅客行李及其携带物，如有禁止进境的（如水果、肉制品、海产品等），按规定没收并销毁；携带特殊物品，必须办理相应的审批手续，否则按规定没收并销毁。

(3) 入境货物检疫监管与出境货物口岸查验。

受理"实施检验检疫的进出境商品目录"（以下简称"目录"）内入境商品的报检，根据疫情资料及相关文件要求判定是否需要现场查验或实验室取样，查验合格则通关放行，不合格的作相应的检疫处理；受理目录内出境商品的口岸换证，核查货证是否一致及货物包装是否完好等，查验合格则放行，否则作相应的检疫处理；受理货物外包装的报检、查验、放行。

六、机场相关系统机构

1. 机场广告公司

机场广告公司亦称机场广告传媒公司、机场广告股份有限公司等，它利用机场的广告载体和广告资源，如候机楼内的地面与墙壁、闭路电视及彩屏、机场立柱及建筑物、灯箱广告及路牌广告、登机牌广告、实物展示、廊桥广告等。为机场和民航业内外的广告服务。其业务大多包括企业形象策划、创意设计、广告制作、品牌发布、代理其他多种媒体广告等，也有杂志或报纸的采编、发行、推广和招商等。

2. 机场快递公司

机场快递公司与机场货运公司、机场客货代理公司甚至邮政公司有相似的业务，但它与其他同类业务最大的不同在于突出一个"快"字。机场快递的收件范围主要是文件和包裹两大类，文件主要是商业文件或各种印刷品，重量不会太重；而包裹则要求毛重不超过32千克或外包装单边不超过102厘米，或三边之和不超过175厘米，不同于航空货运公司那种以贸易货物为主、一般重量较大的情况。而与邮政公司运送信函或包裹（每件重量不超过20千克、长度不超过100厘米）相比，机场快递的传送速度更快。机场快递公司正是以此为立足点，依托飞机和机场的独特优势，开展了不需要货运代理人而只是在自己公司内部完成的门到门甚至桌到桌的服务，使客户感受到更加安全、可靠、快速、方便。这种业务目前正在快速发展。

3. 机场房地产公司

对中国很多机场来说，机场房地产是一项新兴业务。随着机场管理体制改革和机场公司化运营方式的实现，原本没有体现的机场房地产开发价值日益显现。机场房地产开发存在两种情况：第一种是开发机场内部的或附近的房地产，盘活机场房地产，为满足机场内部职工或与机场工作相关的人员及单位的需要进行房地产开发并使其增值；第二种是投资开发机场外的房地产项目，如北京首都国际机场集团成立的首都机场房地产集团公司，在北京核心区域朝阳区京广中心西北角向军北里投资建设住宅"双建花园"，并在全国拥有上万亩的土地储备，正式全面地进入机场房地产开发行业。这也是未来机场调整产业结构、改变经营策略的一种表现，未来非航空性收入在机场经营收入中的比例将会逐步提高。

4. 机场花木公司

鉴于机场整体绿化、美化的需求和候机楼环境优化的需要，各机场原来的绿化及养护业务得到增强，一些机场成立了花木公司，在完成机场整体的绿化工程、绿地养护任务的同时，强化规模化、高科技化、经营化工作模式，提升机场后勤保障水平和质量，并对机场外的社会单位提供服务，如培育特殊品种花草、批量花草生产销售、盆花租赁业务、各种绿化工程业务、各地绿地养护业务等。

5. 机场旅行社

航空与旅行历来密不可分，互为支持，事实也证明旅行社是很好的机场经营增长点。旅行社的业务既可以是一般意义上的旅游业务，也可以包括航空特色或机场联合体互助的旅游项目，内容涵盖旅游、大型活动、各种会议等。其组织机构有办公室、事务部、车务部、财务部、旅游部、活动策划部等，是一个能提供较多工作职位的机构。

6. 机场宾馆酒店

机场作为一个交通要地，设置档次较高的宾馆酒店，既可以提高机场服务的水平，又可以丰富机场经营的业务品种。同时，由于宾馆酒店均集住宿、饮食、健身于一体，涉及营销、总台接待、餐饮工作人员、客户服务、保安、工程人员、商务中心人员、娱乐及健身服务人员、保洁及其他服务人员，亦是人员需求较多的单位。

7. 机场物流园或机场开发区

随着社会经济的不断发展和世界性交流的增强，机场不仅保持着客运方面的发展，货物运输量也呈快速发展态势。建设机场物流园，既可提高机场在处理货物设施方面的水平，又可使机场参与到物流业的市场开发中，而在这一方面，也可以得到机场所在地政府的支持，进而发展成为机场开发区，甚至成为航空城。

由于机场物流园或机场开发区建设规模大、工程投资多，进驻企业实力强，所以为之配套的设施、资金、人员数量均很可观，是机场未来转移人员就业、提高机场经营宽度的重点区域。

目前，北京、广州、深圳、天津等50多个大型机场已经建成或正在建设物流园或者临空经济区；还有的大型机场，如杭州、上海、南京等机场也都在为加强机场货运枢纽的作用而努力。

练习题

1. 民航机场可以分为哪三个部分？
2. 候机楼登机机坪有哪几种登机方式？
3. 旅客乘机流程中的六个组成部分是什么？
4. 机场运营与管理系统有哪四大组成部分？
5. 机场安检站的主要职能是什么？
6. 机场驻场机构有哪三个部门？

第三章
机场候机楼管理及流程

由于机场是各个城市国际、国内重要的交流窗口，机场候机楼往往被视为城市形象的主要表现体。中国的机场候机楼在设计建设方面已经达到世界先进水平，如广州新白云国际机场、济南遥墙国际机场、杭州萧山国际机场、青岛流亭国际机场候机楼。机场候机楼的主要功能是方便旅客乘机，确保其国际、国内各种乘机流程科学、顺畅。其中，机场候机楼广播系统的规范、准确、科学起着重要作用。

第一节　候机楼是机场标志性建筑和城市窗口

一、候机楼的一般特性

每个城市都有自己的标志性建筑，人们常把它们形象地称为"城市名片"。机场，特别是旅客进出的候机楼（航站楼），因为是国际、国内重要的交流窗口，所以被视为城市形象的主要表现体之一。

在设计原则上，候机楼的外观设计一般要考虑以下几点。

（1）根据机场的等级和规模，完善地体现机场的使用功能。

由于枢纽机场、干线机场和支线机场的旅客流量、航线性质等有很大差别，进行候机楼设计时必须针对不同需要来满足使用者的要求和功能。对机场候机楼来说，最大、最直接的使用者是乘机进出机场的旅客，其次是候机楼内进行工作的航空公司等各种单位的工作人员，再次是候机楼的拥有者及管理者，亦即机场所有者或经营管理者。

大型机场，因为有国际航班和国内航班不同工作流程，也因为进出港旅客数量很多，所以候机楼的设计往往采取进港与出港旅客分层进行、国内航班与国际航班进出港旅客分区进行。候机楼设计上至少两层以上，建筑面积也很大。相反，中小型机场的旅客进出港往往在同层进行，候机楼设计比较简单。

（2）根据机场所在地的区域特色，完善地体现机场所在地的历史、文化、民族、地理等特色，使之成为既是机场的标志性建筑，又是展现当地风貌的窗口。如图3.1所示为济南遥墙国际机场候机楼外景。

图3.1　济南遥墙国际机场候机楼外景

候机楼设计要充分考虑当地的自然地理条件和社会文化背景，有突出的文化气息，同时在建筑材料和装饰材料的选择上最大限度地发挥当地的优势,既充分利用本地资源,又体现当地的文化特色。世界上机场候机楼建设比较突出的是挪威奥斯陆新机场航站楼和法国巴黎戴高乐机场 2F 航站楼。前者考虑地处北欧,夏季日照时间长、冬季日照时间短,而且该国盛产木材等特点,在航站楼设计上充分考虑利用自然采光的优势,整个建筑全部用玻璃做帷幕,并大量使用木材作为建筑构件和装饰材料,使得整座航站楼的建筑风格别具一格。后者与巴黎作为世界文化名城相适应,建筑风格极具现代艺术感,屋顶采用钢网架悬吊钢筋砼薄壳结构,整个 90 度跨度无一根立柱,使得航站楼大厅视野开阔,线条流畅、层次分明、富有韵律。

(3) 候机楼设计风格应追求美观、大方、实用,尽量不搞华而不实的东西,不盲目追求高档装修。

在国外的候机楼建设中一般都不在外装修上作额外的处理,都是以结构本身的材料如钢架、玻璃、素砼墙柱等形成自然立面,不像我国有的候机楼拼命往外立面上加装大理石、铝合金等花哨东西,既不实用,也不美观。在候机楼内装修上也应本着经济适用、分区对待的原则,既考虑利用一些雕塑、壁画等营造艺术氛围,又注意与本国的文化相吻合,而在公共部分尽量少用大理石等高档材料进行装修。图 3.2 所示为西安咸阳国际机场候机楼内景。

图 3.2　西安咸阳国际机场候机楼内景

(4) 候机楼设计最重要的原则应是以人为本,重视候机流程设计。

国外一流的候机楼设计的重要原则,是在候机楼内部工艺流程设计上坚持以人为本,以旅客需求为核心，以方便旅客为原则，充分体现顾客就是上帝的市场经济准则。在具体设计中采用计算机模拟、定量分析等方法，详细测算旅客从进航站楼到登上飞机，或旅客从下飞机到登上去市区的交通工具，每一环节所需花费的时间，从而设计出最短的路径和最便捷的操作流程，最大限度地缩小旅客在机场的停留、等待时间。例如，旅客在奥斯陆机场候机楼内的任一层内任一位置，都可以在5分钟内登上去市区的高速列车。又如偌大的香港新机场航站楼内，醒目的流程标志牌使得每一位第一次乘坐飞机的旅客即便是文盲都可容易地按照指示牌的指示办好各种手续。另外在一些设施摆放位置的设计上，都做到了尽善尽美。如旅客最常使用的机场小推车，从旅客下出租车或地铁进入机场的那一刻起，目光所及，都有整齐码放的小推车，使旅客感到非常方便。而我们国内的某些机场，在流程设计、细节以及便民设施的摆放设计方面，确实与世界一流机场存在着较大差距。很多机场，旅客进去之后就像进了迷宫一样，别说是第一次坐飞机的旅客，就是经常乘飞机的人也会犯迷糊，确实没有很好地考虑旅客的需求。

但是，经过多年的探索和建设，中国机场候机楼的整体水平已经有了很大提高，表现为以下几个方面。

(1) 机场候机楼设计概念多样化。20世纪90年代以前，中国民用机场的旅客候机楼建筑面积较小，设计概念比较简单，大部分为前列式或远距式，个别机场如北京首都机场采用了前列式、卫星式与远距式相结合的方式。目前，中国民用航空机场规模普遍扩大，一些机场的候机楼建筑面积大大增加，高峰期飞机运行架次增多。因此，近几年建设的机场，旅客候机楼设计概念逐步多样化，前列、指廊、卫星、远距等方式相互结合、互为补充，增加了近机位，方便了旅客，同时，提高了机位利用率和机坪运行效率，满足了繁忙机场飞机运行的需求。图3.3所示为上海浦东国际机场鸟瞰图。

(2) 候机楼设计水平提高。北京首都、上海浦东、杭州萧山等机场的候机楼均采用大跨度钢屋架结构、预应力混凝土，外形各具特色，楼内柱的间距大大增加，空间宽阔，流程顺畅。机场候机楼总体设计水平明显提高。

(3) 候机楼内设施、设备逐步现代化，工艺流程更趋合理。在已建成和正在建设的旅客候机楼中，值机柜台、安检过道、航班动态显示、时钟、监控、广播、计算机信息管理、旅客离港、系统集成、楼宇自控、行李自动传输与分拣、自动步道、自动扶梯、旅客登机桥等较先进的设施设备日益完善，提高了候机楼内设施、设备的现代化程度。这些新的改善，一方面解决了在候机楼内如何做到信息及时、流程顺畅、方便高效的难题，另一方面也促进了候机楼运营管理和服务水平的提高。

图 3.3　上海浦东国际机场鸟瞰图

（4）普遍重视航站区以及候机楼内的环境设计。杭州萧山、上海浦东等机场航站区布置了大面积绿化、水池、喷泉、雕塑等，营造出花园式的机场环境；室内装修不单纯追求豪华，而是注重以人为本，强调和谐的艺术效果。大面积玻璃幕墙和半透明屋面的广泛应用使得室内自然采光好、明亮，内外景相互交融，缩短了旅客与飞机间的距离，候机环境优美、舒适，同时也节约了能源。

（5）积极引进国外候机楼设计方案，借鉴国外先进技术和设计理念。近年来，在机场候机楼设计中，均采用向国际、国内公开招标，选择设计方案和设计单位。北京首都、上海浦东、广州新白云等机场都采用了国外著名公司的设计方案。这种方式缩小了我国与国外航空发达国家在机场航站楼设计上的差距，提高了中国民用机场的建设水平。

二、中国候机楼特性举例

1. 广州新白云机场候机楼

广州新白云国际机场（以下简称"新机场"）是国家"十五"期间重点建设项目；是国内第一个按中枢机场概念设计、建设和运营的大型国际机场；总投资 196 亿元，是此前新中国民航史上一次性投资最大的基建项目；也是中国首家同期建设两条跑道的国际机场，是国家三大枢纽机场之一。同时，新机场建设糅合了当今世界先进的设计理念、建筑技术和材料，充满现代建筑艺术的迷人魅力。因此，新机场是目前国内规模最大、功能最先进、现代化程度最高的枢纽型国际机场之一，也是令广州引以为傲的又一标志性建筑。

1) 候机楼——造型如大鹏展翅

作为新机场乃至广州市的标志性建筑，新机场候机楼整体造型呈自然流动的缓弧形，创造了无限延展的视觉想象，蕴涵了机场作为空中桥梁连接世界的美好意愿。候机楼整体设计仿佛大鹏展翅，主楼犹如大鹏的身子，而东西两侧的候机楼就是大鹏展开的翅膀。

候机楼的屋顶为两层平缓曲度不同的弧形屋盖，高低错落。低层顶盖使用铝合金屋面板，外表呈银灰色；屋面板厚0.9毫米，最高处离地面48米，东西最长330米，南北最宽235米，主楼面积近6万平方米，连接候机楼及指廊的面积为9.5万平方米，在世界类似建筑中极为少见。

候机楼屋顶的钢结构为国内最大跨度的曲线钢管结构，结构新颖，其拼装、焊接难度国内罕见，候机楼钢结构吊装工程的成功填补了这一建筑领域的许多技术空白。图3.4所示为广州白云国际机场鸟瞰图。

图3.4　广州白云国际机场鸟瞰图

2) 高层顶盖——透明如蜻蜓之翼

新型张拉膜材料是目前世界上最先进的建筑材料，具有通透、轻巧、耐久的特点，使用寿命长达35年，能经受各种气候条件的考验，质量很轻，不易燃烧；灰尘不易附着，即使有一些灰尘也被雨水冲刷干净，基本不用清理；其透光效果极好，足够人们在室内看报纸。图 3.5 所示为广州白云国际机场候机楼内景。

图 3.5　广州白云国际机场候机楼内景

张拉膜材料运用在新白云机场航站楼主楼 6 万平方米的高层顶盖上，是国内首次将该材料运用于机场建设，也使该候机楼成为国内最大面积使用新型张拉膜材料的建筑。

候机楼主楼高层顶盖使用的这种新型张拉膜材料，与主楼屋顶的长形天窗及指廊屋顶的玻璃材质天窗形成了互为呼应的效果，既能为候机楼接纳自然光能，同时透洒的阳光也能让旅客享受到光影变幻的奇妙感受。

在新机场候机楼中，目光所及，没有刺眼的光源或光线，有的只是让人感觉柔和的阳光和通透得能一望而尽的、染上一层淡绿色的外部景观，给旅客一种光影变幻的奇妙感受，使旅客候机成为一种美的享受。

3) 点式玻璃幕墙——全通透开敞效果

新白云机场整个候机楼良好的通透效果，很大程度上归因于候机楼外围一层淡绿色的玻璃幕墙。候机楼围护结构采用的是"桁架点支式玻璃幕墙",即以轻钢结构为承重骨架,以高强度的预应力索结构组成柔性的承重体系,将玻璃安装在支撑点上,玻璃和玻璃之间没有框固定,从而实现大空间全通透的开敞效果。

候机楼点式玻璃幕墙的面积约14.9万平方米,是世界上面积较大的点式玻璃幕墙建筑之一。该幕墙反光率极低,不会造成光污染,能抗击50年一遇的大风和强达6级的地震,封闭流畅的防雷体系有效地解决了幕墙防雷问题。

有评论家这样说:"广州新白云机场使用了当今最先进的建筑材料和工艺,但并非只是新颖工艺和材料的简单组合,最为重要的是从规划设计开始,新机场建设就本着'以人为本'的思想,运用新科技和新材料的目的是为了给旅客提供更加舒适和便捷的服务条件。"

对旅客而言,有了新型张拉膜和点式玻璃幕墙,在候机的时候,可以拿出各种读物放心阅读而不必担心光线不足;还可以安坐候机厅中,透过玻璃幕墙观赏新机场"机起机落"的情景,特别是对飞机极为好奇的小朋友们能得到最大的满足,可以想象,会有很多张小脸蛋不自觉地贴在玻璃幕墙上,眼睛一眨不眨地盯着停机坪上的飞机。

而对广州而言,戴上新型张拉膜高贵"礼帽"、穿上点式玻璃幕墙通透"外衣"的新机场,又成为一张代表广州形象的新"名片",成为羊城的又一标志性景观,为广州市乃至中国南大门的门户景观添上浓重的一笔。图3.6所示为广州白云国际机场飞行区滑行道。

图3.6 广州白云国际机场飞行区滑行道

4) 滑行系统——三条道桥连东西

机场一期工程东、西跑道间距 2200 米，因此机场还在候机楼南北两面建有三条东西向的飞机联络道桥，以连接东、西跑道，供东、西飞行区之间调度飞机使用。因此，旅客通过新机场主进场道路时，抬头可见大型飞机凌空滑行的特色景观。

三条飞机联络道桥宽度达 65 米，是我国此前最宽的桥梁。

5) 航站楼夜景——飘逸如水晶之城

航站楼的灯光设计不是一般的照明设计，而是装饰设计，力图将航站楼的建筑色彩、建筑美感表现得淋漓尽致。

透明如蜻蜓之翼的新型张拉膜材料在航站楼主楼高层屋顶的运用以及航站楼四周皆为通透玻璃幕墙的围护结构，白天可以让旅客在室内享受到轻柔日光的照耀，感受光影的奇妙变幻；而在夜晚，晶莹剔透的张拉膜材料和大面积的玻璃幕墙，配合独特的灯光设计，使航站楼成为一座轻灵飘逸的"水晶之城"。

6) 塔台——建筑高度超百米

新机场塔台是机场的又一标志性建筑物，位于机场南北中轴线的中心，塔台建筑高度为 106 米，是全国民用机场最高的管制塔台。

新建的广州区域管制中心是继北京、上海之后中国东部空域三大空中交通管制枢纽之一，集高度自动化、网络化和现代化于一体，总投资约 6.6 亿元人民币。该管制中心具有三个特点：一是发展了中南地区的高空管制，中低空管制范围也将增大，增加了管制席位；二是以自动化控制系统为核心，设备先进，均采用数据记录和雷达图像及话音同步重放子系统等；三是增加了安全性，对飞行航班监控密切。

7) 三条跑道——空中巨无霸起降自如

新机场远期规划三条跑道，一期工程同时建设两条跑道，其中东跑道长 3800 米，宽 60 米；西跑道长 3600 米，宽 45 米。飞行区等级指标为 4E，设有先进的雷达监视系统、仪表着陆系统和助航灯光系统，能满足世界上各类大型飞机起降要求，包括最新型超大容量"巨无霸"客机空中客车 A380。

新机场是我国第一个按照两条跑道同时建设、同时投入使用的机场。此前，我国只有北京首都机场是多跑道机场，但还没有双跑道同时独立运行程序，因此，新白云机场双跑道独立运行程序是我国第一个双跑道独立运行飞行程序，可以满足飞机双跑道同时起飞着陆最复杂情况的运行要求，标志着我国飞行程序设计工作水平上了一个新的台阶。

8) 机务维修区——5 个足球场大小

机务维修区在北工作区东侧，紧邻飞行区东跑道，一期工程建设可容纳 3 个机位的维修机坪和面积达 1.2 万平方米的试车坪。

该区内隶属旧白云国际机场迁建工程之一的飞机维修库，其建筑风格与新机场候机楼遥相呼应，三连跨圆拱形的机库顶盖像两只大雁并肩展翅高飞；南北长 400 米，东西宽约 133 米，面积为 15 平方公里，约有 5 个足球场那么大，是我国乃至东南亚跨度最大的机库。该机库可同时放 7 架飞机进行修理——2 架宽体飞机如波音 777 或 747 和 5 架窄体飞机如波音 757、737 或空中客车 A320。

9) 油库区——一次性投资最大

油库区建设在新机场南工作区东南侧。新机场供油工程是国内一次性投资最大的机场供油工程，也是在国内首次采用国际上先进的供油工程控制系统，体现了安全和环保理念。

机场供油工程直接在广州新港油码头接油，经中转油库，穿行 57 千米的长输油管道输往新机场停机坪，而后通过站坪加油管线为每个机位上停泊的飞机对应上油。新机场站坪加油管线 2010 年高峰小时加油量为 2000 立方米，一期加油管线按 2030 年高峰小时加油量 3000 立方米设计。

2. 济南遥墙国际机场

2005 年 3 月 28 日投入试运营的济南新机场，可称为山东济南的标志性建筑、山东对外开放的最前沿窗口。

1) 新候机楼面积是原候机楼面积的 8 倍

远看，银灰色屋顶的候机楼似鲲鹏展翅，"巨鸟"的双翼向后方、上方舒展，构成候机楼的屋顶。两翼之间的正中位置，红色"济南国际机场"中英文大字赫然在目。

走进候机楼，给人的第一感受就是通透敞亮。一道道乳白色钢梁从南到北平行架设，使室内空间显得非常开阔，屋顶中间位置是一条贯穿东西的采光带，加上星罗棋布的菱形天窗、四面透明的玻璃幕墙，使得整个大厅充满了自然光线和新鲜空气。新候机楼分为国内国际两大区域，总面积为 8 万平方米，上下两层各有 4 万平方米，是老候机楼的 8 倍。图 3.7 所示为济南遥墙国际机场候机楼内景。

2) 旅客办理手续更快捷、更安全

离港时，旅客关心的是值机、安检、登机这些环节的手续；进港时，旅客则关心行李的领取；如果是中转联程，旅客关心的是重复登记手续。

值机——办理值机最快只要 30 秒。40 多个值机柜台在候机楼二楼大厅一字排开，数量是老候机楼的 4 倍，旅客不会再像以往那样动辄排队。旅客领取的登机牌也与以前的有所不同，纸质的牌子上多了一组条形码，里面包含了旅客身份、电话、行李等丰富信息。

同时，在值机柜台办理行李托运时，行李传送系统将自动给行李称重、拍照，以方便确认。

图 3.7　济南遥墙国际机场候机楼内景

安检——办理安检一般也就两三分钟。30 个安检通道是原来的 6 倍。以往安检员是在登机牌上盖章、划线，现在则是扫描登机牌条形码。

登机——原来是服务员检查登机牌，确认后再放行，现在则是刷卡。在刷卡的一瞬间，旁边工作人员的电脑屏幕上就会出现刚才抓拍的形象，如果人、图不符，则不能登机。

中转联程——不再需要重复登记。在老机场，中转旅客没有专用通道，只能出候机隔离区后再重新接受安检，领取登机牌。如今，有了专门通道，可以直接走进候机隔离区，等候后续航班。

行李提取——在一楼到港层，有 7 部新加坡进口行李分拣系统，行李传输更快、分拣更准。与老航站楼不同的是，这些新设备基本能够保证一个航班的行李放一个地方，不再是多个航班的行李混杂在一起。

3)"导乘标示牌"国内首家

"天下大事必做于细。"新航站的细部设计也令人叹服。

一进大厅就能看见蓝白相间的导乘标示牌，上面写着需要办理的手续项目，一目了然。据了解，这些标示都是按照国家标准化委员会的最新标准设置的，为全国首家。

在隔离候机区，有"延误航班候机室"——这是专门为航班延误的旅客准备的；有安装得特别低的公用电话机——这是给残疾人专门设置的，像这样的无障碍设施还有很多。母婴候机室装修得更是与众不同，淡黄色的主体风格里透着浓浓暖意，且室内"房中有房"，专门辟出小房间来供孩子睡觉用；总数多达20个的贵宾室、头等舱候机室、母婴候机室，遍布航站楼的上下两层；此外还有咖啡馆、茶馆、快餐店等设施，用于满足不同层次旅客的候机需求。

4) 两侧交通快捷便利

候机楼的两侧通行快捷便利。空侧一边是23万平方米的新建停机坪，新增了11部登机桥，拥有13个接机口，可同时停靠32架大中型客货飞机；陆侧一边的交通与济青、济南东绕城高速公路相连，实现了与全省高速公路的连接并网。

登机桥是新增添的设备。原来旅客进出港，从候机厅到飞机之间的距离靠坐摆渡车走过，现在连起了可伸缩的登机桥，上下飞机不再受风雨之苦。

由于老候机楼要改为货运中心，陆侧交通则兼顾了新老航站区的要求，分为客运路和货运路。客运路双向8车道，接送旅客的车辆可以直接开到候机楼门口。货运路双向4车道，区内道路与济南东绕城高速公路相衔接，方便货物集疏。至此，济南机场已经形成客运路、货运路、航站楼高架桥既相对独立又相互关联的交通体系。

5) 绿满新机场

新机场的绿化是机场建设的点睛之笔。在陆侧交通的环绕中，有占地25万平方米的站前广场，包括可同时停放1200辆机动车的停车场和4.2万平方米的绿化带。这里的绿化景观与机场高速公路上的绿化长廊不同，种植的植物以低矮类为主，品种有泰山迎客松、枣庄石榴树，更有6块巨石点缀其间，赏心悦目。

3. 杭州萧山国际机场

杭州萧山国际机场候机楼是一个融合出发、到达、接待、购物、休息、等候等功能为一体的系统工程。在完成客流"吞吐量"的同时，它逐渐形成的高层次上的设计体系愈来愈成为建筑和室内设计行业系统化学习、研究的范本。

杭州萧山机场候机楼总建筑面积7万平方米，是浙江省的一个重点项目，设计年吞吐量为200万人次。其建筑特色和室内设计强调特殊的交通功能、文化背景技术要求。设计思路新颖，别具特色。

1) 强调空港功能和"简略"意识

空港功能的要求首先体现于建筑设计的整体意识中，杭州萧山机场候机楼的三层环廊及岛式建筑形式可将人流交通较好地分开，在功能上已基本达到了国际先进的功能要求。

建筑功能合理为室内设计创造了一个良好的设计基础。室内设计在交通流线上尽可能达到"明确、便捷"，不添加多余的东西，不设交通死角。避开一般公共建筑室内设计复杂丰富的视觉形式，在色彩、地面的分割形式上尽可能表现得柔和，从而突出了标识标志系统的视觉引导作用。地面选用大面积浅灰色山东白麻。出发大厅的墙面并不多，色彩上选择了米黄，与地面形成柔和的对比和统一，从而突出了暗蓝色的标识标志，使人一目了然。柱网模数统一的12米一跨，横向地面拼花——"斑马线式"也作为出发大厅空间仅有的序列性装饰，给人的视觉形成了一种强烈的引导效果。

在局部空间的处理上，考虑到从大的功能要求出发，达到完整统一的风格。商场、休息空间甚至于绿化设置的位置不可以影响交通的通畅及便利。在分析了出发大厅的布局后，在设计上将商场区、休息区分别设定在出发大厅的中部。

机场候机楼内商场的岛式空间布局、咖啡厅的点式设计也尽可能避免了视觉的阻滞，使人的视线开阔，总体的交通流线清晰，这也体现了机场建筑不同于普通建筑的主要设计特征。

2）融合当地文化、历史、传统

杭州是中国历史名城，宋代古都，人杰地灵，历代书香墨儒、名人要客流连此地。杭州地产丰富，风景名胜数不胜数，航站楼的室内设计也固定了一种特有的江南文化特征，其柔美、含蓄的人文气质为候机楼室内设计提供了丰厚的创作素材。

在色调的运用上，采用浅灰色调，整体上符合江南文化的一种色彩倾向，抓住了东方人的审美心理。这种概念非常先进新颖。这是一种大胆的探索和提炼。候机楼大空间并没有强烈的色彩，多为灰色地面与米黄色墙面的柔和对比，强调的是一种平稳而和谐的节奏变化。虽然没有采用传统的设计符号及装饰图案，但仅仅通过色彩的把握就将机场的整体环境特征作了一个较为准确的定位。

在出发大厅入口，有一组反映杭州特有的文化题材与景观的浮雕，两幅主浮雕分别长十几米、高六七米，非常醒目，具有强烈的震撼力，通过超大尺度的浮雕，加重了候机楼空间的文化氛围。强调了江南文化丰厚的艺术遗产，突出了杭州的文化底蕴。

贵宾厅是候机楼的主要组成部分，强调形式上的审美，更注重文化品位深度。同时，它又是国家领导人及重要来宾停留的地方，影响力很大。贵宾厅建筑的层高较为宽松，为6.3米，具备很好的发挥空间。总体色彩以浅黄色调为主，前厅部分正中一幅长为8米、题为"睡莲"的浮雕，强调一种宁静的空间和悠久的西湖文化。圆拱式的天花造型，自然地把墙面与天花联系起来。

主贵宾厅的墙面设计了圆门形式为主的装饰背景，隐喻了江南园林的月亮门，通过对传统符号的提炼，并在尺度上做了适当的夸张，创造出一种特别的视觉中心。背景为经过腐蚀处理过的黄铜图案，强调了历史和朴素感。周边天花风口采用了浙江民居花格窗的造型，中央天花的方形分割是对中国传统建筑藻井的提炼。图3.8所示为杭州萧山国际机场候机楼外景。

图3.8 杭州萧山国际机场候机楼外景

3) 产品化的设计意识，提倡以人为本

杭州萧山机场候机楼设计在强调功能和艺术品位的同时，技术为人服务也是候机楼设计的出发点。候机楼的室内设计一半以上是在设计产品，如栏杆、空调组合柜、金属吊顶、天花风口形式、防撞栏，等等，在考虑造型的同时更强调了使用功能。

候机楼大厅内支撑立柱采用三角形的平面形式，可做广告灯箱及信息屏。卫星厅共享空间中的栏杆设计为1.1米，减少空间高度给人心理上的恐惧感。标识牌的设置采用了出墙式而没有采用立柱形式，主要是考虑人流较多，通道应尽可能通畅。同时强调各个功能空间的无障碍设计，这也是设计概念中以人为本的具体体现。光照的设计突出良好的照明效果和准确的照度应用，创造一种舒适的空间气氛。在采光方式上，采用泛光照明，减少眩光的影响。到达大厅夹层空间较低，设计了暗藏光槽，使光线柔和。主贵宾厅采用照度较高的碘钨灯照顶反射光线，达到空间照明柔和的效果。

4) 强调生态环境、绿色空间

近几年生态的概念越来越为设计界所重视，杭州萧山机场室内主体为框架结构，外墙均为玻璃幕墙式，将阳光、空气、绿色景观大范围引入室内，也是机场的主要空间特色。室内设计遵循通透的原则，材料多采用玻璃，使每个角落，每个点都具有较好的景观。咖啡厅、商场等休闲空间设置于内庭园附近，将庭园自然地借景进来，设计中强调了生态环境的意识，并种植了高大的绿色植物，内外呼应，体现了设计中的环保意义。

4. 青岛流亭国际机场

2004年3月，随着青岛流亭机场扩建工程的竣工，流亭机场投入使用，一个外观造型新颖、设施先进的新国际机场展现在青岛市民和中外宾客面前。

1) 飞行区扩建

流亭机场扩建工程的设计是按照把流亭机场建设成国际性大空港的原则进行的。机场建设的近期目标是站坪可以同时停放16架飞机，可以起飞大型的波音机型；远期目标是站坪可以同时停放36架大型飞机。

扩建中，机场跑道及平行滑行道由2600米延长至3400米，使其具备起降大型飞机的能力；同时扩建后机场跑道的盲降系统由原来的一个增加到跑道两端都具有盲降系统，仪表着陆系统使用的是I类进近助航灯光，使机场跑道的安全性能大大提高，保证了夜晚的降落安全；新建两条快速出口滑行道。扩建后的飞行区等级为4D，可起降空中客车300-600型、波音767-300型等载客300人左右的大型飞机，同时兼顾超大型飞机的减载飞行。

扩建中，新建站坪10.8万平方米，按16个机位设计；新建货机坪1万平方米；新建总建筑面积约6万平方米的现代化航站楼；新建货运仓库和业务用房1万平方米；改造了通信、导航、气象设施；配套建设供油、供水、污水及污物处理、消防救援等设施。该项目总投资为12.46亿元。

机场远期建设目标的设定以一条跑道的极限容量初步测算，终端年旅客吞吐量将达到1200万至1500万人次，典型高峰小时进出港6000人，年货运吞吐量41.3万吨，站坪机位36个，航站楼面积达到16万平方米，停车场面积为12.3～14.4万平方米。

扩建工程完工后，机场跑道具备了起降波音747等大型客机的能力，为青岛市开通直飞欧洲等中长距离国际航线创造了条件，而更多的飞机能在青岛过夜、在青岛配载，无疑会给青岛带来更多的经济效益和社会效益。

2) 航站区扩建

在整个流亭机场扩建工程中，机场新航站楼的建设是个核心，工程量最大，施工难度最大，建设周期最长。

青岛流亭机场（候机楼）扩建工程是集国内外航空出港、到达、接待、购物、休息、餐饮、等候、办公等功能为一体的大型公共建筑。工程按照满足 2010 年旅客吞吐量 520 万人次、高峰 2400 人次 / 小时，货邮吞吐量 11.9 万吨的使用要求设计。

工程建筑面积 61 416 平方米，正面宽 450 米，进深 96 米，总高度 27.8 米，为现浇混凝土框架主体结构，机械成孔灌注桩基础，地下一层，地上三层。一层为业务、功能用房；二层为到港层；三层为离港层；地下一层主要为设备用房。

候机楼工程设计独具匠心，设计师成功地把海滨城市的风格引入外部形象设计中，工程呈弧形布局，舒展地铺开跑道一侧，从空中俯视，宛如海滨沙滩的蜿蜒曲折和层层的海浪跌宕起伏，又如沙滩上敞开的片片贝壳，尽情地展示着青岛这座美丽的海滨城市的鲜明特色。外墙以玻璃幕墙、真石漆涂料为主，局部采用干挂大理石；候机楼的外形屋顶造型呈弯曲状，犹如波浪一样，采用保温铝合金板材，局部采光；大楼内部天花板是七个自然连续的曲面，就像碧波荡漾的水波；主要机电设备包括：登机桥 8 部，半自动行李分拣系统一套，自动扶梯 9 部，垂直电梯 9 部，2000 kVA 干式变压器 4 台，1600 kVA 干式变压器 2 台，EDS 高速 X 光安检机 4 台，普通 X 光安检机 18 台。工程防火等级一级，设火灾检测及报警器、消火栓、自动喷淋、气体消防、排烟等系统。弱电系统包括离港、航班信息显示、闭路电视、广播、监控、内部通信、综合布线、自动消防、楼宇自控等系统，实现了整个工程的通信、办公和楼宇设备管理自动化，是一座现代化智能机场。图 3.9 所示为青岛流亭国际机场候机楼内景。

图 3.9　青岛流亭国际机场候机楼内景

该工程推广了建设部"十项"新技术中的多项技术：深基坑支护；双掺PP纤维高性能混凝土；新型大模板；建筑节能和新型墙体应用技术；后张预应力混凝土施工；直螺纹钢筋连接技术；新型建筑防水材料；72米钢结构大跨度曲面钢屋盖不等标高累积——整体高空曲线滑移综合施工技术。

沿候机楼前的高架桥而上，候机楼的形象由远而近慢慢变得清晰起来，一排排超尺度的钢结构落地拱造型给人以强烈的空间感受，既如同进入了超现实的时空隧道，又隐约似古典建筑的柱廊，完成了传统与现代建筑的交汇与融合。

当旅客从高架桥进入出港层，一个视觉上通透、内部空间极具整体感的值机大厅展现在面前。14米高的点支幕墙将玻璃的美发挥到了极致，进入大厅，内部空间特有的导向性，使旅客对自身所处的位置有明确的方位感。

值机柜台按岛式设计，以利于旅客人流顺畅通过，既有效地利用了面积，又有明确的导向性。暴露于大厅的主行架，呈扇形排列的双面拱壳，曲线优美，体现了高科技的结构美学。整个大厅的主色调为乳白色与蓝色，体现出海洋的特色。通过安检通道，旅客进入曲线展开的长达500米的候机区，区内还设置了各种为旅客服务的设施，有贵宾、商务、母婴候机厅等。面对空侧的是通透的幕墙，旅客在这里可以欣赏飞机的起落。国内外旅客可通过8个登机桥抵达自己所要乘坐的航班。

旅客通过共同式的登机廊，经过下夹层到达进港区，为使旅客有舒适满意的空间感受，下夹层仍具有较高的层高。进港旅客通过行李提取大厅在行李转盘上提取行李，然后通过迎宾大厅，顺畅地通过地面交通系统离开机场。

流亭机场新候机楼设计造型独特，流程顺畅，设备先进，是我国干线机场中最好的候机楼之一。它的建成给青岛的建设增光添彩，新候机楼作为青岛的空中门户展现出青岛的风采，为来往青岛的旅客留下难忘的记忆。

第二节　机场候机楼内旅客进出流程

一、旅客离港

（一）国内出发

国内机场出发流程：①托运行李、换登机牌→②安全检查→③候机及登机。

正常情况下，旅客国内出发的一般流程是：在旅客到达机场离港大厅时，第一步是在航班信息显示屏上查询所乘坐航班相应的值机柜台，并到该柜台办理行李托运手续、换登机牌；第二步是通过安全检查；第三步是在候机厅寻找相应的登机口候机、登机。旅客一般可以在航班起飞前90分钟开始到开放办理值机手续的柜台办理值机手续，同时要注意值机柜台会在航班起飞前30分钟关闭。登机开始时间一般为航班起飞前25～30分钟。

如旅客无托运行李，可以到专门设置的无行李托运柜台办理值机手续，也可到新增加的电子自助登机机上自助办理手续。如旅客有大件行李、易碎行李，应到特殊柜台办理托运手续。

1. 托运行李、换登机牌

旅客凭本人机票及本人有效身份证件到相应值机柜台办理乘机和行李托运手续，领取登机牌。注意千万不要帮助别人携带行李物品，特别是陌生人的行李。

资料链接：手机登机牌

浙江在线2012年2月7日讯：坐过飞机的人都知道，到了机场要办理值机手续，领取纸质登机牌。但今后，旅客到了机场可能只要刷一下手机，不再需要领取纸质登机牌，就能过安检、登机等。

能刷的手机里藏着什么？那叫手机条形码，它酷似一条彩信，由一些黑黑白白的点组成。别小看这些黑点白点，它记载了所有登机所需航班及旅客的资料。

手机登机牌也叫电子登机牌，相比纸质登机牌，它免去了排队换登机牌的麻烦。在过安检的时候，只要扫描一下条形码，几秒钟之后，旅客就能通过。如果有行李需要托运，可到机场的行李托运柜台办理。在出入境柜台、登机闸口，凭电子登机牌扫描条形码便能通过。不仅方便了旅客，而且更环保，同时也降低了成本。在广州白云国际机场、北京首都国际机场、青岛流亭国际机场、香港国际机场等机场，这项技术已有应用。

怎样用手机登机牌呢？可以分为以下几个步骤。

（1）在航班起飞前48小时至90分钟内，登录航空公司官方网站，办妥网上预办登机手续，包括为旅客自己及同行旅客自选座位等。在显示手机登机牌的页面单击"确认并发送"按钮，再输入旅客的移动电话号码或电邮地址，就能收到文字短信或电子邮件，然后单击其中的链接领取手机登机牌。如同行旅客同时预订机票，并在同一个预订记录内，旅客便可为同行旅客领取手机登机牌。

（2）到达机场后，可以去行李托运柜台，出示手机登机牌办理手续。

（3）凭手机登机牌，通过安全检查区和出入境柜台。

（4）在登机闸口，扫描手机登机牌。

（5）登机时，向机舱服务员出示手机登机牌。具体流程如图3.10所示。

手机登机牌使用流程

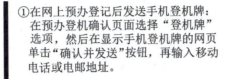
① 在网上预办登记后发送手机登机牌：在预办登机确认页面选择"登机牌"选项，然后在显示手机登机牌的网页单击"确认并发送"按钮，再输入移动电话或电邮地址。

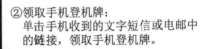
② 领取手机登机牌：单击手机收到的文字短信或电邮中的链接，领取手机登机牌。

③ 抵达机场办理托运：如有行李需要托运，只需在登记柜台出示手机登机牌即可办理托运手续。如没有行李需要托运，可直接办理安全检查和出境手续。

④ 安全检查区和出入境柜台：在安全检查区和出入境柜台出示手机登机牌办理手续。确认登机闸口后即可前往登机。

⑤ 登记闸口：在登机闸口出示手机登机牌扫描登机，登机时再向机舱人员出示手机登机牌即可。

图 3.10　旅客手机办理登机牌流程

在使用手机登机牌时，可能会出现一些意外，如果手机没电或无法联网，旅客可以使用自助登机专柜打印登机牌或向航空公司的柜台寻求协助。需要注意的是，婴儿旅客、需使用轮椅的旅客、独自乘搭航班的儿童旅客、购买机票与跨境渡轮套票的旅客等，是不能使用手机登机牌的。有些旅客可能对手机登机牌还有疑虑：如果手机登机牌被人复制，或者有人冒用自己的手机登机牌去登机怎么办？据了解，在机场办理安检等手续时，除了出示手机登机牌，还需要同时出示身份证件，机场保安人员将核对旅客的身份证件和手机登机牌上的姓名，而且手机登机牌上必须使用旅客原始的手机号，转发的手机登机牌在过安检、登机时是无法使用的。用过一次后，手机登机牌便不能被二次使用。

2. 安全检查

旅客需提前准备好登机牌、有效身份证件，并交给安全检查员查验。为了飞行安全，旅客须从安全探测门通过，随身行李物品须经 X 光机检查。旅客不要携带违禁品，否则只会给自己增加麻烦。更不要抱着考验安检员和安检设备能力的目的，也不要与安检人员争吵等，不然旅客会受到拘留甚至判刑等处罚。2006 年初，美国一名旅客因被疑似携带危险物品，当他对安检人员有攻击性言行时，被枪击而身亡。事后证明他是无辜的，是他的攻击性言行给他带来了不幸。

3. 候机及登机

旅客通过安检后即可根据登机牌上的登机口号码到相应候机区休息候机。通常情况下，旅客会在航班起飞前约 30 分钟开始登机。

旅客登机时需要出示登机牌，应提前准备好。

为确保旅客顺利登机，旅客应最晚在航班起飞前 90 分钟到达候机楼，航班起飞前 30 分钟将停止办理乘机手续（部分航空公司对该时间可能另有规定，须特别留意航班说明）；旅客的护照、签证、旅行证件以及现金、票据等贵重物品要随身携带，尽量不要放入行李箱，否则出现丢失或遇到航班延误，不仅给旅客造成很大不便，而且赔偿额很低。

（二）国际出发

国际出发流程：①海关检查→②托运行李、换登机牌→③检验检疫→④边防检查→⑤安全检查→⑥候机与登机。

旅客到达机场离港大厅后，首先要在机场航班信息显示屏上查询所乘坐航班相应的通道和值机柜台。

1. 海关检查

如果旅客有物品申报，要填写《中华人民共和国海关进出境旅客行李物品申报单》（简称《申报单》），选择"申报通道"（又称"红色通道"）通关，办理海关手续。

如果旅客没有物品申报，无须填写《申报单》，选择"无申报通道"（又称"绿色通道"）通关。

2. 托运行李、换登机牌

旅客凭本人机票及本人有效护照、签证到相应值机柜台办理乘机和行李托运手续，领取登机牌。飞机离站前 45 分钟～1 小时停止办理乘机手续。旅客要注意护照、签证及旅行证件应随身携带。

如果旅客所乘航班经停国内其他机场出境，旅客要从"指定通道"经安全检查进入候机区登机。详情可咨询值机柜台服务人员。

3. 检验检疫

如果旅客是要出国一年以上的中国籍旅客，取得包括艾滋病检测结果在内的有效健康证明必不可少；如果旅客是要前往某一疫区，应进行必要的免疫预防疫苗接种。

4. 边防检查

如果旅客是外国旅客，需交验本人的有效护照、签证、出境登记卡，并在有效入境签证上的规定期限内出境。

如果旅客是中国旅客（包括港、澳、台地区居民），需交验本人的有效护照证件、签证、出境登记卡以及有关部门签发的出国证明。

5. 安全检查

旅客要提前准备好登机牌、有效护照证件，并交给安全检查员查验。为了飞行安全，旅客须从安全探测门通过，随身行李物品须经 X 光机检查。

6. 候机与登机

安全检查后旅客可以根据登机牌显示的登机口号码到相应候机区休息候机。通常情况下，旅客会在航班起飞前约 40 分钟开始登机，注意候机楼的广播提示。

旅客登机时需要出示登机牌，应提前准备好。

为确保旅客顺利登机，旅客最晚在航班起飞前 150～180 分钟到达候机楼，值机截止办理手续的时间为航班起飞前 30～60 分钟，具体情况按各航空公司的规定执行，旅客应留意航班说明。

旅客的护照、签证、旅行证件以及现金、票据等贵重物品须随身携带。

（三）与国内、国际出港相关的规定和提示

1. 海关检查

海关检查的范围主要是旅客携带的物品，对于旅客身份并不详细核查，核实身份一般由边检和航空公司进行。通常情况下，旅客在机场过海关，检查人员只是对所有过境人员抽查，此时需要旅客配合出示护照、机票。通过边防检查时需要护照（或其他国际旅行证件）、前往国签证、出境登记卡、登机牌。

2. 需要填写海关申报单证的出境旅客

以下旅客出境时需填写海关申报单证。

(1) 携带需复带进境的照相机、小型摄影机、手提式摄录机、手提式文字处理机等旅行自用物品者。

(2) 未将应复带出境物品原物带出或携带进境的暂时免税物品未办结海关手续者。

(3) 携带外币、金银及其制品未取得有关出境许可证明或超出本次进境申报数额者。

(4) 携带人民币现钞 20 000 元或折合 5000 美元的等值外币以上者。

(5) 携带文物者。

(6) 携带货物、货样者。

(7) 携带出境物品超出海关规定的限值、限量或其他限制规定者。

(8) 携带受中国检疫法规规定管制的动植物及其产品以及其他须办理验放手续的物品者。旅客乘机禁止携带的物品如图 3.11 所示。

图 3.11 旅客乘机禁止携带物品

3. 禁止进出境物品

1) 禁止进境物品

(1) 各种武器、仿真武器、弹药及爆炸物品。

(2) 伪造的货币及伪造的有价证券。

(3) 对中国政治、经济、文化、道德有害的印刷品、胶卷、照片、唱片、影片、录音带、录像带、激光视盘、激光唱盘、计算机存储介质及其他物品；各种烈性毒药。

(4) 鸦片、吗啡、海洛因、大麻以及其他能使人成瘾的麻醉品、精神药物。

(5) 带有危险性病菌、害虫及其他有害生物的动植物及其产品。

(6) 各有碍人畜健康的、来自疫区的以及其他能传播疾病的食品、药品或其他物品。

2) 禁止出境物品

(1) 禁止进境范围的所有物品。

(2) 内容涉及国家秘密的手稿、印刷品、胶卷、照片、唱片、影片、录音带、录像带、激光视盘、激光唱盘、计算机存储介质及其他物品。

(3) 珍贵文物及其他禁止出境的文物。

(4) 濒危的和珍贵的动植物(均含标本)及其种子和繁殖材料。

4. 如何办理临时登机身份证件

如果旅客的有效身份证件遗失、破损、过期,旅客应凭户籍所在地派出所出具的户籍证明原件或传真件(解放军武警部队凭所在单位政治部门出具的介绍信原件或传真件;学生凭学生证)及本人近期一寸免冠照片两张办理相关手续。

5. 关于托运行李的一些限制性规定

1) 手提行李

(1) 乘坐国内航班,手提行李总重量不超过5千克,每件行李的体积不超过20厘米×40厘米×55厘米。

(2) 乘坐国际航班,手提行李总重量不超过7千克(部分航空公司有特殊重量限制规定),每件行李的体积不超过20厘米×40厘米×55厘米,或三边之和不超过115厘米。

2) 免费托运的行李重量

头等舱40千克,公务舱30千克,经济舱20千克,婴儿票旅客10千克。

以上限制为一般规定,各航空公司有各自的标准,旅客应留意机票上的有关说明。

二、旅客进港

(一) 国际到达

国际到达流程:①航班到达→②卫生检验检疫→③边防检查→④提取行李→⑤海关检查→⑥进入到达大厅、离开机场。

1. 航班到达

飞机到达后,旅客下飞机进入候机楼。

2. 卫生检验检疫

旅客下飞机进入候机楼后，应依次办理以下手续。

(1) 旅客需要如实填写《入境健康检疫申明卡》。

(2) 来自黄热病区的旅客，要向检验检疫机关出示有效的黄热病预防接种证书。

(3) 旅客在飞机上如果得到卫生检疫机构发放的卫生健康卡，应填写必要事项并交到卫生检疫站。

3. 边防检查

外国旅客入境须持有效的护照证件并办妥中国入境签证；中国旅客凭有效护照证件入境。旅客入境时，须将填好的入境登记卡连同护照证件、签证一并交边防检查站查验。

4. 提取行李

行李提取大厅一般情况下位于候机楼的一楼，其入口处设有行李转盘显示屏，旅客可根据航班号查知托运行李所在的转盘。如行李较多，可使用免费行李手推车或选择手推车服务。

为防止旅客误领行李，旅客要认真核对行李牌/号。如有疑问可到行李查询柜台咨询，各机场会公布其有效服务电话。

5. 海关检查

如果旅客有物品申报，要走红色通道，接受检查，办理海关手续；如果没有，可走绿色通道。

6. 进入到达大厅、离开机场

旅客提取行李后将进入到达大厅，在那里可与接机的亲友会面，或到宾馆接待及问讯柜台进行咨询，或到银行兑换货币。

旅客出了机场到达大厅后，可选择机场巴士或出租车离开机场。

特别提示：

如果旅客在提取行李时，检验检疫部门对行李进行抽查，旅客应配合。

如果旅客由于一些事由确需紧急来华而来不及在中国驻外机构申办签证时，可以在签证处申请办理落地签证。

为保障旅客的合法权益不受侵害，旅客不要接受无机场正式工作证件人员的服务或搭乘无运营资格、私自揽客的车辆，以免上当或遭受经济损失。

（二）与国内、国际到达相关的规定和提示

1. 紧急来华旅客申请办理落地签证

以下紧急来华旅客可以申请办理落地签证。

(1) 中方临时决定邀请来华参加交易会的。

(2) 应邀来华参加投标或者正式签订经贸合同的。

(3) 按约来华监装出口、进口商检或参加合同验收的。

(4) 应邀参加设备安装或者工程抢修的。

(5) 应中方要求来华解决索赔问题的。

(6) 应邀来华提供科技咨询的。

(7) 应邀来华团、组办妥签证后，经中方同意临时增换的。

(8) 看望危急病人或处理丧事的。

(9) 直接过境人员由于不可抗拒的原因不能在 24 小时内乘原机离境或者改乘其他交通工具离境的。

其他被邀请又确实来不及在中国驻外机关申请签证，并持有指定的主管部门同意在口岸申办签证的函电的。

2. 中华人民共和国禁止入境的物品

(1) 根据《中国入境检验检疫须知》，下列物品禁止入境。

① 人血及其制品。

② 水果、辣椒、茄子、西红柿。

③ 动物尸体及标本。

④ 土壤。

⑤ 动物病原体、害虫及其他有害生物。

⑥ 活动物（伴侣犬、猫除外）及动物精液、受精卵、胚胎等遗传物质。

⑦ 蛋、皮张、鬃毛类、蹄骨角类、动物肉类（含脏器类）及其制品，鲜奶、奶酪、黄油、奶油、乳清粉、蚕蛹、蚕卵、动物血液及其制品，水生动物产品。

⑧ 转基因生物材料。

⑨ 废旧服装。

(2) 根据中国海关相关规定，下列物品禁止入境。

① 各种武器、仿真武器、弹药及爆炸物品。

② 伪造的货币及伪造的有价证券。

③ 对中国政治、经济、文化、道德有害的印刷品、胶卷、照片、唱片、影片、录音带、录像带、激光视盘、激光唱盘、计算机存储介质及其他物品。

④ 各种烈性毒药。

⑤ 鸦片、吗啡、海洛因、大麻以及其他能使人成瘾的麻醉品、精神药物。

⑥ 带有危险性病菌、害虫及其他有害生物的动、植物及其产品。

⑦ 有碍人畜健康的、来自疫区的以及其他能传播疾病的食品、药品或其他物品。

3. 允许入境但须申报检疫的物品

(1) 种子、苗木及其他繁殖材料、烟叶、粮谷、豆类(入境前须事先办理检疫审批手续)。

(2) 鲜花、切花、干花。

(3) 植物性样品、展品、标本。

(4) 干果、干菜、腌制蔬菜、冷冻蔬菜。

(5) 竹、藤、柳、草、木制品。

(6) 犬、猫等宠物(每人限带一只,须持有狂犬病免疫证书及出发地所在国或者地区官方检疫机构出具的检疫证书,入境后须在检验检疫机构指定的地点隔离检疫30天)。

(7) 特需进口的人类血液及其制品、微生物、人体组织及生物制品。

如旅客携带以上物品入境,应主动向检验检疫机关申报并接受检疫。

4. 需要填写海关申报单证的进境旅客

(1) 携带需经海关征税或限量免税的《旅客进出境行李物品分类表》第二、三类物品(不含免税限量内的烟酒)者。

(2) 非居民旅客及持有前往国家(地区)再入境签证的居民旅客携带途中必需的旅行自用物品超出照相机、便携式收录音机、小型摄影机、手提式摄录机、手提式文字处理机每种一件范围者。

(3) 携带人民币现钞6000元以上,或金银及其制品50克以上者。

(4) 非居民旅客携带外币现钞折合5000美元以上者。

(5) 居民旅客携带外币现钞折合5000美元以上者。

(6) 携带货物、货样以及携带物品超出旅客个人自用行李物品范围者。

(7) 携带中国检疫法规规定管制的动、植物及其产品以及其他须办理验放手续的物品者。

（三）国内到达

国内到达流程：①航班到达→②提取行李→③离开机场。

1. 航班到达

(1) 如果航班停靠候机楼登机桥，旅客可沿进港通廊前往一楼行李提取厅。

(2) 如果旅客是乘摆渡车到达候机楼，下车后可直接进入机场行李提取厅。

2. 提取行李

大多数机场行李提取厅位于候机楼的一楼，其入口处设有行李转盘显示屏，旅客可根据航班号查知托运行李所在的转盘。如行李较多，可使用免费行李手推车或选择手推车服务。

为确保旅客的行李不被误领，在出口处会有机场工作人员对旅客的行李牌/号进行检查核对，旅客应配合。

如有疑问可到行李查询柜台咨询。

3. 离开机场

旅客提取行李后将进入到达大厅，在那里与接机的亲友会面，或到宾馆接待及问讯柜台进行咨询，或到银行兑换货币。

旅客出了机场到达大厅后，可选择机场巴士或出租车离开机场。

为保障旅客的合法权益不受侵害，不要接受无机场正式工作证件的人员的服务或搭乘无运营资格、私自揽客的车辆，以免上当或者遭受经济损失。

三、旅客中转

（一）国内转国内

国内转国内流程：①国内航班到达→②办理中转手续→③国内航班登机。

1. 国内航班到达

旅客下飞机后，可以经登机桥或乘摆渡车进入候机楼。

2. 办理中转手续

(1) 如果旅客经登机桥进入候机楼，可前往候机楼中转柜台办理中转手续。

(2) 如果旅客乘摆渡车到达候机楼，下车后前往国内中转柜台办理中转手续。

3. 国内航班登机

旅客办理中转手续后,可直接前往候机区,到相应登机口候机,并留意航班显示屏及候机楼广播发布的有关航班信息。

如不能正常办理中转手续,旅客要先提取行李,再依次办理如下手续:托运行李/换登机牌、安全检查、候机及登机。图 3.12 所示为机场旅客办理中转手续。

图 3.12　机场旅客中转手续办理

(二)国内转国际

国内转国际流程:①国内航班到达→②提取行李→③办理中转手续→④海关检查→⑤检验检疫→⑥边防检查→⑦安全检查→⑧国际航班登机。

1. 国内航班到达

旅客下飞机后,将经登机桥或乘摆渡车进入候机楼。

2. 提取行李

一般机场行李提取厅位于候机楼的一楼,其入口处设有行李转盘显示屏,旅客可根据航班号查知托运行李所在的转盘。如有疑问可到行李查询柜台咨询。

3. 办理中转手续

中转手续依次为出境海关检查、行李安全检查、托运行李/换登机牌。

4. 海关检查

旅客如果有物品申报,可走红色通道;如果没有,可走绿色通道。

5. 检验检疫

旅客应持有必要的健康证明,并进行必要的免疫预防疫苗接种。

6. 边防检查

旅客应持有有效护照证件、签证、出境登记卡以及有关部门签发的出国证明。

7. 安全检查

旅客应准备好登机牌、飞机票、有效护照证件等通过安全检查。

8. 国际航班登机

旅客应到相应登机口候机,并留意航班显示屏及候机楼广播发布的有关航班信息。

(三)国际转国际

国际转国际流程:①国际航班到达→②办理中转手续→③国际航班登机。

1. 国际航班到达

旅客下飞机后,可以经登机桥或乘摆渡车进入候机楼。

2. 办理中转手续

中转手续依次为办理乘机手续、边防检查、安全检查。

3. 国际航班登机

旅客办理中转手续后,可以前往候机区,到相应登机口候机,并留意航班显示屏及候机楼广播发布的有关航班信息。

(四)国际转国内

国际转国内流程:①国际航班到达→②检验检疫→③边防检查→④提取行李→⑤办理中转手续→⑥安全检查→⑦国内航班登机。

1. 国际航班到达

旅客下飞机后,可以经登机桥或乘摆渡车进入候机楼。

2. 检验检疫

旅客要按照检验检疫机关的要求,如实填写《入境健康检疫申明卡》;来自黄热病区的旅客,要向检验检疫机关出示有效的黄热病预防接种证书。

3. 边防检查

旅客须持有有效护照证件、签证、入境登记卡,接受边防检查。

4. 提取行李

行李提取厅位于候机楼的一楼，其入口处设有行李转盘显示屏，旅客可根据航班号查知托运行李所在转盘。如有疑问可到行李查询柜台咨询。

5. 办理中转手续

中转手续依次为入境海关检查、行李安全检查、托运行李/换登机牌。

6. 安全检查

旅客应准备好登机牌、飞机票、有效身份证件等通过安全检查。

7. 国内航班登机

旅客应到相应登机口候机，并留意航班显示屏及候机楼广播发布的有关航班信息。

第三节 民航机场候机楼广播用语规范（MH/T 1001—95）

制定《民航机场候机楼广播用语规范》的目的在于规范民航机场候机楼广播用语，以提高广播服务质量和适应广播自动化的发展趋势。

一、主题内容与适用范围

《民航机场候机楼广播用语规范》对民航机场候机楼广播用语（以下简称广播用语）的一般规定、类型划分和主要广播用语的格式作了规范。

《民航机场候机楼广播用语规范》适用于民航机场候机楼广播室对旅客的广播服务。

二、广播用语的一般规定

(1) 广播用语必须准确、规范，采用统一的专业术语，语句通顺易懂，避免发生混淆。

(2) 广播用语的类型应根据机场有关业务要求来划分，以播音的目的和性质来区分。一般应按《民航机场候机楼广播用语规范》第三章进行。

(3) 各类广播用语应准确表达主题，规范使用格式，一般应按《民航机场候机楼广播用语规范》第四章进行。

(4) 广播用语以汉语和英语为主，同一内容应使用汉语普通话和英语对应播音。在需要其他外语语种播音的特殊情况下，主要内容可根据《民航机场候机楼广播用语规范》第三、四、五章广播用语汉语部分进行编译。

三、广播用语的分类

广播用语包括航班信息类、例行类、临时类三种。

(一) 航班信息类广播用语

航班信息类广播用语包括两种：出港类和进港类。

1. 出港类广播用语

出港类广播用语包括以下几类：办理乘机手续类，登机类，航班延误、取消类。

1) 办理乘机手续类广播用语

(1) 开始办理乘机手续通知。

(2) 推迟办理乘机手续通知。

(3) 催促办理乘机手续通知。

(4) 过站旅客办理乘机手续通知。

(5) 候补旅客办理乘机手续通知。

2) 登机类广播用语

(1) 正常登机通知。

(2) 催促登机通知。

(3) 过站旅客登机通知。

3) 航班延误、取消类广播用语

(1) 航班延误通知。

(2) 所有始发航班延误通知。

(3) 航班取消通知(出港类)。

(4) 不正常航班服务通知。

2. 进港类广播用语

进港类广播用语包括以下几类。

(1) 正常航班预告。

(2) 延误航班预告。

(3) 航班取消通知(进港类)。

(4) 航班到达通知。

(5) 备降航班到达通知。

（二）例行类广播用语

(1) 须知。

(2) 通告等。

（三）临时类广播用语

(1) 一般事件通知。

(2) 紧急事件通知。

四、航班信息类广播用语的格式规范

航班信息类播音是候机楼广播中最重要的部分，用语要求表达准确、逻辑严密、主题清晰，所有格式一般应按规定执行。

（一）规范的格式形式

1. 不变要素和可变要素

每种格式都由不变要素和可变要素构成。其中，不变要素是指格式中固定用法及其相互搭配的部分，它在每种格式中由固定文字组成。可变要素是指格式中动态情况确定的部分，它在每种格式中由不同符号和符号内的文字组成。

格式中的符号注释如下。

①：表示在____处填入航站名称。

②：表示在____处填入航班号。

③：表示在____处填入办理乘机手续柜台号、服务台号或问询台号。

④：表示在____处填入登机口号。

⑤：表示在____处填入24小时制小时时刻。

⑥：表示在____处填入分钟时刻。

⑦：表示在____处填入播音次数。

⑧：表示在____处填入飞机机号。

⑨：表示在____处填入电话号码。

⑩：表示〔 〕中的内容可以选用，或跳过不用。

⑪：表示需从〈 〉中的多个要素里选择一个，不同的要素用序号间隔。

2. 每种具体的广播用语的形成方法

根据对应格式，选择或确定其可变要素（如航班号、登机口号、飞机机号、电话号码、时间、延误原因、航班性质等）与不变要素共同组成具体的广播用语。

（二）规范的格式内容

1. 出港类广播用语

出港类广播用语包括办理乘机手续类、登机类以及航班延误、取消类三种。

1）办理乘机手续类广播用语

办理乘机手续类广播用语包括以下五种。

（1）开始办理乘机手续通知。

前往____①的旅客请注意：

您乘坐的〔补班〕⑩____②次航班现在开始办理乘机手续，请您到____③号柜台办理。

谢谢！

Ladies and Gentlemen, may I have your attention please:

We are now ready for check－in for 〔supplementary〕⑩ flight ____② to ____① at counter No. ____③.

Thank you.

（2）推迟办理乘机手续通知。

乘坐〔补班〕⑩____②次航班前往____①的旅客请注意：

由于〈1. 本站天气不够飞行标准 2. 航路天气不够飞行标准 3. ____①天气不够飞行标准 4. 飞机调配原因 5. 飞机机械原因 6. 飞机在本站出现机械故障 7. 飞机在____①机场出现机械故障 8. 航行管制原因 9. ____①机场关闭 ⑩ 通信原因〉⑪本次航班不能按时办理乘机手续。〔预计推迟到____⑤点____⑥分办理。〕⑩请您在出发厅休息，等候通知。

谢谢！

Ladies and Gentlemen, may I have your attention please:

Due to 〈1. the poor weather condition at our airport 2. the poor weather condition over the air route 3. the poor weather condition over the ____① airport 4. aircraft reallocation 5. the maintenance of the aircraft 6. the aircraft maintenance at our airport 7. the aircraft maintenance at the ____① airport 8. air traffic congestion 9. the close-down of ____① airport 10. communication trouble〉⑪ the 〔supplementary〕⑩ flight ____② to____ ① has been delayed. The check-in for this flight will be postponed 〔to____⑤ : ____⑥〕⑩ Please wait in the departure hall for further information.

Thank you.

(3) 催促办理乘机手续通知。

前往＿＿①的旅客请注意：

您乘坐的〔补班〕⑩＿＿②次航班将在＿＿⑤点＿＿⑥分截止办理乘机手续。乘坐本次航班没有办理手续的旅客，请马上到＿＿③号柜台办理。

谢谢！

Ladies and Gentlemen, may I have your attention please:

Check-in for 〔supplementary〕⑩ flight ＿＿② to＿＿① will be closed at ＿＿⑤ :＿＿⑥ Passengers who have not been checked in for this flight , please go to counter No. ＿＿③ immediately.

Thank you.

(4) 过站旅客办理乘机手续通知。

乘坐〔补班〕⑩＿＿②次航班由＿＿①经本站前往＿＿①的旅客请注意：

请您持原登机牌到〔＿＿③号〕⑩〈1. 柜台 2. 服务台 3. 问询台〉⑪换取过站登机牌。

谢谢！

Passengers taking 〔supplementary〕⑩ flight＿＿② from ＿＿① to ＿＿① , attention please:

Please go to the 〈1. counter 2. service counter 3. information desk〉⑪〔No. ＿＿③〕⑩ to exchange your boarding passes for transit passes.

Thank you.

(5) 候补旅客办理乘机手续通知。

持〔补班〕⑩＿＿②次航班候补票前往＿＿①的旅客请注意：

请马上到＿＿③号柜台办理乘机手续。

谢谢！

Ladies and Gentlemen, may I have your attention please:

Stand-by passengers for 〔supplementary〕⑩ flight ＿＿② to ＿＿① , please go to counter No. ＿＿③ for check-in .

Thank you.

2) 登机类广播用语

登机类广播用语包括正常登机通知、催促登机通知和过站旅客登机通知三种。

(1) 正常登机通知。

〔由 ____ ①备降本站〕⑩前往 ____ ①的旅客请注意：

您乘坐的〔补班〕⑩ ____ ②次航班现在开始登机。请带好您的随身物品，出示登机牌，由 ____ ④号登机口上〔____ ⑧号〕⑩飞机。〔祝您旅途愉快。〕⑩

谢谢！

Ladies and Gentlemen, may I have your attention please:

〔Supplementary〕⑩ flight ____ ② 〔alternated from ____ ①〕 to ____ ① is now boarding. Would you please have your belongings and boarding passes ready and board the aircraft 〔No. ____ ⑧〕⑩ through gate No. ____ ④. 〔We wish you a pleasant journey.〕⑩

Thank you.

(2) 催促登机通知。

〔由 ____ ①备降本站〕⑩前往 ____ ①的旅客请注意：

您乘坐的〔补班〕⑩ ____ ②次航班很快就要起飞了，还没有登机的旅客请马上由 ____ ④号登机口上〔____ ⑧号〕⑩飞机。〔这是〔补班〕⑩ ____ ②次航班〈1. 第 ____ ⑦次 2. 最后一次〉⑪登机广播。〕⑩

谢谢！

Ladies and Gentlemen, may I have you attention please:

〔Supplementary〕⑩ flight ____ ② to ____ ① 〔alternated from ____ ①〕⑩ will take off soon. Please be quick to board the aircraft 〔No. ____ ⑧〕⑩ through gate No. ____ ④. 〔This is the 〈1. ____ ⑦ 2. final〉⑪ call for boarding on 〔supplementary〕⑩ flight ____ ②.〕⑩

Thank you.

(3) 过站旅客登机通知。

前往 ____ ①的旅客请注意：

您乘坐的〔补班〕⑩ ____ ②次航班现在开始登机，请过站旅客出示过站登机牌，由 ____ ④号登机口先上〔____ ⑧号〕⑩飞机。

谢谢！

Ladies and Gentlemen, may I have your attention please:

〔Supplementary〕⑩ flight ____ ② to ____ ① is now ready for boarding. Transit passengers please show your passes and board 〔aircraft No. ____ ⑧〕⑩ first through No. ____ ④.

Thank you.

3) 航班延误、取消类广播用语

航班延误、取消类广播用语包括航班延误通知、所有始发航班延误通知、航班取消通知（出港类）和不正常航班服务通知四种。

(1) 航班延误通知。

〔由_____①备降本站〕⑩前往_____①的旅客请注意：

我们抱歉地通知，您乘坐的〔补班〕⑩_____②次航班由于〈1. 本站天气不够飞行标准 2. 航路天气不够飞行标准 3. _____①天气不够飞行标准 4. 飞机调配原因 5. 飞机机械原因 6. 飞机在本站出现机械故障 7. 飞机在_____①机场出现机械故障 8. 航行管制原因 9. _____①机场关闭 10. 通信原因〕⑩〈1. 不能按时起飞 2. 将继续延误 3. 现在不能从本站起飞〉⑩起飞时间〈1. 待定 2. 推迟到_____⑤点_____⑥分〉⑩。在此我们深表歉意，请您在候机厅休息，等候通知。〔如果您有什么要求，请与〔_____③号〕⑩〈1. 不正常航班服务台 2. 服务台 3. 问询台〉⑩工作人员联系。〕⑩

谢谢！

Ladies and Gentlemen, may I have your attention please:

We regret to announce that 〔supplementary〕 ⑩ flight _____ ② 〔alternated from _____ ①〕 ⑩ to _____ ① 〈1. cannot leave on schedule 2. will be delayed to_____ ⑤ :_____ ⑥ 3. will be further delayed 〔to_____ ⑤ :_____ ⑥〕 ⑩ 4. can not take off now〉 ⑩ due to 〈1. the poor weather condition at our airport 2. the poor weather condition over the air route 3. the poor weather condition at _____ ① airport 4. aircraft reallocation 5. the maintenance of the _____ ① airport 6. the aircraft maintenance at our airport 7. the aircraft maintenance at the _____ ① airport 8. air traffic congestion 9. the close-down of _____ ① airport 10. communication trouble 〉 ⑩ Would you please remain in the waiting hall and wait for further information. 〔If you have any problems or questions, please contact with the 〈1. irregular flight service counter 2. service counter 3. information desk 〉 ⑩ 〔No. _____ ③〕 ⑩〕 ⑩

Thank you.

(2) 所有始发航班延误通知。

各位旅客请注意：

我们抱歉地通知，由于〈1. 本站天气原因 2. 本站暂时关闭 3. 通信原因〉⑩，由本站始发的所有航班都〈1. 不能按时 2. 将延误到_____⑤点_____⑥分以后〉⑩起飞，在此我们深表歉意，请您在候机厅内休息，等候通知。

谢谢！

Ladies and Gentlemen, may I have your attention please:

  We regret to announce that all outbound flights 〈1. can not leave on schedule 2. will be delayed to＿＿ ⑤：＿＿ ⑥〉⑩ due to 〈1. the poor weather condition at our airport 2. the temporary close-down of our airport 3. communication trouble〉⑩ Would you please remain in the waiting hall and wait for further information.

  Thank you.

  (3) 航班取消通知(出港类)。

〔由＿＿①备降本站〕⑩前往＿＿①的旅客请注意：

  我们抱歉地通知，您乘坐的〔补班〕⑩＿＿②次航班由于〈1. 本站天气不够飞行标准 2. 航路天气不够飞行标准 3. ＿＿①天气不够飞行标准 4. 飞机调配原因 5. 飞机机械原因 6. 飞机在本站出现机械故障 7. 飞机在＿＿①机场出现机械故障 8. 航行管制原因 9. ＿＿①机场关闭 10. 通信原因〉⑩决定取消今日飞行，〈1. 明日补班时间 2. 请您改乘〈1. 今日 2. 明日〉⑩〔补班〕〉⑩＿＿②次航班，起飞时间〉⑩〈1. 待定 2. 为＿＿⑤点＿＿⑥分〉⑩。在此我们深表歉意。〔请您与〔＿＿③号〕⑩〈1. 不正常航班服务台 2. 服务台 3. 问询台〉⑩工作人员联系，〔或拨打联系电话＿＿⑨，〕⑩我们将为您妥善安排。〕⑩

  谢谢！

Ladies and Gentlemen, may I have your attention please:

  We regret to announce that 〔supplementary〕⑩ flight＿＿ ② 〔alternated from ＿＿ ①〕⑩ to ＿＿ ① has been cancelled due to 〈1. the poor weather condition at our airport 2. the poor weather condition over the air route 3. the poor weather condition at the ＿＿ ① airport 4. aircraft reallocation 5. the maintenance of the aircraft 6. the aircraft maintenance at our airport 7. the aircraft maintenance at the ＿＿ ① airport 8. air traffic congestion 9. the close-down of ＿＿ ① airport 10. communication trouble〉⑩ 〔supplementary〕⑩ flight＿＿ ②〉⑩ 〔to tomorrow〕⑩ 〔at＿＿ ⑤：＿＿ ⑥〕⑩ . 〔Would you please contact with 〈1. irregular flight service counter 2. service counter 3. information desk〉⑩ 〔No. ＿＿ ③〕⑩ 〔or call＿＿ ⑨ .〕⑩ We will make all necessary arrangements.〕⑩

  Thank you.

  (4) 不正常航班服务通知。

〔由＿＿①备降本站〕⑩乘坐〔补班〕⑩＿＿②次航班前往＿＿①的旅客请注意：

  请您到〈1. 服务台 2. 餐厅〉⑩凭〈1. 登机牌 2. 飞机票〉⑩领取〈1. 餐券 2. 餐盒 3. 饮

料、点心〉⑪

谢谢！

Passengers for 〔supplementary〕⑩ flight ___ ② 〔alternated from ___ ① 〕⑩ to ___ ①, attention please:

Please go to 〈1. service counter 2. restaurant〉⑩ to get 〈1. a meal coupon 2. a meal box 3. the refreshments〉⑪ and show your 〈1. boarding passes 2. air-tickets〉⑪ for identification.

Thank you.

2. 进港类广播用语

进港类广播用语包括正常航班预告、延误航班预告、航班取消通知（进港类）、航班到达通知和备降航班到达通知五种。

1) 正常航班预告

迎接旅客的各位请注意：

由 ___ ①〔、___ ①〕⑩ 飞来本站的〔补班〕⑩ ___ ② 次航班将于 ___ ⑤点 ___ ⑥分到达。

谢谢！

Ladies and Gentlemen, may I have your attention please:

〔Supplementary〕⑩ flight ___ ② from ___ ①、___ ①〕⑩ will arrive here at ___ ⑤:___ ⑥.

Thank you.

2) 延误航班预告

迎接旅客的各位请注意：

我们抱歉地通知，由 ___ ①〔、___ ①〕⑩ 飞来本站的〔补班〕⑩ ___ ② 次航班由于〈1. 本站天气不够飞行标准 2. 航路天气不够飞行标准 3. ___ ①天气不够飞行标准 4. 飞机调配原因 5. 飞机机械原因 6. 飞机 ___ ①机场出现机械故障 7. 航行管制原因 8. ___ ①机场关闭 9. 通信原因〉⑪〈1. 不能按时到达 2. 将继续延误〉⑪，〈1. 预计到达本站的时间为 ___ ⑤点 ___ ⑥分 2. 到达本站的时间待定〉⑪

谢谢！

Ladies and Gentlemen, may I have your attention please:

We regret to announce that 〔supplementary〕⑩ flight ___ ② from ___ ①〔、___ ①〕⑩ 〈1. can not arrive on schedule 2. will be delayed to ___ ⑤:___ ⑥ 3. will be further delayed [to___⑤:___⑥]⑩〉⑪ due to 〈1. the poor weather condition at our airport 2. the poor weather condition over the air route 3. the poor weather condition at ____ ① airport 4. aircraft reallocation 5. the maintenance of the aircraft 6. the aircraft maintenance at the ____ ① airport 7. air traffic congestion 8.the close-down of ____ ① airport 9. communication trouble〉⑪.

Thank you.

3）航班取消通知（进港类）

迎接旅客的各位请注意：

我们抱歉地通知，由 ____①〔、____①〕⑩飞来本站的〔补班〕⑩ ____②次航班由于〈1.本场天气不够飞行标准 2.航路天气不够飞行标准 3. ____①天气不够飞行标准 4.飞机调配原因 5.飞机机械原因 6.飞机在 ____①机场出现机械故障 7.航行管制原因 8. ____①机场关闭 9.通信原因〉⑩已经取消。〔〈1.明天预计到达本站的时间为 ____⑤点____⑥分 2.明天到达本站的时间待定〉⑪。〕⑩

谢谢！

Ladies and Gentlemen, may I have your attention please:

We regret to announce that 〔supplementary〕⑩ flight ____② from ____①〔、____①〕⑩ has been cancelled due to 〈1. the poor weather condition at our airport 2. the poor weather condition over the air route 3. the poor weather condition at____ ① airport 4. aircraft reallocation 5. the maintenance of the aircraft 6. the aircraft maintenance at the ____ ① airport 7. air traffic congestion 8. the close-down of ____ ① airport 9. communication trouble〉⑪〔This flight has been rescheduled to 〈1. tomorrow at ___⑤:____⑥ 2. arrive〉⑪.〕⑩

Thank you.

4）航班到达通知

迎接旅客的各位请注意：

由 ____①〔、____①〕⑩飞来本站的〔补班〕⑩ ____②次航班已经到达。

谢谢！

Ladies and Gentlemen, may I have your attention please:

〔Supplementary〕⑩ flight ____② from ____①〔、____①〕⑩ is now landing.

Thank you.

5）备降航班到达通知

由 ____①备降本站前往 ____①的旅客请注意：

欢迎您来到____①机场。您乘坐的〔补班〕⑩____②次航班由于〈1.____①天气不够飞行标准 2.航路天气不够飞行标准 3.飞机机械原因 4.航行管制原因 5.____①机场关闭〉⑩不能按时飞往____①机场，为了您的安全，飞机备降本站。〔请您在候机厅内休息，等候通知。如果您有什么要求，请与〔____③号〕⑩〈1.不正常航班服务台 2.服务台 3.问询台〉⑩工作人员联系。〕⑩

谢谢！

Passengers taking 〔supplementary〕 ⑩ flight____ ⑧ from ____ ① to ____ ① , attention please:

Welcome to ____ ① airport. Due to 〈1. the poor weather condition at ____ ① airport 2. the poor weather condition over the air rout 3. the maintenance of the aircraft 4. air traffic congestion 5. the close-down of ____ ① airport〉⑩, your flight has been diverted in our airport for your security.〔Would you please in the waiting hall and wait for further information. If you have any problems or questions, please contact with the 〈1. irregular flight service counter 2. service counter 3. information desk〉⑩〔No. ____ ③〕⑩ ⑩ .

Thank you.

五、例行类、临时类广播用语的说明

(1) 各机场应根据具体情况组织例行类广播，并保持与民航总局等有关部门的规定一致。

(2) 各机场应根据实际情况安排临时类广播。当采用临时广播来完成航班信息类播音中未能包含的特殊航班信息通知时，其用语应与相近内容的格式一致。

练习题

1. 候机楼设计建设应注意哪四个因素？
2. 广州白云国际机场候机楼张拉膜材料的功能特点是什么？
3. 济南遥墙国际机场候机楼的细节设计有哪些？
4. 请说出国际出发旅客的乘机流程。
5. 机场候机楼广播用语是如何分类的？
6. 写出机场广播中旅客正常登机通知的内容。

第四章
机场值机服务

　　机场值机工作是航空运输企业如航空公司、机场等的专设部门为旅客乘机所做的各项乘机手续办理工作，如行李安全检查、行李托运、查验客票、领取登机牌、人身安全检查等一系列与乘坐国际、国内航线飞机有关的手续。航空公司运输部门为旅客办理乘机手续的工作内容主要包括查验客票、安排座位、收运行李及特殊旅客保障，同时承担旅客运输不正常情况的处理。在机场值机工作中，重要旅客运输服务及各种特殊旅客的运输服务是一项重要内容。

第一节　办理旅客乘机手续

旅客乘机手续的办理，对于旅客顺利、准确地乘机，安全、舒适地到达目的地十分重要。它要求机场值机服务人员掌握航班情况，按照旅客的不同需求尽量提供周到细致的服务，并不断提高工作技能和工作效率，尽量缩短旅客办理乘机手续和候机的时间。

一、办理乘机手续的程序和要求

(1) 悬挂或显示"航班号""到达站"的标牌。

(2) 查验旅客客票和有效身份证件。

(3) 收运旅客的行李：检查行李包装、行李过秤、填制并拴挂行李牌、传送行李、收取逾(限)重行李费。

(4) 在客票有关栏目填写行李件数和重量，撕下旅客客票乘机联。

(5) 发放登机牌，并在出发旅客登记表的相应位置登记旅客的座位号和行李件数、重量。

(6) 清点旅客人数、接受候补旅客。

(7) 填报旅客人数、行李重量、件数。

(8) 通知增补餐食供应品。

(9) 核对客票乘机联、行李牌，清点剩余登机牌和行李牌。

(10) 航班上客时，在登机口收回登机牌副联，需要时，协助查找未登机的旅客。

(11) 与航班乘务长交接旅客人数，同时说明相关重要旅客及特殊旅客的情况。

(12) 将旅客客票乘机联和出港航班准备表交给票证管理员查核保管。

图 4.1 所示为机场值机柜台。

图 4.1　机场值机柜台

二、办理乘机手续的一般规定

(1) 旅客应当在承运人规定的时限内到达机场，凭客票及本人有效身份证件按时办理客票查验、托运行李、领取登机牌等乘机手续。值机人员应该按时开放值机柜台，一般规定：200座以上的机型，值机人员在航班到站前90分钟上岗；100座以下的机型，值机人员在航班到站前60分钟上岗。

(2) 承运人规定的停止办理乘机手续的时间，应以适当方式告知旅客。关闭值机柜台的时间为国内航班规定离站前30～40分钟，国际航班规定离站前为1小时。

(3) 承运人应按时开放值机柜台，按规定接受旅客出具的客票及相关有效证件，快速、准确地办理乘机手续。

旅客除在机场值机柜台办理乘机手续外，还可以通过以下几种方式自助办理值机手续。

1. 网上办理值机手续

网上办理值机手续是一种方便快捷的值机手续办理方式。如果旅客无须托运行李，则可以在网上办理值机手续，并将登机牌打印出来，这不仅省去了到航站楼值机柜台排队办理登机牌的烦琐过程，还节约了旅客的宝贵时间。但是网上办理值机手续在时间上有一定的限制，一般情况下，在旅客的航班起飞之前一天的14点至航班起飞之前1小时之内均可办理。详情可访问各航空公司网站。图4.2所示为网上办理值机手续的页面。

图4.2 网上办理值机手续的页面

2. 短信办理值机手续

旅客可以通过发送和接收短信的方式办理值机手续。但目前国内只有部分城市开通了短信值机业务，详情可询问航空公司销售服务热线。短信办理值机手续的时间要求与网上办理值机手续的时间要求相同，详情可访问航空公司网站。图4.3所示为短信办理值机手续。

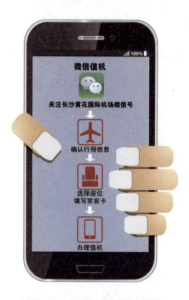

图 4.3　短信办理值机手续

3. 自助办理值机手续

旅客可以通过机场自助值机设备办理值机手续，如图4.4所示。

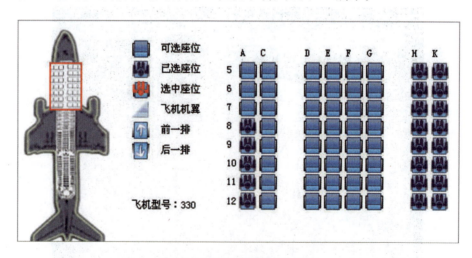

图 4.4　旅客自助值机选定座位

具体操作步骤如下。

第一步：输入订票信息，系统扫描旅客购票时所出示的有效证件。

第二步：选择旅客所乘飞机的航班号。

第三步：核对航班信息，根据飞机座位布局图选择座位。

第四步：输入旅客需要托运的行李件数，打印行李牌后，将行李牌拴挂到行李上，然后到行李投放处投放行李。

第五步：旅客要及时取走登机牌、行李牌及证件。

图 4.5 所示为旅客自助办理值机手续，图 4.6 所示为旅客值机自助设备。

图 4.5　旅客自助办理值机手续

图 4.6　旅客自助值机设备

4. 移动办理值机手续

通过移动电子设备下载航空公司 APP 办理值机手续。

5. 登机牌

登机牌 (Boarding Pass/Boarding Card) 也称为登机证或登机卡，是机场或者航空公司为乘坐航班的旅客提供的登机凭证，旅客必须在提供有效机票和个人身份证件后才能获得。20 世纪 80 年代之前，我国使用的登机牌印制十分简单，多为手工填写和加盖橡皮戳记。随着计算机技术的广泛应用，现在所有机场或航空公司都用计算机打印登机牌或者使用电子登机牌。旅客也可以不用到机场排队而是自己在网上打印登机牌。

根据机票的等级，登机牌通常可分为四种，分别为经济舱登机牌、头等舱登机牌、公务舱登机牌和过站登机牌。

登机牌是旅客办理登机手续的凭证（含托运行李），上面显示的常规信息包括旅客姓名、旅客乘坐航班的航班号、乘机日期、登机时间、始发站和到达站、序号、座位号、登机口、舱位等级等，最重要的内容是登机牌上的特别提示：登机口于飞机起飞前 10 分钟或 15 分钟关闭（因各航空公司规定有所不同，因此登机口的关闭时间也不同。其意思是告知旅客，飞机会在登机牌上列出的起飞时间前 10 分钟或 15 分钟关闭舱门。因此，旅客有了登机牌，还需在规定的时间内登机，方可顺利成行）。旅客需按照登机牌的提示通过安检、登机并对号入座，如有改变，机场会有广播告知旅客。旅客登机牌如图 4.7 所示。

图 4.7 旅客登机牌

> **资料链接：各种自助值机方式**
>
> 自助值机使旅客无须在机场值机柜台排队等候打印登机牌、分配座位，取而代之的是旅客可以通过特定的值机凭证在自助值机设备上获得全部乘机信息，并根据屏幕提示操作选择座位、确认信息并最终获得登机牌。

自助值机提高了值机的效率，节约了旅客的大量时间，也减轻了值机人员的工作负担，同时有利于维护机场值机大厅里的秩序，让令人厌烦的值机排长队现象成为了历史，可谓是一举多得。

目前比较流行的几种自助值机方式如下。

(1) 自助值机终端：如果无须托运行李，旅客只需将自己的身份证在机场值机大厅内的自助值机终端上轻轻一刷，便可轻松完成自助挑选座位、打印登机牌等一系列服务。

(2) 网络值机：网上值机是便捷出行的一种在线服务。如果无须托运行李，那么通过网上办理登机手续、提前预订座位并将登机牌打印出来，就可以直接通过安检登机，无须到机场值机服务柜台排队办理登机牌，这样可以大大节省旅客的出行时间。

(3) 手机值机：旅客通过互联网购买机票完成网上值机后，自己的手机就能收到一个二维条码，凭着这个条码就可以直接到机场过安检登机，再也不用排队办理登机牌，真正体验到从订票到值机、安检、登机的全程无纸化便捷服务。

三、查验客票

1. 查验客票的含义

所谓查验客票，是机场专设机构人员检查旅客所持客票的合法性、有效性、真实性和正确性。旅客乘坐飞机必须交验有效客票，承运人自办理乘机手续至旅客到达目的地的时间里，均有权查验旅客的客票。

2. 客票的查验项目

值机柜台人员查验客票时，应严格核对旅客姓名、票号、乘机日期、航班和航程，在出发旅客登记表的相同序号格内登记。查验客票的工作内容，主要包括查验客票的合法性、有效性、真实性和正确性。

1) 客票的合法性

客票的合法性是指航空公司出售的客票符合我国和国际上民航有关规定，并为其他航空公司承认和接受。它包括以下三个方面的内容。

(1) 客票出票人与本航空公司有相互代理业务关系或财务结算关系。

(2) 客票乘机联是否符合签转规定，是否盖有签转章等。

(3) 客票是否已经通知过声明挂失。

2) 客票的有效性

客票的有效性包含以下四个方面的内容。

(1) 所接受的客票乘机联的运输有效航段、承运人，必须与实际承运的航段和承运人一致。

(2) 客票的关联页齐全。所接受的客票应具备乘机联和旅客联，任何情况下，不得接受无旅客联的单张乘机联。

(3) 客票填写的内容完整。内容包括旅客姓名、起讫地点、承运人、航班、日期、座位等级、订座情况、运价、出票日期、出票地点、出票人签名和出票单位盖章。如果接受不定期客票，须将承运人、航班、日期、订座情况补填在客票上，此类不定期客票方属有效。

(4) 客票在有效期内。客票的有效期为一年，旅客必须在客票有效期内完成客票上列明的中途分程、联程、回程的全部航程。航空运输电子客票行程单如图4.8所示。

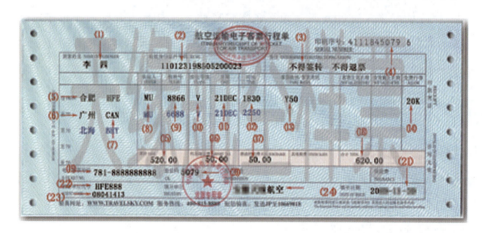

图4.8　航空运输电子客票行程单

3) 客票的真实性

客票的真实性是指客票本身和客票上所反映的情况都是真实的，不是伪造的或是经过涂改的。

4) 客票的正确性

客票的正确性是指客票乘机联上的内容正确无误。它包括以下四个方面的内容。

(1) 承运人实际承运的航段与乘机联上黑框内的航段一致。

(2) 实际承运人与乘机联上指定的承运人一致。

(3) 客票所采用的运价正确，与座位等级、航程、折扣、特种票价一致。

(4) 客票上所用的各种代号正确。

四、座位安排

安排旅客座位，是办理乘机手续中的一项重要工作。安排好旅客座位，不仅是提高旅客服务质量、搞好旅客上下飞机秩序的保证,而且能有计划地安排飞机的载重平衡,确保航班飞行安全。

1. 座位安排的基本要求

(1) 旅客座位的安排,应符合该型号飞机载重平衡的要求。

(2) 购买头等舱客票的旅客应安排在头等舱内就座,座位由前往后集中安排。头等舱旅客的陪同和翻译人员,如头等舱有空余座位,可优先安排在头等舱内就座。普通舱旅客安排在普通舱就座,安排顺序应从后往前集中安排。

(3) 团体旅客、同一家庭成员、需互相照顾的旅客如病人及其陪送人员等,应尽量安排在一起。

(4) 不同政治态度或不同宗教信仰的旅客,不要安排在一起。

(5) 儿童旅客、伤残旅客、外国人不要安排在紧急出口处。

(6) 国际航班飞机在国内航段载运国内旅客时,国内旅客座位应与国际旅客分开安排。

(7) 航班经停站有重要旅客或需要照顾的旅客时,应事先通知始发站留妥合理的座位,始发站要通知乘务员注意不要让其他旅客占用。

(8) 遇有重要旅客或需要照顾的旅客时,按照旅客所定舱位的等级情况及人数,留出相应的座位。

(9) 携带外交信袋的外交信使及押运员应安排在便于上下飞机的座位。

2. 飞机紧急出口座位

飞机上的紧急出口位置是非常重要的位置。在飞行过程中如果出现危险情况,需要紧急疏散旅客时,紧急出口将成为旅客的"救命出口",所以坐在紧急出口位置的旅客,要严格执行民航规则要求中的《应急出口旅客须知》。坐在紧急出口座位上的旅客在发生紧急情况时,应能协助机组成员。为了确保在紧急情况下快速有效地撤离,避免因各种可能的障碍影响,民航规则要求紧急出口座位下不能放置任何行李物品,同时将紧急窗口前的座椅靠背设置为不可调节后靠,紧急窗口后的座椅靠背不可向前折叠,这些都是出于安全的考虑。紧急出口座位设置要比其他座位空间宽敞许多,这让旅途更加舒适,但同时该座位旅客需要承担的责任也相应更多。

民航飞机一般都有多个紧急出口,分别位于飞机的前部、中部、后部。坐在飞机紧急出口附近的旅客,既不能随意拉动紧急出口的手柄,也不能不愿意或者没有能力完成紧急出口座位上的旅客应该承担的相关义务。如图4.9所示为飞机紧急出口位置。

图 4.9　飞机紧急出口位置

飞机客舱紧急出口是飞机需紧急疏散旅客时应急所用，一般不可打开。客舱紧急出口多设在飞机机翼上方或客舱边上，同时设有紧急滑梯，如果操作不当，可能导致紧急滑梯弹出致人受伤；同时，紧急撤离通道上不能停放行李等物品，否则万一发生事故，后果将不堪设想。旅客应该严格遵守乘坐民用航空器的有关管理规定，不可随意碰触航空器部件，以免给自己带来不必要的麻烦，影响大家的航程。

关于紧急出口座位上的旅客应该承担的相关义务，在民航飞机紧急出口座位前的口袋里放置的《出口座位旅客须知卡》上有明确规定，具体如下。

(1) 出口座位确认。

① 客舱乘务员确认出口座位处的旅客。

② 客舱乘务员在舱门关闭之前，必须对坐在应急出口座位上的旅客所承担的协助者义务进行确认。

③ 飞机移动前客舱乘务员对坐在出口座位上不愿意承担协助者义务的旅客，向主任乘务长/乘务长报告并作相应座位的调整。

(2) 有下列情况之一的旅客不能被安排在出口位置。

① 两臂、两手和两腿缺乏足够的运动功能、体力或灵活性。

② 向上、向下和向两侧够不到应急出口位置和应急撤离滑梯操纵机构。

③ 不能握住并推、拉、转动及操作应急出口操纵机构。

④ 不能推、撞、拉应急出口舱门操纵机构，不能打开应急出口。

⑤ 不能将相似于翼上应急出口门尺寸和重量的东西提起并放于附近的座椅上。

⑥ 不能搬动尺寸、重量与机翼上方出口门相似的障碍物。

⑦ 当移动障碍物时不能保持平衡。

⑧ 不能迅速到达应急出口。

⑨ 不能迅速走出应急出口。

⑩ 应急撤离滑梯展开后不能使其稳定。

⑪ 不能帮助其他人使用应急滑梯撤离。

⑫ 缺乏阅读和理解航空公司用文字或者图表形式提供的有关应急撤离标志的能力。

⑬ 缺乏理解机组口头指示的能力。

⑭ 年龄不足15周岁。

⑮ 缺乏良好的语言表达能力或口头转达信息的能力。

⑯ 缺乏足够的听觉和视觉能力。

⑰ 需要照料婴幼儿的旅客。

⑱ 该旅客操作应急设备时可能会使其本人受到伤害。

(3) 确定坐在出口座位处的旅客，需能够完成以下工作。

① 确定应急出口的位置和应急出口的开启机构。

② 理解操作应急出口的操作指令。

③ 操作应急出口。

④ 评估打开应急出口是否会增加对暴露旅客带来的伤害。

⑤ 遵循机组成员给予的口头指示或手势。

⑥ 移动或固定应急出口门（以防阻碍使用该出口）。

⑦ 操作滑梯，评估滑梯状况，撤离滑梯展开后应保持其稳定，协助他人从滑梯撤离。

⑧ 迅速地通过应急出口。

⑨ 评估、选择并沿着安全路线撤离飞机。

(4) 旅客座位更换。

① 旅客应遵守关于出口座位的限制，如果某旅客不能或不愿意承担紧急出口座位的相关义务，应当立即将该旅客重新安排在非紧急出口座位就座。

② 如果非出口座位已经满员，应当将一位愿意并符合出口座位条件的旅客调至出口座位。

③ 出口座位上的旅客要求更换座位时，乘务员不得要求该旅客讲明理由。

④ 如果没有符合标准的旅客愿意被换至出口座位，本次航班即被认为过满，要求非出口座位的旅客将会被拒绝登机，报告机长，交地面值机人员处理。

应该特别指出的是，残疾人等应尽可能地靠近出口座位就座。

五、收运行李

行李运输是随旅客运输而产生的，与旅客运输有着不可分割的关系。收运行李是行李运输中的首要环节，收运行李时应注意以下几个方面。

1. 了解行李的内容是否属于行李的范围

行李是指旅客在旅行中为了穿着、使用、舒适或方便的需要而携带的必要或适量的物品及其他个人财物。承运人承运的行李按照运输责任分为托运行李、自理行李和随身携带行李三种。

（1）托运行李，是指旅客交由承运人负责照管和运输并填开客票和行李票的行李。此类行李将被计重并贴上行李牌放置于飞机的行李舱或货舱中，旅客在飞行中无法接触到。图 4.10 所示为旅客办理乘机及行李托运手续。

图 4.10　旅客办理乘机及行李托运手续

(2) 自理行李,是指经承运人同意由旅客自行负责照管的行李。如易碎物品、贵重物品、外交信袋等特殊物品,可由旅客带入飞机客舱。

(3) 随身携带行李,是指经承运人同意由旅客自行携带乘机的零星小件物品。

2. 了解行李内有无夹带禁运品、违法物品或危险品,是否有易碎易损、贵重物品或不能作为交运行李运输的物品

(1) 重要文件和资料、外交信袋、有价证券、货币、汇票、贵重物品、贵重金属及其制品、银制品、古玩字画、易碎易腐物品、样品、旅行证件以及其他需要专人照管的物品,不得作为行李托运或夹入行李内托运。承运人对托运行李内夹带上述物品的遗失或损坏按一般托运行李承担赔偿责任。

(2) 国家规定的禁运物品、限制运输物品、危险物品以及有异味或容易污损飞机和其他行李、货物的物品,不能作为行李或夹入行李内托运。承运人在收运行李前或运输过程中,发现行李中装有不得作为行李或夹入行李内进行运输的任何物品,可以拒绝收运或随时终止运输。

(3) 旅客不得携带管制刀具乘机,管制刀具以外的利器或钝器应随托运行李托运,不能随身携带。旅客办理行李托运手续如图 4.11 所示。

图 4.11　值机人员为旅客办理乘机及行李托运手续

3. 检查行李的包装是否符合要求

旅客交运的行李必须包装完好、捆扎牢固，能承受一定的压力，能够在正常的操作条件下安全装卸和运输，并应符合下列条件，否则，承运人可以拒绝收运。

(1) 旅行箱、旅行袋或手提包等最好上锁(国际航班没有海关锁的情况下不上锁)。

(2) 两件以上的包件，不能捆为一件。

(3) 包装上不得附插其他物品。

(4) 竹篮、网兜、草绳、草袋等不能作为行李的外包装物，必须重新打包。

旅客交运行李的包装如不符合要求，值机人员应拒绝收运。如旅客仍要求交运，则拴挂"免除责任行李牌"。"免除责任行李牌"上列明了多种必须拴挂此牌的行李，凡属此之列的行李都要拴挂"免除责任行李牌"，并在"免除责任行李牌"上对所属问题打上"√"。图 4.12 所示为航空公司值机人员为旅客服务。

图 4.12　航空公司值机人员为旅客服务

4. 检查行李的重量、体积是否符合要求

(1) 国内托运行李的每件重量不能超过 50 千克，体积不能超过 40 厘米 ×60 厘米 ×100 厘米，超过上述规定的行李，须事先征得承运人的同意才能托运。国际上，不同国家、不同航空公司对行李的重量、体积、件数有不同的要求。例如，美国 AA(America Airline)，美联航一般允许的行李重为 23 千克，每人可托运两件行李等。

(2) 自理行李的重量计算在免费行李额内，重量不能超过 10 千克，体积每件不超过

20 厘米 ×40 厘米 ×55 厘米。

(3) 旅客随身携带的手提物品的重量，每位旅客以 5 千克为限；持头等舱客票的旅客，每人可随身携带两件物品；持公务舱或经济舱客票的旅客，每人只能随身携带一件物品。每件体积不超过 20 厘米 ×40 厘米 ×55 厘米。超过上述件数、重量或体积限制的随身携带物品，应作为托运行李进行托运。

5. 免费行李额

(1) 每位旅客免费行李额（包括托运和自理行李），持成人或儿童票的头等舱旅客为 40 千克，公务舱旅客为 30 千克，经济舱旅客为 20 千克，婴儿票旅客为 10 千克。每位旅客可以免费托运一辆折叠式婴儿车或摇篮。

(2) 搭乘同一航班前往同一目的地的两个以上的同行旅客，如在同一时间、同一地点办理行李托运手续，其免费行李额可以按照各自的客票价等级标准合并计算。

如 3 名同行旅客，其中一名持头等舱机票，两名持普通舱机票，则 3 名同行旅客可享受的免费行李总额为。

$$1×40+ 2×20= 80(千克)$$

(3) 包舱的旅客，免费行李额按包舱的座位数计算。如旅客包波音 757 型飞机头等舱 6 个座位，则免费行李额为

$$40 千克 ×6 = 240(千克)$$

(4) 免票旅客或持优待票旅客的免费行李额按旅客所持客票的座位等级所规定的免费行李额计算。

6. 逾重行李费

(1) 超过旅客免费行李额的行李为逾重行李。旅客应对逾重行李付逾重行李费。逾重行李费按每千克逾重行李乘以当日经济舱票价的 1.5% 计算，金额以元为单位。

(2) 值机人员收运行李时，应向旅客宣传办理行李声明价值或行李保险的有关规定。

7. 特殊行李

1) 锂电池

旅客乘机携带手机、手提电脑、摄像机等自用的含锂电池设备和出行所需的合理数量的备用电池时，应注意以下几个方面。

(1) 乘机前应确认锂电池上标注的规格。锂电池规格以额定能量 (Wh) 计算。没有标明额定能量的锂电池，按下面公式换算：

$$额定能量 (Wh)= 电池容量 (Ah)× 标称电压 (V)$$

(2) 备用电池禁止放入托运行李中，只能将其放入手提行李中携带登机。登机时将电池放在塑料袋中或盒子内，切忌多个电池与其他物品混放。

(3) 小于或等于 100 Wh 的锂电池和备用电池设备无须申报。电子设备可以放入托运行李中或随手提行李携带，合理数量的备用电池只能放入手提行李中携带登机。

(4) 设备中的锂电池或备用锂电池的规格大于 100 Wh，但不超过 160 Wh，应向航空公司申报，在登机前获得航空公司批准。该规格的备用电池仅限携带两块。

(5) 禁止托运或在手提行李中携带规格超过 160 Wh 的锂电池设备或单个锂电池登机。如旅客需要运送大规格或超过自用合理数量的锂电池，应向航空公司咨询申报进行货运。

(6) 乘机过程中须关闭所携带的锂电池设备的电源，注意防止设备意外启动；要采取独立包装等适当措施，做好单个备用电池的电极保护，防止其因摩擦、碰撞、短路引起自爆自燃。

2) 液态物品

所有旅客一律禁止随身携带液态物品登机，但可办理托运，其包装应符合民航运输有关规定。

(1) 旅客可携带少量旅行自用的化妆品登机，但每种化妆品限带一件，其单体容器容积不得超过 100 mL（注意，不是内含液体体积），并应置于独立袋内，在通过安检时接受开瓶检查。

(2) 盛放液态物品的容器应宽松地放置于最大容积不超过 1L、可重新封口的透明塑料袋中,塑料袋应完全封好。每名旅客每次只允许携带一个透明塑料袋,超出部分应办理托运。

(3) 盛装液态物品的塑料袋应在安检时接受检查。

(4) 携带的婴儿奶粉/牛奶/母乳（需有婴儿随行）、糖尿病患者或者其他患者携带必需的液态药品，应经过安检，并向安检人员出示证明。自行购买的液态药品，应装在 100mL 的容器内，装在透明塑料袋中接受安全检查。

(5) 在候机隔离区内购买的液态物品可以带上飞机。

3) 活体动物

作为行李运输的活体动物必须满足下面几个条件。

(1) 家庭驯养的狗、猫、鸟或者其他玩赏宠物。如动物的形体过小或过大，或对运输安全可能造成危害，以及野生动物和具有形体怪异或者易于伤人等特征的动物，如蛇等，不得作为行李运输。

(2) 旅客携带的小动物必须装在供氧的货舱内运输（导盲犬和导听犬除外），不适合放在货舱运输的小动物不予收运。

（3）旅客应对托运的小动物承担全部责任。在运输中除航空公司原因外出现小动物患病、受伤或死亡，航空公司不承担责任。

（4）旅客托运的小动物笼体包装最大体积不得超过 40 厘米 ×60 厘米 ×100 厘米，应单独装笼。

（5）旅客托运小动物必须在订座或购票时提出，或至少在航班起飞前72小时提出申请。旅客应在乘机当日，在航班离站时间 90 分钟前，将小动物自行运到机场办理托运手续。

（6）旅客交运的小动物应无传染病。

符合国际运输条件的小动物还应同时具有中华人民共和国动植物检疫部门出具的《检疫证书》《狂犬病免疫证书》、出入境或过境许可证、入境或过境国家所规定的其他证件。

4）限制运输的行李

航空公司对运输下列物品有严格的数量限制和包装要求，只有在符合运输条件并得到航空公司许可的情况下，方可作为托运行李运输。

（1）精密仪器、电器等类物品，应作为货物托运，如按托运行李运输，必须有妥善包装，并且此类物品的重量不得计算在免费行李额内。

（2）体育运动用器械，包括体育运动用枪支和弹药。

（3）干冰，含有酒精的饮料，旅客旅行途中所需要的烟具、药品或化妆品等。

（4）外交信袋、机要文件。

（5）管制刀具以外的利器、钝器，如菜刀、餐刀、水果刀、工艺品刀、手术刀、剪刀以及钢锉、铁锥、斧子、短棍、锤子等，应放入托运行李内运输。

（6）符合规定的小动物、服务犬。

（7）旅客旅行途中使用的折叠轮椅或电动轮椅。

（8）旅客随身携带的液态物品。

（9）不适宜在航空器货舱内运输，如精致的乐器，并且不符合相关规定（如重量、体积限制）的物品，应作为占座行李带入客舱。此类物品需单独付费并由旅客自行保管。

六、行李的延误、损坏或丢失

如果旅客的行李未能按时到达目的地或被损坏或丢失，旅客可以向候机厅内的行李服务专柜声明，航空公司会尽可能地为旅客提供帮助。如果旅客的行李已经投保，航空公司会为其提供相关材料，帮助旅客向投保公司索赔。

1. 赔偿与诉讼

（1）申请对损坏行李进行赔偿的旅客必须在收到托运行李后 7 天内向航空公司提交书面索赔申请。

（2）申请对延误行李进行赔偿的旅客必须在收到托运行李后 21 天内向航空公司提交书面索赔申请。

（3）诉讼必须在飞机抵达目的地（如抵达）后两年内结案，或在相关航班被撤销之前结案，否则诉讼将被撤销。

2. 赔偿标准

根据航空公司的规定，如果国内航班的旅客托运行李被损坏或丢失，赔偿金额不超过 100 元人民币（或等值外币）/千克（2.2 磅）。如行李价值不足 100 元人民币（或等值外币）/千克（2.2 磅），则根据行李的实际价值赔偿。

如果国际航班的旅客行李延误，其一次性赔偿金额为：经济舱 300 元人民币（或等值外币），公务舱 400 元人民币（或等值外币），头等舱 500 元人民币（或等值外币）。

资料链接：让不会说话的"旅客"满意

"每一件行李都是一名不会说话的旅客，要竭尽全力满足它的需求，这时你就得琢磨，这名旅客的最大需求是什么。一是别让它受伤，二是别耽误它上飞机，满足这两个需求，它就会满意。"这是机场行李系统员工们常说的话。

作为全球最大的机场行李系统之一，首都机场 T3 航站楼行李系统每天要处理 8 万件进出港行李。在这些不会说话的"旅客"刚刚进门的时候，机场行李系统员工和值机柜台的服务人员就开始为它们服务了。他们在行李系统的入口处将纸箱、软包和其他形状不规则、容易破损的行李装进行李筐，然后再导入行李传送系统。通过这些努力，到 2011 年，T3 航站楼的行李破损率已经降到每 10 万件有 3 件，行李迟运率降到每 100 万件有 41 件，居国际领先水平。

"工作中我们发现，到港旅客等待提取行李时，容易出现不耐烦情绪。一般来说，旅客可以忍受坐 20 个小时的飞机，却不愿意等待 20 分钟还不见航班行李出来，从旅客角度想，下了飞机就算到了目的地了，老是拿不到行李，能不着急难受吗？对此，我们感同身受。"

从行李下飞机到旅客拿到行李，过程看起来很简单：行李从飞机转运到上包台，再通过皮带传送至大厅行李转盘。但这个"简单的"过程却是一篇大文章。首都机场所有行李系统的工作人员都在为让旅客更加满意而努力着。

首都机场 T3 航站楼共有 292 个值机柜台，承担着每日近 500 架次出港航班、34 000

余件出港行李的值机任务。每个值机柜台旁边的皮带不过3米长,但是在行李分拣区里却有着长达68千米的行李分拣设备,将这些行李精确地分拣到47个出港行李集散转盘上,供地服人员将行李装车运上飞机。

这68千米长、相当于北京四环路总长度的行李传送与分拣系统中,任何一点小小的纰漏都有可能导致行李无法分拣的后果。行李中控室犹如这个庞大系统的大脑,向四面八方传递着整个系统的信息。巨大的屏幕显示着行李系统各个微小角落的运行状态。行李中控员集中精力,眼睛紧紧盯着屏幕,捕捉着任何细小的信息。他们工作在航站楼地下数十米的最深处,这里不分昼夜,永远灯火通明;他们看不到飞机起降、旅客往来,却支撑着机场运转、航班飞行的准点和正常。

正是这样有效的管理,保证了行李安全、完好地再次出现在旅客面前,与旅客共同继续下一阶段的旅程,让旅客的旅途更加安心、自在、愉快。

七、安全检查

(1) 根据国家有关规定,在旅客乘机前,应对旅客人身及其携带的物品进行安全检查。

(2) 如旅客拒绝接受安全检查,航空公司应拒绝承运。

(3) 在检查中,发现确有危及安全的旅客和物品,应按国家有关规定处理。

(4) 旅客在接受安全检查时,应出示本人身份证或有效旅行证件和机票、登机牌,通过安全检查后,由安检工作人员在旅客登机牌上盖上"已检"样章。

(5) 旅客乘机一律不准携带武器,也不办理枪支的承运。携带的枪支统一由所在机场公安部门收缴或保存。党和国家军队领导人及应邀来访的外国领导人的警卫人员,需要携带枪支乘坐民航飞机的,按公安部门的有关规定执行。

八、值机服务柜台的种类

1. 普通旅客柜台

任何旅客在指定的普通值机柜台都可办理登机、行李托运手续,行李较多的旅客应提早办理登机手续,以免耽误行程。机场普通旅客值机柜台如图4.13所示。

2. 值班主任柜台

乘坐各个国际国内航班的VIP、头等舱旅客,持有各航空公司会员卡的旅客都可以在此种柜台享受与众不同的便捷或无缝隙的一条龙服务。机场头等舱旅客值机柜台如图4.14所示。

图 4.13 机场普通旅客值机柜台

图 4.14 机场头等舱旅客值机柜台

3. 会员专柜

此柜台为通过各航空公司特别会员服务方式订票的旅客提供在机场取票业务,以及大客户贵宾的乘机优质服务,还为旅客办理各航空公司俱乐部的现场入会手续,为持有会员卡的旅客查询旅程及进行旅程补登和制卡服务。机场会员旅客值机柜台如图 4.15 所示。

图 4.15　机场会员旅客值机柜台

4. 特殊旅客服务柜台

此柜台专为晚到旅客、特殊需要的旅客如无成人陪伴儿童、孕妇、伤病旅客等提供方便、快捷、舒适的服务，尽可能满足每一位旅客的特殊需求（晚到旅客应在保证航班正常的情况下办理乘机手续）。机场特殊旅客值机柜台如图 4.16 所示。

图 4.16　机场特殊旅客值机柜台

九、值机服务的时间要求

经常外出的人都知道，坐火车可以在火车发车前几分钟通过检票口进站上车，但为什么乘飞机要在航班起飞前30分钟停止办理乘机手续？

首先，何谓起飞时间？根据民航有关规定，民航班期时刻表向旅客公布的起飞时间系指机场地面保障工作完毕，飞机关上客、货舱门的时间，而不是飞机离地升空的时间。离地升空时间与航班公布时间差在15分钟之内均为正点起飞。

其次，值机柜台停止办理乘机手续到飞机关上舱门之间，机场工作人员还有很多工作要做，具体如下。

(1) 值机、配载人员要结算旅客人数、行李件数及重量、货物件数及重量、邮件等，并根据以上数据进行载重平衡的计算，画出飞机载重平衡表及飞机重心位置，做好舱单后送交航班机组签字，飞机方可放行（飞机平衡表及重心位置涉及飞行安全）。这些工作需要15分钟左右。

(2) 值机、行李装载人员要将旅客托运的行李、同机运送的货物和邮件等核对清楚后装运上飞机。

(3) 机场安检人员要对办完乘机手续的旅客进行安全检查。

(4) 机场广播要通知旅客到指定登机口检票，并引导旅客登机。如登机旅客需要使用摆渡车运送，则耗时会更长。

(5) 机场值机、运输服务人员要清点机上旅客人数，并与地面检票的人数进行核对，确保没有差错。旅客上了飞机后，乘务员要再次清点人数，防止漏乘，然后进行飞机起飞前的准备工作。给旅客讲解有关注意事项和机上设备使用方法，检查行李架上的行李是否放好，旅客的安全带是否系好等。以上工作虽是同步进行，但全部完成需要15分钟。

这样看，从停止办理乘机手续到飞机关上舱门的30分钟时间内，机场方面还须做大量的工作。稍有延迟，就可能造成航班延误。为让旅客有足够的时间办理乘机手续，民航各家航班公司已在其《公共航空运输服务总条件》中明确规定，100座以下飞机开始办理乘机手续的时间不迟于起飞前60分钟，100座以上飞机不迟于起飞前90分钟。各公司和各机场实际执行中会有差别。但为保证航班正点起飞，机场方面均会严格执行提前30分钟停止办理乘机手续的规定。因此，广大旅客要有牢固的守时意识，按时到机场办理乘机手续，到指定区域候机，不要心存侥幸和主观故意地卡点到机场。

第二节　重要旅客的运输服务

一、重要旅客的范围

重要旅客可分为以下两类。

第一类是重要旅客，一般包括最重要的旅客(Very Very Important Person，VVIP)，如我国党和国家领导人，外国国家元首和政府首脑，外国国家议会议长和副议长，联合国正、副秘书长等都属于 VVIP。

重要旅客通常还包括一般重要旅客(Very Important Person，VIP)，包括政府部长、副部长；省、自治区、直辖市党委书记及副书记，人大常委会主任、副主任；省长及副省长、自治区人民政府主席及副主席、直辖市市长及副市长和相当于这一级的党政军负责人；我国和外国大使；国际组织(包括联合国、国际民航组织)负责人；国际知名人士、著名议员、著名文学家、著名科学家和著名新闻界人士等；我国和外国全国性重要群众团体负责人等。

第二类是工商界重要旅客(Commercially Important Person，CIP)，包括工商业、经济和金融界重要、有影响的人士；重要的旅游业领导人；国际空运企业组织负责人，重要的空运企业负责人和我国民航局邀请的外国空运企业负责人等。

重要旅客是航空运输保证的重点，认真做好重要旅客的运输服务工作是民航运输服务工作中的一项重要任务。在整个运输服务中要按照"保证重点，照顾一般，方便旅客"的原则，对重要旅客的接收和运输要做到万无一失，确保安全。机场要客服务设施如图 4.17 所示。

图 4.17　机场要客服务设施

二、重要旅客订座

接受订座的售票处对重要旅客订座时一般不接受电话订座,目的是避免电话交流信息失误,确保订座工作万无一失。应请订座单位派人前往售票处详细填写"VIP"订座单或通过传真办理订座。

重要旅客订座单和传真内容包括：提供中外旅客准确的中英文姓名、职务、代表团名称及航班航程、日期、座位等级、订座单位电话(昼夜值班电话)、联系人姓名和特殊服务要求等。

接受订座时,应问清其职称和特别服务要求,并征求旅客本人或其单位的意见,如愿意向中国民航和其他有关承运企业公开身份,应在旅客订座记录(Passenger Name Record,PNR)的"OSI"组注明重要旅客的职称和身份及同行人 PNR 和 TCP 总人数、特别服务要求等。如遇保密旅客应根据订座单位的要求办理不注明"VIP"的身份。

座位控制部门对重要旅客订座,应优先保证其座位的需要。如需要预订回程、联程航班,应根据重要旅客的要求,向联程、回程站拍发订座电报,并及时催复,电报留底备查。

重要旅客乘坐外国航空公司的飞机,其订座手续和特别服务要求,应按有关承运人的规定办理,同时要考虑到影响重要旅客成行的种种因素。

三、重要旅客客票填开

重要旅客航程中有一段或几段尚未确定,但订座单位通过驻外机构已订妥,或能够订妥座位而要求出票时,订票单位须提供保证书,写明"因座位未订妥,如若发生问题,一切责任自负"字样。凭旅客护照或订座单位提供的准确中英文姓名填写客票。客票填写除了一般规定外,应在旅客姓名后,根据重要旅客身份加注"VIP"。填开客票要认真仔细、字迹清楚,填好后要认真检查核对。

出票后应归档登记,要按规定时间向机场有关部门发传真报次日要客,每天 17 点以前再检查一遍,以免漏报。当天出票的要客机票,应及时报有关部门。若出票后,需要改变日期、航程或取消座位,应及时通知机场有关部门。重要旅客订座记录的全部资料要妥善保管。

四、重要旅客机票变更及退票

重要旅客机票变更日期,必须更改 PNR 中的航段组,或重新建立 PNR,但不要忘记取消原订座记录。取消续程航班座位前,要与原订票单位进行核实。

机票办妥后，要求变更或取消时，先抽出原订座单，认真复核姓名、乘机日期等，并更改重要旅客登记本。如是前日已报过的要客，应及时通知机场要客室，取消或变更要客记录。

重要旅客一行多人如需要退票，核对无误后，取消PNR，从要客登记夹中取出原订座单，注上"要客已退票"字样。

重要旅客一行多人的客票，如要客退票或换成非要客票时，先取消PNR中的要客姓名，取消OSI组，保留其他旅客座位。若要客当天退票，应及时通知有关部门。

重要旅客所订航班，若变更了起飞时间，要及时通知订座单位。

重要旅客变更或取消座位要做详细记录，并在PNR组中注明通知人姓名及通知变更或取消的时间。

五、重要旅客的接待

接待重要旅客时应注意以下事项。

(1) 重要旅客乘机的信息及传递、租用贵宾休息室的信息均需及时无误。

(2) 售票处、各航空公司驻外办事处应在每日14点前用传真（或电话、电报）将次日重要旅客信息通知要客接待处。

(3) 要客接待处每日设专人负责处理重要旅客信息的记录。

(4) 将生产讲评会上经签派室核对过的要客单带回，再核对、整理、编制详细的要客单。

(5) 每日18时以后将两份更为详细的要客单送到调度室，由调度室送签派室核对并负责印制和发送机场各个有关部门、联检单位。

(6) 重要旅客在售票处购票时未申报要客身份或售票处漏报要客，要客到值机柜台办理乘机手续时，值机员应将情况通告要客接待处和调度室。

(7) 凡VVIP乘坐中国各航空公司班机，在班机起飞前30分钟，要客服务员应将《要客座位通知单》交给该航班乘务长。

(8) 班机起飞后（外航除外），要客接待处拍发VIP报，电告要发送到各个到达站有关部门或驻外办事处。

办理特殊旅客运输还应该注意，要在登机牌上注明特殊服务类型，以便乘务员做好服务工作。

六、重要旅客的服务程序

对重要旅客的服务应注意以下事项。

(1) 贵宾室服务人员应事先了解当天的 VIP 动态，知道哪些重要旅客免检，哪些重要旅客不能免检。

(2) 当验票处或大厅问询处人员通知重要旅客已到，贵宾室服务员应立即去迎接，不要让客人久等。

(3) 主动为重要旅客办好乘机手续。如果重要旅客不能免检，应领重要旅客从安检通道进行安检后，进头等舱休息。

(4) 主动提供饮料、小毛巾、食品，服务热情周到，征求重要旅客意见选择先上或后上飞机。

(5) 通知问询处重要旅客所乘航班、人数和先上或后上飞机，请问询处人员提前通知登机，向问询处了解重要旅客所乘飞机的停机位，由几号廊桥登机。

(6) 当问询处通知重要旅客可以登机后，服务员应带领重要旅客由问询处人员所指定的廊桥登机，与机组做好交接工作，请机组在结算单上签字。

(7) 重要旅客离开后，必须及时清理卫生，检查有无遗留物品，如有应立即与接待单位联系。

七、头等舱服务程序

对头等舱旅客的服务应注意以下事项。

(1) 头等舱服务人员进入头等舱后，首先打开电源开关，把空调开到适宜的温度，然后打扫环境卫生并打开水，同时检查服务用具是否到位，并按每周卫生计划值日表重点清理，保持室内空气清新，了解当天哪些航班有头等舱客人，准备迎接头等舱旅客的到来。

(2) 头等舱旅客到来时，头等舱服务人员应主动上前问好，如"您好，请出示您的登机牌"，并把头等舱旅客引进头等舱休息室，然后把事先准备好的各种饮料放在托盘内，单手托盘礼貌地送至客人面前："您好！请问您需要喝些什么，这儿有绿茶、咖啡、可乐等。"同时送上一份精美的小点心。服务时一定要面带笑容，直到头等舱旅客离开头等舱休息室。

(3) 填写交接班本、小食品登记本、饮料使用本等。填写旅客费用结算单，通知问询处某某航班有几位头等旅客，先行通知登机。

(4) 当问询处通知头等舱旅客可以登机时，还要了解此航班在几号登机口或是否远机位，然后通知头等舱旅客登机，并引导旅客至登机口。

(5) 头等舱旅客离开后应及时打扫卫生，检查有无遗留的物品，如有应立即送上飞机交还给旅客或交给问询处记录保管。

(6) 下班前要清点物品,切断电源,并将门锁好。

第三节　特殊旅客运输服务

一、特殊旅客的概念

特殊旅客是指需要给予特别礼遇和特别照顾的旅客,或者由于其身体和精神状况需要给予特殊安排,或者在一定条件下才能运输的旅客。

二、特殊旅客运输服务的一般规定

(一)无成人陪伴儿童、病伤旅客、孕妇、盲人、聋人、犯人等特殊旅客

此类旅客只有在符合承运人规定的运输条件下,经承运人同意方可载运。

1. 儿童、婴儿旅客

(1) 婴儿:年龄在2周岁以下,按成人票票价的1/10购票,不占座。

① 对14天以下的婴儿,不予承运(原因为保证婴儿身体健康)。

② 每一位成人旅客携带未满两周岁的婴儿超过一名时,超过的人数应购买儿童票,提供座位。

(2) 儿童:年龄在2～12周岁,按成人票票价的50%购票,占一个座位。

① 对于5周岁以下的无成人陪伴儿童,不予承运。

② 5～12周岁的无成人陪伴儿童,可提出申请,经承运人同意后方可乘机。

③ 接受无成人陪伴儿童运输的条件。

- 无成人陪伴儿童应由父母或监护人陪送到上机地点,并在儿童的下机地点安排人员迎接和照料(上飞机有人送,下飞机有人接)。
- 运输全航程包括两个或两个以上航班时,在航班衔接点,应由父母或监护人安排人员接送或照料,并应提供接送人员的姓名和地址。
- 儿童父母或监护人所提供的在航班衔接点和到达站安排的接送人员,经承运人收到上述地点复电,核实无误后,方可接受运输。
- 乘机时发给乘机儿童"无成人陪伴儿童"标志(如黄马甲)和文件袋。

机场无成人陪伴儿童旅客服务如图4.18所示。

④ 无成人陪伴儿童服务程序。

- 接到无成人陪伴儿童旅客运输任务通知后，应告知旅客在购票时提出申请并填写申请单——首先请旅客出示机票，填写无成人陪伴儿童交接单。
- 填写内容包括儿童姓名，所乘航班号，目的地，送行及接站家长姓名、电话，如有行李托运，还应填写行李件数及行李牌号码。
- 如旅客有特殊要求，还应在交接单上注明，如晕机等。
- 填写无成人陪伴儿童登机本和服务卡，并把服务卡挂至儿童胸前。
- 通知内场服务员，引导无成人陪伴儿童办理乘机手续，进行安全检查，送至特殊旅客休息室休息，等候上机。
- 内场服务员接到上客通知后，先将无成人陪伴儿童送上飞机与空乘进行交接，递交交接单的机组联。

图 4.18　机场无成人陪伴儿童旅客服务

- 外场服务员接到乘务员转交的无成人陪伴儿童后，将其送至到达厅出口处交给家长，并请家长在交接单上签字。如家长未到，服务员应将儿童带到到达厅问询处等候，并通知广播室及时广播寻找家长。如图 4.19 所示。
⑤ 无成人陪伴儿童交接单的保管。
- 交接单分问询联、机组联和机场联。
- 大厅问询服务员负责收管问询联，内场服务员收管内场联，妥善保管，每日核对一次，

图 4.19　特服工作人员与无成人陪儿童

以便查询核对人数。
- 内场服务员还应保管好乘务员递交的无成人陪伴儿童交接单。

2. 病伤旅客

1) 病伤旅客的概念

由于身体或精神的缺陷或病态，在航空旅行中，不能自行照料自己的旅途生活，需由他人帮助照料的旅客，称为病伤旅客。

2) 一般规定

(1) 身体患病、精神患病、肢体伤残均视为病伤旅客。

(2) 年迈的老人，虽然身体并未患病，但在航空旅行中显然需要他人帮助时，亦视为病伤旅客，给予适当的照顾。

(3) 带有先天残疾，已习惯于自己生活的人，如跛足者、听障者等，不应视为病伤旅客。

(4) 有些情况，承运人有权拒绝运输，如：
- 患有恶性传染病。
- 因精神或健康情况，可能危及自身或其他旅客的安全。
- 面部严重创伤，有特殊恶臭或有特殊怪癖，可能引起其他旅客厌恶的。

(5) 患重病的旅客购票应提供医疗单位出具的适于乘机的诊断证明，在搞清患病旅客是否适于乘机或对其他旅客有无不良影响后，方可确定是否售票，需购联程票时，应取得联程航站的同意后，才能售票。

(6) 病伤旅客需多占座位时，按实际占用座位数售票，若旅客在飞行途中临时因病需多占座位，如有空位，可以提供，不另补票。

3. 轮椅旅客

轮椅旅客是指需要轮椅的病人或伤残旅客，一般分为以下三种。

(1) WCHR——机下轮椅 (R：Ramp，表示停机坪)，指能自行上下飞机，客舱内自己能走到座位上去的旅客，仅在航站楼、停机坪与飞机之间需要提供轮椅。

(2) WCHS——登机轮椅 (S：Stairs，表示客梯)，指不能自行上下飞机，但是自己能走到座位上去的旅客。

(3) WCHC——机上轮椅 (C：Cabin，表示客舱)，指不能自行上下飞机，客舱内自己不能走到座位上去的旅客。机场提供的轮椅旅客服务如图4.20所示。

在每个航班上，WCHR旅客人数不限，WCHS和WCHC旅客人数不得超过两名。

图 4.20　机场提供的轮椅旅客服务

4. 担架旅客

担架旅客乘机应注意以下事项。

(1) 需在离航班起飞 72 小时以前订座。

(2) 每一航班的每一航段限载一名担架旅客。

(3) 至少有一名医生或护理人员同行；若医生证明不需医务护理，也应由家属或监护人同行。

(4) 票价：担架旅客个人票价 + 担架附加费。

担架旅客个人票：除了儿童按 50% 的票价购买外，成人不得使用折扣票价和特种票价。

担架附加费如下。

头等舱：一个成人单程 F 全票价。

经济舱：两个成人单程 Y 全票价。

(5) 客票填开（几个特殊栏）。

① "票价计算"栏：分别列出个人票价、担架附加票价，并注明"STRETCHER"字样。

② "签注"栏："STR/CASE"；陪伴人员："ACCSTR/CASE"。

③ "免费行李额"栏：国内为"50 kg"。

其余各栏与一般规定相同。

5. 孕妇旅客

孕妇旅客乘机须符合以下规定。

(1) 怀孕时间小于 8 个月 (含 8 个月)，可按一般旅客运输，除非医生诊断不宜乘机。

(2) 怀孕时间大于 8 个月，一般不予接受。特殊情况下，怀孕时间小于 9 个月，需提供医生开具的诊断证明 (乘机前 72 小时内填开)。

(3) 怀孕时间大于 9 个月，一般不予接受，除非 5 小时内短途旅行，预产期在两个星期以上。

6. 视力残障旅客 (双目失明)

视力残障旅客乘机须符合以下规定。

(1) 有成人陪伴，按普通旅客处理。

(2) 有导盲犬引路，导盲犬应符合规定 (免费装载)。同一客舱内只能装运一只导盲犬。

(3) 无成人陪伴盲人旅客生活能自理，上机和下机地点有人接送。

由于视力残障旅客需要特殊的服务或照顾，所以每个航班载运此类旅客有数量限制：每个航班上的视力残障旅客或听障旅客不得超过 2 人；每个航段上的无陪伴视力残障旅客不超过 1 人；一般情况下，病伤旅客和视力残障旅客、听障旅客人数不能叠加，同时出现这些旅客时，以数量最少的为准，即如果航班接收了担架旅客，则不再接收轮椅旅客、视力残障旅客、听障旅客或其他病伤旅客。

7. 酒醉旅客

(1) 明显给其他旅客带来不快的，不予承运。

(2) 承运人可自行判断是否承运。

(3) 飞行途中，不适应旅行或其他旅客时，机长可令其在下一个经停点下机。

(4) 上述旅客被拒绝乘机，退票时，按非自愿退票处理。

8. 犯人运输

(1) 一般规定如下。

如遇到犯人运输时，必须由我国有关公安部门，通过外交途径与有关国家外交部门取得密切联系和合作。

(2) 接受犯人运输的限制条件如下。

① 运输犯人的全航程，有关公安部门必须至少有二人监送。

② 监送人员在运输的全航程中，对所监送的犯人负全部责任。

③ 运输犯人，只限在运输始发地办理订座售票手续。

④ 中国民航运输的犯人，除经民航局特别批准外，暂以中国民航航班为限。

(3) 接受犯人运输的批准权限。

① 运输犯人必须由运输始发地最高一级运输业务部门审核批准（国际处或运输业务科）。

② 如需要通过外交途径与有关国家的外交部门取得联系和配合时，必须事先请示民航局，遵照民航局的指示办理。

（二）患有传染病、精神病的旅客

(1) 患有甲类烈性传染病的旅客，严禁乘坐民航飞机。

(2) 患有乙类急性传染病的旅客，可以包舱或包机旅行。

(3) 精神病严重的旅客，不予承运。

（三）不能乘机的旅客

根据国家规定不能乘机的旅客，承运人有权拒绝其乘机，已购票的按自愿退票处理。

第四节 旅客运输不正常服务

一、误机、漏乘、错乘旅客的服务

1. 旅客误机

旅客未按规定时间办妥乘机手续，或因旅行证件不符合规定而未能乘机称为误机。旅客误机后，可采取以下措施。

(1) 旅客如发生误机，必须到原指定机场办理误机手续；值机部门必须在其客票有关机联上加盖"误机，收取误机费"字样的印章，并签名、注明日期。此事一般由值班主任柜台办理。做过误机确认后旅客可在机场或到原购票售票处办理退票手续。

(2) 旅客误机后，如要求改乘后续航班继续旅行，在后续航班有空余座位的情况下，值机部门及航空公司应积极予以安排，不收误机费。

(3) 旅客误机后，如要求退票，按自愿退票的规定办理。

2. 旅客漏乘

旅客在航班始发站办妥乘机手续后或者经停站过站时没有搭乘当班飞机到达终点站称为漏乘。

(1) 由于民航的原因发生旅客漏乘，承运人应尽早安排旅客乘坐后续航班成行。如果旅客要求退票，按非自愿退票规定办理。

(2) 由于旅客原因发生漏乘，按误机处理。

具体办理手续的过程是：旅客到值机室交登机牌，取回乘机联，然后到机场售票处签改下一航班，或由值班主任签字后回原购票处退票。

3. 旅客错乘

旅客未按客票和登机牌上注明的航班搭乘飞机称为错乘。

(1) 旅客错乘飞机，承运人应安排错乘旅客搭乘最早的航班飞往旅客客票上的目的地，票款不补不退。

(2) 由于承运人原因旅客错乘，承运人应尽早安排旅客乘坐后续航班成行。如果旅客要求退票，按非自愿退票规定办理。

所谓非自愿退票的规定是指：由于航班取消、提前、延误，航程改变或承运人不能提供原订座位等原因，旅客在航班离站前要求退票，在始发站退还全部票款；在经停地退还未使用航段的全部票款，不收取退票费。

二、使用不合规定客票乘机旅客的处理

(1) 儿童、婴儿未按年龄规定购票，应根据情况补收或退还票款。

(2) 其他不合规定的客票按无效客票乘机情况处理。

三、无票乘机旅客的处理

(1) 未满 2 周岁的婴儿无票乘机，补收票款。

(2) 成人、儿童无票乘机，加倍收取票款。

四、无订座记录旅客的处理

无订座记录旅客是指旅客持有已订妥座位的客票办理乘机手续时，接受承运的航空公司没有该旅客的订座记录或没有收到该旅客申请订座的记录。遇到这种情况时，按以下程序办理。

(1) 查阅因什么原因造成无旅客的订座记录。

(2) 根据具体情况，优先为其安排座位。

五、航班座位超售的处理

现实生活中，一些旅客订票后并未购买或购票后在不通知航空公司的情况下放弃旅行，从而造成航空公司航班座位的虚耗。为了满足更多旅客的出行需要及避免航空公司座位的浪费，航空公司会在部分容易出现座位虚耗的航班上进行适当的超售。这种做法对旅客和

航空公司都有益，也是国际航空界的通行做法。

航班座位超售并不一定意味着已购客票的旅客无法乘机，对于超售的航班，持有订好座位的有效客票的旅客在大多数情况下都能成行。特殊情况下，个别旅客不能按时成行，航空公司会酌情采取弥补措施。旅客可以与航空公司谈判，达到双方都可接受的价格或其他条件。

(1) 负责座位控制的工作人员，工作应认真、细致，加强复核，同时应掌握航班关闭的时机，使之留有余地。

(2) 如果较低等级客舱座位超售，高一等级的客舱座位不满，根据非自愿提供座位等级的规定，按座位等级逐级提高的顺序，免费为旅客提供高一等级的舱位。在较高等级舱座位超售而同时较低等级客舱座位有空余时，按非自愿降低座位等级安排旅客。

(3) 当座位超售难以内部解决时，只能按以下顺序拉下已订妥座位的旅客。

① 持有利用空余吨位的免费或折扣优待票的旅客。

② 持有按订座顺序安排的免费或折扣优待票的旅客。

③ 本站无订座记录的旅客。

④ 有带团的领队。

⑤ 一般旅客。

(4) 对超售座位而被迫改换班机的旅客，应由主管领导说明情况并致歉，在最近的航班上优先安排订座；如旅客已购票或已办理座位再证实手续，应按非自愿变更的原则，不收取退票费；如所安排的后续航班为次日航班时，应免费为旅客提供膳宿服务。

六、航班不正常时对旅客的安排

航班不正常时，应对旅客做出以下安排。

(1) 在始发地，由于机务等承运人原因，承运人应免费提供餐食或安排住宿等服务。

(2) 在始发地，由于天气等非承运人原因，承运人可协助旅客安排餐食和住宿，费用由旅客自理。

(3) 在经停地，无论何种原因，承运人均应负责提供膳宿服务。

(4) 通知旅客，做好解释工作。

(5) 各部门相互配合，保障航班正常。

(6) 航班延误或取消，根据旅客要求，按非自愿变更和非自愿退票的有关规定做好后续航班安排或退票工作。机场航班不正常时的旅客服务如图 4.21 所示。

图 4.21　机场航班不正常时的旅客服务

练习题

1. 民航乘机旅客办理值机手续有哪几种方式？
2. 机场值机中查验客票的含义是什么？
3. 民航乘机旅客座位安排的注意事项有哪些？
4. 检查乘机旅客行李包装是否符合要求的办法有哪些？
5. 民航乘机旅客的免费行李额是如何规定的？
6. 民航机场值机柜台有哪几种？
7. 民航重要旅客有哪两类？
8. 民航特殊旅客运输分为哪八种？

第五章
机场安全检查服务

　　机场安全检查与安全保卫工作是伴随世界上极端分子或恐怖主义者越来越多地使用劫机、炸机、在机场内安置爆炸物品等各种安全事故不断发生而出现并不断加强的。中国民航自1981年4月1日起对国际航班实施安全检查,同年11月1日对民航国内航班实施安全检查。机场安全检查是为预防危害民用航空安全的非法行为发生而采取的一种防范措施,由机场安检部门依据国家有关规定实施,安检对象为乘坐国际、国内民航班机的中外籍旅客及其携带的行李物品、进入机场隔离区的人员及其携带物品,货主委托民航空运的货物、邮件等。从事民航安全检查工作的人员按照国家职业标准进行选拔录用。

第一节　机场安全检查与安全保卫

一、机场安全检查工作的发展概况

机场安全检查工作并不是伴随着民航业的产生而产生的。世界民航发展之初，飞机数量少，载客量也小，安全问题主要是民航自身的系统造成的，外来因素的影响并不大，机场安全问题主要限于普通的犯罪，集中发生或体现为在运输工具上的破坏行为。第二次世界大战之后，国际民航业迅猛发展，尤其是进入喷气飞机时代后，民航业对全球社会经济、政治、外交等的影响日益增强，与之相伴随的是安全问题对民航运营的影响也日益加大。随着这一时期东西方冷战的加剧，加之具有政治动机的国际恐怖主义活动日趋频繁，也因为那些想外逃他国的、想对本国政府施压的以及想报复社会的人把注意力集中到民航飞机或机场设施上，导致劫机、炸机活动日渐增多——从1963年的2起，发展到1969年的91起，1970年的84起。

由于劫机、炸机等行为具有实施风险低、影响巨大而快速，容易满足或达到实施者的要求和目的，导致极端分子或恐怖主义者越来越多地使用这种手段。特别是20世纪的八九十年代后，随着科技的发展及国际形势的不断变化，恐怖主义劫机、炸机、在机场内安置爆破物品等各种安全事故接连不断，尤其是2001年11月9日发生在美国的"9·11事件"，更使各国政府和人民感到对机场安全问题的解决已迫在眉睫。如何解决机场的安全问题已经成为人们关注的焦点。

其实早在1963年9月14日，为了能够较好地解决劫机事件，国际民航组织在日本首都东京签订了《关于在航空器上犯罪及某些行为的公约》(Convention on Offences and Certain Other Acts Committed on Board Aircraft，简称《东京公约》)，同年12月4日生效。签订这个公约的目的，是为了统一国际飞行中在飞机上发生劫持等非法暴力行为的处理原则。为此，公约对航空器内的犯罪行动，包括对航空器内违反刑法的罪行以及危害航空器及其所载人员或财产的安全、危害良好秩序和纪律的行为管辖问题作了规定。公约规定下列国家有权行使管辖：航空器登记国、罪行在该国领土上具有后果、罪犯或受害者是该国居民或在该国有永久居所以及罪行危及该国的安全等。公约赋予机长、机组人员及旅客保护航空安全和维护良好秩序和法律的权利。规定机长有足够的根据认为某人在航空器内进行或准备进行犯罪行为或上述其他行为时，可以对其采取必要的合理措施。这个公约是为劫持航空器事件首次制定的一个条款，并对被劫持航空器的恢复管理做出了规定，但并没有以空中劫持作为主要对象，因而未能解决由于空中劫持而产生的许多问题。

《东京公约》是第一个对劫持航空器作出规定的国际公约。尽管它并不是专门规定劫机犯罪的，因为在当时，劫机事件还只是在局部区域内发生，劫机犯罪问题并不十分突出，因而未能引起国际社会的重视。缔结《东京公约》的主要目的是为了解决航空器内犯罪的刑事管辖权、机长的责任以及各缔约国相互协助的责任等问题。因此，公约早期的草案中并无关于劫机问题的专项规定。之后，在美国和委内瑞拉代表的强烈要求下，公约在第四章设专章规定了"非法劫持航空器"。尽管如此，《东京公约》中规定的所谓犯罪和行为只是一种相当笼统的概念，并没有给公约的适用或针对犯罪下一个规范性的定义。实际上，《东京公约》没有对惩治劫机犯罪规定出一套切实可行的规则体系。但是，《东京公约》毕竟为制止劫持航空器的犯罪奠定了基础，使劫持航空器的概念第一次出现在国际条约中。

《东京公约》开放签字以后，劫机犯罪仍逐年增加，特别是20世纪60年代末，劫机事件蔓延到全世界，劫机犯罪达到了高潮，仅1968年一年中就发生了35起，1969年竟发生了91起劫机案件，引起了国际社会的普遍关注。世界各国都感到了《东京公约》的不足。于是，在联合国的敦促下，1970年12月1日，国际民用航空组织在海牙召开了有77个国家代表参加的外交会议，并于12月16日签订了《关于制止非法劫持航空器的公约》(Convention for the Suppression of Unlawful Seizure of Aircraft，简称《海牙公约》)。1971年10月14日《海牙公约》生效，它是专门处理空中劫持问题的国际公约。

《海牙公约》全文共14条。主要内容为：凡在飞行中的航空器（指航空器从装载完毕、机舱外部各门均已关闭时起，直至打开任一机舱门以便卸载时为止）内的任何人或其共犯用暴力或用暴力威胁，或用任何其他恐吓方式非法劫持或控制该航空器，或企图采取任何这种行为，即是犯罪。《海牙公约》规定，劫持航空器是一种严重犯罪，各缔约国对所有在其领域内发现的空中劫持都有管辖权，有义务对此种罪行给予严厉惩罚。应对罪犯进行引渡，或起诉判刑。《海牙公约》还规定航空器登记国、航空器着陆国、航空器承租人的营业地国或居所地国和罪犯所在地国可以对航空器实行司法管辖权。

然而遗憾的是在《东京公约》和《海牙公约》签字后，国际劫机案件仍然层出不穷，而且破坏民航飞机和民航设施的案件接连发生。鉴于《海牙公约》惩治的犯罪主要针对非法劫持或控制正在飞行中的航空器，但是，危害国际航空安全的犯罪无处不在，世界各地还经常发生直接破坏航空器的犯罪，甚至发生破坏机场地面上正在使用中的航空器及其航行设施等犯罪。基于犯罪行为的多样性，《海牙公约》显然不足以维护国际民用航空运输的安全。1970年2月初，正当国际民航组织法律委员会举行第17次会议讨论草拟《海牙公约》

时，在 2 月 21 日的同一天里，连续发生了两起在飞机上秘密放置炸弹引起空中爆炸的事件，震惊了整个国际社会。于是，国际民航组织准备起草一个非法干扰国际民用航空（非法劫机之外）的公约草案，即后来的《蒙特利尔公约》草约。

1971 年 9 月 8 日—23 日，国际民航组织在加拿大蒙特利尔召开了航空法外交会议，并于 9 月 23 日签订了《关于制止危害民用航空安全的非法行为的公约》，简称《蒙特利尔公约》(Convention for the Suppression of Unlawful Acts Against the Safety of Civil Aviation, 于 1973 年 1 月 26 日生效，我国生效时间为 1980 年 10 月 10 日）。

《蒙特利尔公约》共有 16 条。它是在《海牙公约》基础上，进一步对防止危害、干涉、破坏和损坏民用航空安全的各种非法行为作出规定。其主要内容是：对危害民用航空安全的罪行扩大到包括一切破坏、损害和其他危害民用航空安全的罪行，不仅包括在"飞行中"，而且包括对"使用中"的航空器所犯的罪行，而所谓"使用中"是指从地面人员对某一航空器飞行前的准备起，直到降落后 24 小时止；它不仅包括对航空器的罪行，而且包括对航空设备的罪行；各缔约国对危害民用航空安全的罪行给予严厉的惩罚，并采取必要措施对这类罪行实施普遍管辖权，缔约国应把上述罪行视为一种可引渡的罪行，但引渡应遵照被要求国法律规定的条件；有关缔约国如不将罪犯引渡，则应对罪犯起诉，并按本国法律作为一种严重性质的普遍罪行做出判决；有关缔约国应采取适当措施为被劫持的航空器、旅客或机组继续旅行提供方便，并将航空器和所载货物归还原主；要求各缔约国在对罪犯提出刑事诉讼时，相互给予最大程度的协助，但应适用被要求国的法律。《蒙特利尔公约》《海牙公约》和《东京公约》是通常所说的关于防止劫持飞机的三个国际公约。

签订《蒙特利尔公约》的目的是为了通过国际合作，惩治从地面破坏航空运输安全的犯罪行为。它在第 1 条详细而具体地规定了犯罪的行为方式，弥补了《东京公约》和《海牙公约》的不足。《蒙特利尔公约》首次规定了直接破坏飞行中航空器的犯罪，以及破坏机场地面上正在使用中的航空器及其航行设施等犯罪。

但是，《蒙特利尔公约》没有规定对机场内服务人员和设备的犯罪以及破坏机场上未使用的航空器的犯罪。基于以上不足，为了防止、制止和惩处这类犯罪行为，国际社会于 1988 年 2 月 24 日在蒙特利尔签订了《蒙特利尔公约补充议定书》。该议定书第 2 条规定了犯罪的行为方式，旨在保护国际民用航空机场内的服务人员、设备及其未使用的航空器的安全。

另外，光有公约还不够，由于民用飞机价格昂贵，旅客又来自很多国家，具有国际性，也许还有一些重要人士，所以劫持者提出的条件几乎全都苛刻得无法接受而最后又不得不接受，给各国政府造成极大的不利影响。同时劫机事件每时每刻都有造成机毁人亡的危险，其行为严重影响民航事业安全和正常运转，也影响所在国家的国际形象。因此，世界各国政府和航空公司逐渐认识到并采取必要的防范措施，首先从航空事业发达的资本主义国家开始，安全检查工作和制度应运而生，并在短短几年中迅速发展成了一种全球性的航空保卫工作，以保证飞机和旅客的安全，保证机场设备和相关工作人员的安全，保护航空公司的声誉。在执行机场安检工作的同时，许多国家还创立了处理劫机事件的特种部队，设立并完善了机场保安系统。

安全检查机构组建之初(20世纪70年代初)，采取的是全部人工进行检查的方式，这种方式耗费时间长、工作量大，而且易受主观感觉影响。到20世纪70年代中期，开始采用人工检查和质量不高的仪器并用的方式。后来，安全检查仪器的质量不断提高、使用规模逐步扩大，安全检查的组织结构也日趋完善，直到目前这种综合型的手段进入了全新的时期。

二、中国民航机场安检工作的发展过程

20世纪六七十年代的中国，正处于与外国交往相对封闭的时期，航空运输量不大，乘机的旅客数量很小，飞机架数和飞机航班起降量也很低，加上当时中国对乘坐飞机的人有严格的要求，必须有县团级以上单位开具的介绍信，政治上有很强的可靠性，所以在这一时期中国的空防形势保持了不错的局面，民航机场的安全检查工作也一直没有建立起来。1974年10月，国务院曾批准在国际机场实行秘密检查，但实际上并没有取得实际进展。1972年6月中国投票赞成的联合国安理会通过的一项提案中，安理会要求各国在其管辖范围内采取一切适当的措施来阻止和防止劫持飞机。1979年3月国际民航驾驶员协会决议要求对劫持航空器行动采取控制措施，强调如不采取完备的控制措施任何客机将不从机场起飞。这一时期，许多外国航空局对我国不进行安全检查工作也很有意见。中东某国驻华使馆参赞曾多次谈过这一问题。非洲某国外交部也向我使馆提出，请我国政府允许其航空公司在北京检查乘坐其班机的旅客和行李，以确保安全，如中国方面不同意，则要求中国政府做出书面保证，如发生事件，要承担一切后果。考虑到当时中国已经实行改革开放，国际恐怖主义也会渗透到中国，在这种情况下，为加速开展中国机场的安全检查工作，公安部与民航总局在1979年5月联合派出考察团，赴法国、瑞士考察其机场安全检查工作。考察团回国后，分别于1979年6月12日和6月27日向国务院递交了两份考察报告，详细介绍了外国机场的安全检查设备、方法等，并提出了自己的建议。

1980年9月，国务院批准了公安部、民航总局的报告，同意在飞行国际航班的机场对国际航班实施安全检查。同年10月底，公安部边防总局在北京召开了全国10个空港边防检查站(10个有国际航班的机场)的会议，为实施安全检查工作做准备。1981年3月15日，公安部发布了关于航空安全检查的通告，并决定自同年4月1日起对民航国际航班实施安全检查。11月1日，又开始对民航国内航班实施安全检查，从此中国的安检工作走上了新的发展道路。

安全检查工作刚开始时，只对国际航班实施检查，所以检查工作就由公安边防检查站负责。从1981年11月1日开始，国际和国内航班全面的安全检查工作展开后，此项工作转向同年7月组建的民航公安保卫机构及部门负责。由于是第一次实施此类工作，这一时期安检工作还不是十分完善，工作上不时出现漏洞。到了1983年7月，由武警负责的安全检查站成立，安检工作由武警部队全面负责，这一时期，安检管理体制逐渐形成了。进入20世纪90年代，民航运输量得到快速的增长，由部队负责这项工作已难以适应新的形势。1992年4月，安全检查工作移交民航，民航机场组建了安全检查站，如图5.1所示。

图 5.1 机场安检大厅

第二节 机场安检工作机构和人员

一、机场安检机构

1. 安检部门的设立

设立安检部门应当经中国民用航空局（以下简称民航局）审核同意，并颁发《民用航空安全检查许可证》；民航地区管理局在民航局授权范围内行使审核权。未取得《民用航空安全检查许可证》，任何部门或者个人不得从事安检工作。

《民用航空安全检查许可证》有效期为5年，到期由颁证机关重新审核颁发。

2. 设立安检部门申请

申请设立安检部门的单位应当向民航局提出书面申请，并附书面材料证明具有下列条件。

(1) 有经过培训并持有《安检人员岗位证书》的人员，且其配置数量符合《民用航空安检人员定员定额标准》。

(2) 有从事安检工作所必需的经民航局认可的仪器、设备。

(3) 有符合《民用航空运输机场安全保卫设施建设标准》的工作场地。

(4) 有根据《中国民用航空安全检查规则》和《民用航空安全检查工作手册》制定的安检工作制度。

(5) 民航局要求的其他条件。

3. 安全检查仪器

安检部门使用的安全检查仪器应当经由民航局公安局会同有关部门检测。经检测合格后，凭发给的《使用合格证》方可使用。

民航局公安局、民航地区管理局公安局，或经委托的其他民航公安机关，应当会同有关部门定期对安全检查仪器的射线泄露剂量进行检测。检测次数每年不少于一次。机场安检设备如图5.2所示。

图 5.2 机场安检设备

二、机场安检人员

1. 安检工作人员的条件

从事安检工作的人员应当符合下列条件。

(1) 遵纪守法，作风正派，品德良好。

(2) 未受过少年管教、劳动教养或刑事处分。

(3) 具有高中以上文化程度，志愿从事安检工作。

(4) 年龄不得超过 25 周岁。

(5) 身体健康，五官端正，男性身高在 1.70 米以上，女性身高在 1.6 米以上；无残疾，无重听，无口吃，无色盲、色弱，矫正视力在 5.0 以上。

最新《中国民用航空安全检查规则》规定：民航安全检查员必须符合《民航安全检查员：国家职业标准》的规定、符合《民用航空背景调查规定》的要求、符合《国家民用航空安全：检查培训管理规定》的要求、符合民航局的其他要求。无故意犯罪记录，未受过收容教养、强制戒毒、劳动教养，近三年未因违反《治安管理处罚法》受过行政拘留，未参加过国家禁止的组织及其活动，近三年的现实表现良好，配偶、父母（或直接抚养人）未因危害国家安全罪受过刑事处罚，无可能危害民用航空安全的其他情形。

民航机场安检员最新执勤制服如图 5.3 所示。

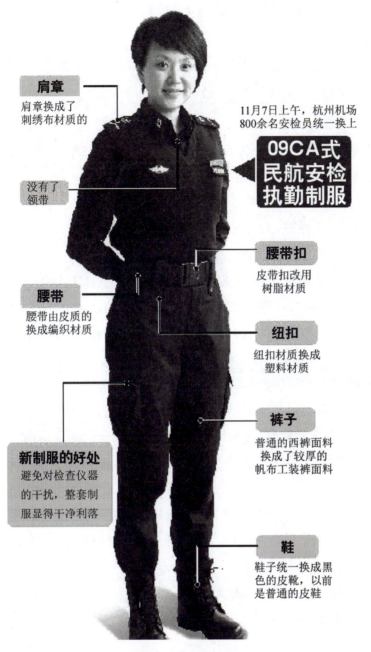

图 5.3　民航机场安检员

2. 岗位证书制度

民航安检人员实行国家职业资格准入制度。没有取得民航安全检查员国家职业资格等级证书的，不可从事民航安检工作。对不适合继续从事安检工作的人员，应当及时调离或辞退。

安检人员执勤时应当着民航安检制式服装，佩戴民航安检专门标志，服装样式和标志由民航局统一规定。

安检人员执勤时应当遵守民航安检职业道德规范和各项工作制度，不得从事与民航安检工作岗位无关的活动。

3. 劳动保护

在高寒、高温、高噪声条件下从事工作的安检人员，享受相应的补助、津贴和劳动保护。在 X 射线区域工作的安检人员应当得到下列健康保护。

(1) 每年到指定医院进行体检并建立健康状况档案。

(2) 每年享有不少于两周的疗养休假。

(3) 按民航局规定发给工种补助费。

(4) 女工怀孕和哺乳期间应当合理安排工作，避免在 X 射线区域工作。

(5) X 射线安全检查仪操作检查员连续操机工作时间不得超过 30 分钟，再次操作 X 射线安检仪间隔时间不得少于 30 分钟。

三、教育培训

安检部门应当按照民航局制定的《民用航空安检业务培训大纲》，制订本单位业务培训计划，开展在职、在岗、脱产、半脱产等形式和站、科、班（组）多层次的业务训练。

持有岗位证书的安检人员应当接受年度岗位考核复查；考核前持证者应当至少接受一次培训。

新招收的安检人员（大、中专院校安检专业毕业生除外）上岗前，应当接受不少于 160 学时的空防安全、安检规章、勤务技能、职业道德、礼仪和外事常识以及军事技能等有关知识、技能的培训。经考试合格的，方可成为见习检查员。

见习检查员见习期为一年。见习期满经考试合格后，按照民航局的规定颁发上岗证书。

安检人员实行职业技能等级标准。根据安检人员业务、技能水平和学历、工龄等，评定技能等级，确定待遇。

民航局在航空安全奖励基金中列出专项，用于奖励在安检工作中成绩突出的单位和个人。

在安检工作中有下列表现之一的单位或个人，由安检部门或其上级主管部门给予通报表扬、嘉奖、记功、授予荣誉称号的奖励。

(1) 模范执行国家的法律、法令，严格执行安检工作规章制度，成绩突出的。

(2) 积极钻研业务，工作认真负责，完成安全检查任务成绩突出的。

(3) 爱护仪器设备，遵守操作规程，认真保养维修，成绩突出的。

(4) 执勤中检查出冒名顶替乘机或持伪造、变造身份证件的。

(5) 执勤中查获预谋劫机或其他非法干扰民用航空安全的嫌疑人，以及隐匿携带危害航空安全物品的。

(6) 遇有劫机或其他非法干扰民用航空安全的紧急情况，不怕牺牲、英勇顽强、机智灵活制服罪犯的。

(7) 执勤中其他方面有突出表现的。

对上述受奖励者，可按照规定给予一定的物质奖励。

安检人员有上列行为相反者，由安检部门或其上级主管部门根据具体情况，分别给予批评教育、警告、记过、记大过、开除的行政处分；违法或者构成犯罪的，由有关机关依法追究责任。

机场安检人员职业形象如图 5.4 所示。

图 5.4　广州白云国际机场安检员

第三节　机场安检工作和保卫工作

一、安全检查的对象

机场安全检查是为预防危害民用航空安全的非法行为发生而采取的一种防范措施。安全检查工作由机场安检部门依据国家有关规定实施，其对象为乘坐国际、国内民航班机的中外籍旅客及其携带的行李物品，进入机场隔离区的人员及其携带物品，货主委托民航空运的货物、邮件(经国家特别准许者除外)等，目的是防止将枪支、弹药、武器、凶器、易燃易爆、有毒、放射性物质及其他危害航空安全的危险品带上或装载上飞机，保障民航飞机和旅客生命财产安全。

1. 对旅客及行李、货物、邮件的检查

乘坐民用航空器的旅客和其他人员及其携带的行李物品，除国务院规定的免检外，必须接受安全检查。拒绝接受安全检查的，不准登机，其损失自行承担。

安全检查人员应当查验国际航班旅客客票、身份证件和登机牌，使用仪器或者手工对旅客及其行李物品进行安全检查，特殊情况下可以从严检查。对国内航班旅客应当核查其有效乘机身份证件、客票和登机牌。有效乘机身份证件的种类包括：中国籍旅客的居民身份证、临时身份证、军官证、武警警官证、士兵证、军队学员证、军队文职干部证、军队离退休干部证和军队职工证，港、澳地区居民和台湾同胞旅行证件；外籍旅客的护照、旅行证、外交官证等；民航局规定的其他有效乘机身份证件。对16岁以下未成年人，可凭其学生证、户口簿或者户口所在地公安机关出具的身份证明放行。民航机场安检通道如图5.5所示。

对核查无误的旅客，应在其登机牌上加盖验讫章。已经通过安全检查的旅客应当在机场候机隔离区内等待登机。

进入机场候机隔离区的工作人员(包括机组人员)及其携带的物品，应当接受安全检查。接送旅客的人员和其他人员不得进入候机隔离区。

外交邮袋免予安全检查。外交信使及其随身携带的其他物品应当接受安全检查；但是，中华人民共和国缔结或者参加的国际条约另有规定的除外。

空运的货物必须经过安全检查或者对其采取其他安全措施。货物托运人不得伪报品名托运或者在货物中夹带危险物品。

航空邮件必须经过安全检查。发现可疑邮件时，安全检查部门应当会同邮政部门开包查验处理。

图 5.5　民航机场安检通道

除国务院另有规定外，乘坐民用航空器的，禁止随身携带或者交运下列物品。

(1) 枪支、弹药、军械、警械。

(2) 管制刀具。

(3) 易燃、易爆、有毒、腐蚀性、放射性物品。

(4) 国家规定的其他禁运物品。

2. 限制旅客携带液态物品乘机

(1) 国内航班旅客禁止随身携带液态物品。乘坐国内航班的旅客禁止随身携带液态物品，化妆品及牙膏除外。但每种化妆品限带一件，其单体容积不得超过 100 mL，总量不超过 1 L，超出部分可办理行李托运，其包装应符合民航运输有关规定。来自境外需在中国境内机场转乘国内航班的旅客，其携带入境的免税液态物品应置于袋体完好无损且封口的透明塑料袋内，并需出示购物凭证，经安全检查确认无疑后方可携带。

(2) 国际地区航班每人可携带总量不超过 1 L 的液态物品。乘坐从中国境内机场始发的国际、地区航班的旅客，其随身携带的液态物品每件容积不得超过 100mL，且应能宽松地放置于最大容积不超过 1 L、可重新封口的透明塑料袋中，塑料袋应完全封好。每位旅客仅允许携带一个透明塑料袋。需在国外、境外机场转机的由中国境内机场始发的国际、地区航班旅客，在候机楼免税店或机上购买液态物品，应保留购物凭证以备查验。所购物品应盛放在封口的透明塑料袋中,且不得自行拆封。国外、境外机场对携带免税液态物品有特殊规定的,应服从其规定。来自境外需在中国境内机场转乘国际、地区航班的旅客,携带液态物品,适用本条规定。其携带入境的免税液态物品应盛放在袋体完好无损、封口的透明塑料袋中,并须出示购物凭证。

超过规定的液态物品及其他禁止携带物品不能带上飞机,如图5.6所示。

图 5.6　机场安检旅客进口

除规定的物品外,其他可能危害航空安全的物品,旅客不得随身携带,但是可以作为行李托运或者按照国务院民用航空主管部门的有关规定由机组人员带到目的地后交还。

对含有易燃物质的生活用品实行限量携带。限量携带的物品及其数量,由国务院民用航空主管部门规定。

安检部门应当根据任务量和实际情况,制定相应的勤务方案和突发事件处置预案,并组织实施,杜绝漏检、失控等事故的发生。

在特殊情况下,经民航局公安局或其授权部门批准,可以实施特别工作方案,从严进行安全检查。特别工作方案由民航局公安局另行制定。

二、安全检查的方法

安全检查的方法有两种。一种是技术检查，旅客必须通过安全门或接受手提式金属探测器的检查。当身上带有金属物品时，仪器会发出信号，检查员将作进一步查明。行李货物则必须接受X光安全仪器检查，即通过X射线冲击荧光屏，从观察窗上显示出物品图像，检查员对此进行判断物品是安全的还是可疑的。对可疑物品，要开包/箱检查或用其他方法检测。安全门、手提检测器、X光安全检查仪均经过科学鉴定，不会对旅客及其行李、货物造成损害。图5.7所示为机场安检员正在执行技术检查。

图 5.7　机场安检员正在执行技术检查

另一种是手工检查，旅客人身由同性别的安全检查人员用手工触摸检查，必要时可进行搜身，并对其随身携带物品开包/箱检查。

上述这两种方法可以单独采用，也可以兼用。

对旅客实施安检时，安检人员应当引导旅客逐个通过安全门。

对通过安全门时报警的旅客，应当重复过门检查或使用手持金属探测器或手工人身检查的方法进行复查，排除疑点后方可放行。

人身检查的基本程序是：由上到下、由里到外、由前到后。重点部位是：头部、肩胛、胸部、手部、臀部、腋下、裆部、腰部、腹部、脚部。图5.8所示为机场安检员正在对旅客进行人工安全检查。

手工人身检查的具体办法是：首先面对旅客进行检查，顺序是前衣领、右肩、右大臂外侧、右手、右大臂内侧、腋下、右前胸、右上身外侧、腰部、腹部、左肩、左大臂外侧、左手、左大臂内侧、腋下、左前胸、左上身外侧、腰部、腹部、右膝部内侧、裆部、左膝部内侧；然后从旅客背部实施检查，顺序是后衣领、背部、后腰部、臀部、左大腿外侧、左小腿外侧、左脚、左小腿内侧、右小腿内侧、右脚、右小腿外侧、右大腿外侧。

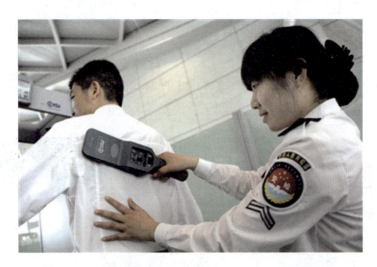

图 5.8　机场安检员正在对男性旅客进行人工安全检查

手工人身检查一般应由同性别安检人员实施；对女旅客实施检查时，必须由女安检人员进行，如图 5.9 所示。

图 5.9　机场安检员正在对女性旅客进行人工安全检查

对经过手工人身检查仍有疑点的旅客，经安检部门值班领导批准后，可以将其带到安检室从严检查，检查应当由同性别的两名以上安检人员实施。

旅客的托运行李和非托运行李都必须经过安全检查仪器检查。发现可疑物品时应当开箱/包检查，必要时也可以随时抽查。开箱/包检查时，可疑物品的托运人或者携带者应当在场。旅客申明所携物品不宜接受公开检查的，安检部门可根据实际情况，在适当场合检查。

开箱/包检查的程序是：观察外层、检查内层和夹层、检查包内物品、善后处理。

开箱/包检查的常用方法是看、听、摸、拆、掂、捏、嗅、探、摇、烧、敲、开。

看：就是对物品的外表进行观察，看是否有异常，包袋是否有变动等。

听：对录音机、收音机等音响器材通过听的办法判断其是否正常，是否有定时爆炸装置的物品。

摸：就是直接用手触摸判断是否有异常或危险品。

拆：就是拆开被怀疑物品的包装或外壳，检查其内部有无危险品。

掂：用手掂被检查物品的重量，判断其重量与正常物品是否相符，决定是否进一步检查。

捏：对于软包装或者体积较小的物品，如香烟、洗发液等，靠手的感觉判断有无异常。

嗅：对被怀疑的物品，主要是爆炸物、挥发性物品，采用"扇闻"的方法用鼻子嗅闻，判断物品的性质。

探：对被怀疑的物品，如花盆、坛、罐等，若无法透视，又不能用探测器检查，可用探针进行探查，判断有无异常。

摇：对有疑问的物品，如盛有液体的容器、佛像、香炉等可能空心的物品，可以用摇晃的方法进行检查。

烧：对被怀疑的物品，如液体、粉末、结晶状物品等，可以取少许用纸包裹后点燃，据其燃烧程度、状态等判断其是否为易燃易爆物品。

敲：对某些不易打开的物品，如拐杖、石膏等，用手敲击，判断其是否正常。

开：通过开启、关闭开关，检查手提电话等电器是否正常，防止其被改装成爆炸物。

除对旅客及其物品进行检查外，对空运的货物也应当经过安全检查或存放24小时，或者采取民航局认可的其他安全措施。

对空运的急救物品、鲜活货物、航空快件等有时限的货物，应当及时进行安全检查。

对特殊部门交运的保密货物、不宜检查的精密仪器和其他物品，按规定凭免检证明予以免检。

航空邮件应当经过安全检查，发现可疑邮件时，安检部门应当会同邮政部门开包查验处理。

按照国家有关规定应当予以免检的，按照有关规定办理。

三、机场安检岗位工作职责

1. 基础岗位职责

安检基础岗位主要是待检区维序检查岗位，其职责有如下两个方面。

(1) 维持待检区秩序并通知旅客准备好身份证件、客票和登机牌。

(2) 开展调查研究工作。

2. 验证检查岗位职责

(1) 负责对乘坐国内航班旅客的有效身份证件、客票、登机牌进行核查，识别涂改、伪造、冒名顶替以及其他无效证件。

(2) 开展调查研究工作。

(3) 协助执法部门查控旅客是否是公安机关布控的人员。

3. 前传检查员岗位。

(1) 核查旅客登机牌是否加盖验讫章，引导旅客有序地通过安全门。

(2) 告知旅客在X射线机传送带上正确摆放受检行李物品。

(3) 检查旅客的行李物品是否有违禁或可疑物品，准确识别并根据有关规定正确处理查出的违禁物品。图5.10所示为机场安检员正在使用电脑监视器检查旅客随身携带的物品。

图5.10　机场安检员正在使用电脑监视器检查旅客随身携带的物品

4. 人身检查岗位职责

(1) 检查旅客放入托盘中的物品。

(2) 对旅客人身进行仪器或手工检查。

(3) 准确识别并根据有关规定正确处理查出的违禁物品。

图 5.11 所示为机场安检员正在对旅客进行人员安全检查。

图 5.11　机场安检员正在对旅客进行人工安全检查

5. X 射线机操作岗位职责

(1) 按操作规程正确使用 X 射线机。

(2) 观察鉴别监视器上受检行李（货物、邮件）图像中的物品形状、种类，发现、辨认违禁物品或可疑图像。

(3) 将需要开箱/包检查的行李（货物、邮件）及重点检查部位准确无误地通知开箱/包检查员。

6. 开箱/包检查岗位职责

(1) 对旅客行李（货物、邮件）实施开箱/包手工检查。

(2) 准确辨认和按照有关规定正确处理违禁物品及危险品。

(3) 开具暂存或移交物品单据。

四、机场安检的四个级别

1. 机场安检级别分类

机场安检工作基本上可分为四级,由普通到严格的顺序对应为一到四级。一级安检是我们平时机场安检所经历的,包括检查证件、金属物品等一系列常规检查。二级安检一般在奥运会、世博会等大型活动期间进行,相对于一级安检而言,增加了开包环节,要求开包率不低于50%,并且脱鞋、解腰带的抽查率不低于30%。同时,在安检口、登机口会增派安检人员。三级安检是在二级安检基础上在登机口增加10%左右的抽查。四级安检是最高级别的安检,100%的开包率,脱鞋、解腰带也是每个旅客都被检查的环节。另外,在登机口也要100%地重新检查一遍。空中也要增加安保人员。

2. 机场安检级别的提高

一般情况下,在重大的安全事故或者突发事件、冲突高发地区中,在一些重大的庆典、会议期间,都会相应提高安检的级别。上海在世博会期间就曾启用过长达半年的较高级别的安检。

五、机场候机隔离区安全监控

经过安全检查的旅客进入候机隔离区以前,安检部门应当对候机隔离区进行清场。

安检部门应当派员在候机隔离区内巡视,对重点部门加强监控。

经过安全检查的旅客应当在候机隔离区内等待登机,如遇航班延误或其他特殊原因离开候机隔离区的,再次进入时应当重新经过安全检查。

因工作需要进入候机隔离区的人员,必须佩带民航公安机关制定的候机隔离区通行证件。

上述人员及其携带的物品,应当经过安全检查。

安检部门应当在候机隔离区工作人员通道口派专人看守,检查进出人员。

候机隔离区的商店不得出售可能危害航空安全的商品。商店运进的商品应当经过安全检查,同时接受安检部门的安全监督。

六、民用航空器监护

执行航班飞行任务的民用航空器在客机坪短暂停留期间,由机场安检部门负责监护。

对出港民用航空器的监护,应从机务人员将民用航空器移交给监护人员时开始,至旅客登机后民用航空器滑行时止;对过站民用航空器的监护从其到达机坪时开始,到滑离(

或拖离）机坪时止；对执行国际、地区及特殊管理的国内航线飞行任务的进港民用航空器的监护，从其到达机坪时开始，至旅客下机完毕机务人员开始工作为止。

民用航空器监护人员应当根据航班动态，按时进入监护岗位，做好对民用航空器监护的准备工作。

民用航空器监护人员应当坚守岗位，严格检查登机工作人员的通行证件，密切注视周围动态，防止无关人员和车辆进入监护区。在旅客登机时，协助维持秩序，防止未经过安全检查的人员或物品进入航空器。

空勤人员登机时，民用航空器监护人员应当查验其《中国民航空勤登机证》。加入机组执行任务的非空勤人员，应当持有《中国民航公务乘机通行证》和本人工作证（或学员证）。

对上述人员携带的物品，应当查验是否经过安全检查；未经过安全检查的，不得带上民用航空器。

在出、过站民用航空器关闭舱门准备滑行时，监护人员应当退至安全线以外，记载飞机号和起飞时间后，方可撤离现场。

民用航空器监护人员接受和移交航空器监护任务时，应当与机务人员办理交接手续，填写记录，并双方签字。

民用航空器客、货舱装载前的清舱工作由航空器经营人负责。必要时，经民航公安机关或安检部门批准，公安民警、安检人员可以进行清舱。

七、安检工作中特殊情况的处置

拒绝接受安全检查的人员，不准登机或进入候机隔离区，损失自行承担。

对持居民身份证复印件、伪造或变造证件、冒用他人证件者不予放行登机。

对有下列情形之一者，应带至安检值班室进行教育；情节严重的，交由民航公安机关处理。

(1) 逃避安全检查的。

(2) 妨碍安检人员执行公务的。

(3) 携带危险品、违禁品又无任何证明的。

(4) 扰乱安检现场工作秩序的。

有下列威胁航空安全行为之一的，交由民航公安机关查处。

(1) 携带枪支、弹药、管制刀具及其仿制品进入安检现场的。

(2) 强行进入候机隔离区不听劝阻的。

(3) 伪造、冒用、涂改身份证件乘机的。

(4) 隐匿携带危险品、违禁品企图通过安全检查的。

(5) 在托运货物时伪报品名、弄虚作假或夹带危险物品的。

(6) 其他威胁航空安全的行为。

对违反《中华人民共和国民用航空安全保卫条例》第32条规定，携带《禁止旅客随身携带或者托运的物品》所列物品的，安检部门应当及时交由民航公安机关处理。

对违反《中华人民共和国民用航空安全保卫条例》第33条规定，携带《禁止旅客随身携带但可作为行李托运的物品》所列物品的，应当告诉旅客可作为行李托运或交给送行人员；如来不及办理托运，安检部门按规定办理手续后移交机组带到目的地后交还。

不能按上述办法办理的，由安检部门代为保管。安检部门应当登记造册，妥善保管；对超过30天无人领取的，及时交由民航公安机关处理。

对含有易燃物质的生活用品实行限量携带。对超量部分可退给旅客自行处理或暂存于安检部门。

安检部门对旅客暂存的物品，应当为物主开具收据，并进行登记。旅客凭收据在30天内领回；逾期未领，视为无人认领物品按月交由民航公安机关处理。

资料链接：机场安检：不是束缚，而是保障

机场安检是乘坐民航飞机的旅客在登机前必须接受的一项人身和行李安全检查项目，美国"9·11恐怖袭击事件"发生后，空防安全形势日益严峻，严格的机场安检更是为了保证旅客自身安全和民用飞机在空中飞行安全所采取的一项必要措施。机场除了保障空防安全，还为旅客提供更加人性化的服务。每到客流高峰，安检员的注意力都要高度集中，既要保证旅客的过检速度，又要保证高质量的安全工作。面对有些旅客的不理解，甚至偶尔出现的无理取闹，安检员不仅要恪尽职守，不与旅客发生冲突，还要始终摆正自己的心态，将自己定位于"安检服务员"：既要严格执行国家的相关规定，铁面无私，又要对旅客提供贴心细致的服务，温柔如水，用真诚和耐心来化解旅客的误解。

根据国际机场协会(ACI)的统计数据，从检查的彻底性上来说，首都机场T3航站楼的严格程度在全球机场安检中排名第四，排在前三名的分别是新加坡的樟宜国际机场、韩国的仁川国际机场和中国的香港国际机场。但是在吞吐量达到6000万人次的大机场里，首都机场T3航站楼的严格程度则是全球第一。这意味着首都机场的安检员要付出更多的艰辛劳动。

在平时的检查执勤中，安检员有时会碰到对安全检查不理解的甚至个别无理取闹的旅客，声称安检人员无权进行人身、开包检查，说这是对其人权的侵犯……虽然他们讲得振

振有词，但实际上只是一种对安全检查工作不配合的说辞，是对自己和他人的人身安全不负责任的表现。

安全是民航永恒的主题，航空安全保卫事故一旦发生，必将造成重大人员伤亡和经济损失，同时也会给国家带来极大的负面影响。纵观国际航空安保领域，呈全球化、网络化发展的恐怖组织和社会极端分子一直都是航空安保的主要威胁；与此同时，我国大规模、高规格的航空运输保障任务的数量逐年增加，特别是在国际形势复杂多变的大背景下，航空安保面临的挑战、威胁以及不断更新的破坏手段都是前所未有的。

民航安全保卫系统在完善各项工作措施和提高管理手段的同时，高度重视并积极致力于科学技术的投入与应用。从最初的民用机场几乎没有围界设施，存在大量飞行区成为牧场而导致严重飞行事故征候的现象，到如今采用全封闭的隔离应用和侵入报警系统；从简易的X光机、安全门和手持金属探测器，到当前的大型货物安全检查仪、CTX检查仪、液体探测仪和痕量爆炸物探测器；从费时费力的人工安保数据统计方式，到目前的高速安全检查信息系统，都是民航安保科技进步的真实反映。

首都机场T3航站楼使用的托运行李五级安检系统就是民航安检技术应用的很好体现。在T3航站楼的地下二层，旅客的托运行李像坐过山车一样在高耸的传输带上传动，五级安检系统确保危险行李能够被及时发现，避免威胁到飞机的安全。简单来讲，所谓的"五级安检"，主要为X光扫描、人工判图、CT机切片扫描、人工综合比对和开包检查共计五道流程。当然，并非所有的托运行李都要经过"五级安检"的层层检查，绝大多数的安全行李只需要经过第一级和第二级检查，确认无可疑情况就可以装机了，只有可疑行李才会继续进行更深层次的检查。

五级安检系统使图像识别工作不再是静态地等待识别，而是动态地识别，使行李过检速度得到有效提升。采取分级筛检的模式，在实际运行中大大提升了检查精度，可更准确地锁定威胁。由于安全威胁的识别手段更加丰富，使判图质量更精准，同时使检查对爆炸物的探测与识别能力更强，全方位、多角度地确保托运行李的安全、旅客生命财产的安全和飞机的安全。

第四节　机场的安全保卫服务工作

一、概述

民用航空安全保卫工作实行统一管理、分工负责的原则。民用航空公安机关（以下简称民航公安机关）负责对民用航空安全保卫工作实施统一管理、检查和监督。

机场的安全保卫主要是针对空中犯罪行为的，这些行为包括爆炸、劫机、走私和偷渡等，在地面上的保卫工作则包括保护旅客货物和机场设备的安全，防止偷盗和抢劫，维护机场所在地的地面交通正常和安全，维护机场的治安工作。

根据工作性质和任务的不同，机场安全保卫工作分别由不同部门负责，目前主要是由中国人民武装警察部队（主要负责机场内部的飞机、特种设施如航空油库等重点区域的安全）、机场公安系统（主要负责机场刑事、治安、交通等事项）、机场保卫系统（负责机场日常治安安全工作）负责。

民用机场（包括军民合用机场中的民用部分，下同）的新建、改建或者扩建，应当符合国务院民用航空主管部门关于民用机场安全保卫设施建设的规定。

二、民用机场开放使用应当具备的安全保卫条件

民用机场开放使用，应当具备以下安全保卫条件。
(1) 设有机场控制区并配备专职警卫人员。
(2) 设有符合标准的防护围栏和巡逻通道。
(3) 设有安全保卫机构并配备相应的人员和装备。
(4) 设有安全检查机构并配备与机场运输量相适应的人员和检查设备。
(5) 设有专职消防组织并按照机场消防等级配备人员和设备。
(6) 订有应急处置方案并配备必要的应急救援设备。

三、机场安全区域划分

(1) 机场控制区应当根据安全保卫的需要，划定候机隔离区、行李分拣装卸区、航空器活动区和维修区、货物存放区等，并分别设置安全防护设施和明显标志。机场控制区应当有严密的安全保卫措施，实行封闭式分区管理。具体管理办法由国务院民用航空主管部门制定。

(2) 人员与车辆进入机场控制区，必须佩带机场控制区通行证接受警卫人员的检查。机场控制区通行证由民航公安机关按照国务院民用航空主管部门的有关规定制发和管理。

(3) 在航空器活动区和维修区内的人员、车辆必须按照规定路线行进，车辆、设备必须在指定位置停放，一切人员、车辆必须避让航空器。

(4) 停放在机场的民用航空器必须有专人警卫。各有关部门及其工作人员必须严格执行航空器警卫交接制度。

四、机场内的禁止行为

机场内禁止以下行为。

(1) 攀/钻越、损毁机场防护围栏及其他安全防护设施。
(2) 在机场控制区内狩猎、放牧、晾晒谷物、教练驾驶车辆。
(3) 无机场控制区通行证进入机场控制区。
(4) 随意穿越航空器跑道、滑行道。
(5) 强行登、占航空器。
(6) 谎报险情,制造混乱。
(7) 扰乱机场秩序的其他行为。

五、机场外围保卫

机场的安全保卫从飞行区的外围开始:飞行区外围设置栅栏,重要地段要筑墙,栅栏或墙顶要装有铁丝网等让人无法攀登的金属结构;在栅栏的两旁一般有 3 米以上的隔离带,在隔离带中不能有任何建筑物和障碍物;在僻静处的栅栏一般用电网和微波拦防,栅栏上有明显标志警告接近者。进入机场区域的关口要尽量地少,并且要用进出系统的自动装置,必须有人看守,有照明设施和报警系统,也要有能与安全控制中心联络的通信系统,如图 5.12 所示。

图 5.12 机场飞行区外围保卫

六、机场货物保卫

货物及货运中心是盗贼注意的目标,在这些地方要设置武装警卫。要有良好的照明,对于存入贵重物品的地区要设置闭路电视、录像装置。由于近年来毒品走私的猖獗,很多大机场的货物中心都有毒品探测装置。

七、机场安检入口保卫

从20世纪60年代以来,发生了多起恐怖主义的炸机和劫机事件,给旅客的生命和财产造成了巨大的损失。为了防止恐怖分子登机,各国发展了一系列的安检设备和技术手段,对旅客人身及所携带行李物品进行安全检查。旅客的行李要通过一个X光检查台,这个检查台用X光透视,然后在电视机上成像,成像的焦距可变,以便检查人员能看清楚行李中的各个细部。行李由传送带运送,自动通过X光摄像机,以增加检查的速度。旅客则要通过一个金属探测门,在探测门的框内有电磁场,如果有一定体积的金属物品通过探测门就会有报警信息响起来。探测门的反应水平可以调控,使它对金属纽扣、心脏起搏器和信用卡等小的金属物品不起作用。在X光检查机或金属探测门检查的结果不能确定时,旅客要接受开箱检查或搜身检查。机场安检装置如图5.13所示。

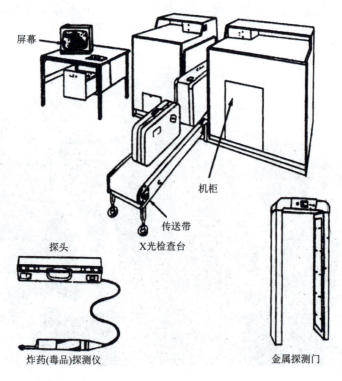

图5.13 机场安检装置

为防止烈性爆炸物被带入飞机，最近又发展了炸药探测仪。它有一个传感器（探头），里面装有电子敏感元件，可以探测出空气中数百万分之一的炸药分子。

如果旅客按规定在允许范围内携带武器如手枪或小刀等，应把它交给机组保卫人员。

机场安全检查及保卫服务工作是一项常抓不懈的工作，稍有松懈或闪失，就会造成严重的后果，并给民航整体形象带来巨大的负面影响。2004年11月11日，两位少年（13岁的湖南籍男孩梁彭龙、14岁的云南籍男孩束清）从昆明巫家坝国际机场一处破损的栅栏口爬进机场跑道，登上四川航空公司的飞机起落架，最后造成一死一伤。2005年5月25日，在甘肃省敦煌机场，16岁的四川籍少年李德朝翻越机场栅栏进入机场，爬上中国东方航空公司飞机的起落架内，在飞机起飞后坠机身亡。这两起事件均说明了机场安全管理方面存在漏洞和隐患，必须认真反思和加强监督安全保卫工作。

附件　民航安全检查员国家职业标准

1. 职业概况

1.1 职业名称

民航安全检查员。

1.2 职业定义

对乘坐民用航空器的旅客及其行李、进入候机隔离区的其他人员及其物品，以及空运货物、邮件实施安全检查的人员。

1.3 职业等级

本职业共设四个等级，分别为：五级民航安全检查员（初级技能）、四级民航安全检查员（中级技能）、三级民航安全检查员（高级技能）、二级民航安全检查员（技师）。

1.4 职业环境

室内，常温。

1.5 职业能力

具有较强的表达能力和观察、分析、判断能力；良好的空间感、形体知觉、嗅觉，手指、手臂灵活，动作协调；无残疾，无重听，无口吃，无色盲、色弱，矫正视力在5.0以上；身体健康，五官端正，男性身高在1.65米以上，女性身高在1.60米以上。无犯罪和不良记录。

1.6 基本文化程度

高中毕业（或同等学力）。

1.7 培训要求

1.7.1 培训期限

全日制职业学校教育，根据其培养目标和教学计划确定。晋级培训期限：五级民航安全检查员不少于 300 标准学时；四级民航安全检查员不少于 200 标准学时；三级民航安全检查员不少于 200 标准学时；二级民航安全检查员不少于 120 标准学时。

1.7.2 培训教师

培训教师应当具有大专（含）以上文化程度，具备系统的安全检查知识、一定的实际工作经验和丰富的教学经验、良好的语言表达能力。培训教师也应具有相应级别：培训四级、五级民航安全检查员的教师应具有本职业三级（含）以上职业资格证书并从事民航安全检查工作 5 年以上；培训三级民航安全检查员的教师应具有本职业二级职业资格证书，或具有本职业三级职业资格证书并从事民航安全检查工作 10 年以上，或具有相关专业中级及以上技术职务任职资格两年以上；培训二级民航安全检查员的教师应具有本职业二级职业资格证书两年以上，或具有相关专业高级技术职务任职资格。

1.7.3 培训场地设备

应具有满足教学要求的培训教室、教学设备，以及必要的安全检查计算机培训测试系统、安全检查仪器与设备、各种违禁物品或其仿制品等。

1.8 鉴定要求

1.8.1 适用对象

从事或准备从事本职业的人员。

1.8.2 申报条件

——五级民航安全检查员（具备以下条件之一者）

(1) 经本职业五级正规培训达规定标准学时数，并取得培训合格证书。

(2) 在本职业连续见习工作 1 年以上（含 1 年）。

——四级民航安全检查员（具备以下条件之一者）

(1) 取得本职业五级职业资格证书后，连续从事本职业工作两年以上，经本职业四级正规培训达规定标准学时数，并取得培训合格证书。

(2) 取得本职业五级职业资格证书后，连续从事本职业工作 4 年以上。

(3) 中专以上（含中专）本专业及大专以上（含大专）非本专业毕业生，取得本职业五级职业资格证书后，连续从事本职业工作 1 年以上，经本职业四级正规培训达规定标准学时数，并取得培训合格证书。

——三级民航安全检查员（具备以下条件之一者）

(1) 取得本职业四级职业资格证书后，连续从事本职业工作 3 年以上，经本职业三级正规培训达规定标准学时数，并取得培训合格证书。

(2) 取得本职业四级职业资格证书后，连续从事本职业工作 5 年以上。

(3) 大专以上 (含大专) 本专业毕业生，取得本职业四级职业资格证书后，连续从事本职业工作 1 年以上，经本职业三级正规培训达规定标准学时数，并取得培训合格证书。

——二级民航安全检查员 (具备以下条件之一者)

(1) 取得本职业三级职业资格证书后，在安全检查现场值班领导岗位工作 3 年以上，经本职业二级正规培训达规定标准学时数，并取得培训合格证书。

(2) 取得本职业三级职业资格证书后，在安全检查现场值班领导岗位工作 5 年以上。

(3) 取得本职业三级职业资格证书后，连续从事本职业工作 7 年以上，经本职业二级正规培训达规定标准学时数，并取得培训合格证书。

(4) 取得本职业三级职业资格证书后，连续从事本职业工作 9 年以上。

1.8.3 鉴定方式

鉴定方式分为理论知识考试和技能操作考核。理论知识考试采用闭卷笔试或计算机考试方式，技能操作考核采用模拟现场或实际工作现场方式。理论知识考试和技能操作考核均实行百分制，理论知识考试成绩达 60 分以上、技能操作考核成绩达 70 分以上者为合格。其中，五级民航安全检查员技能操作考核分为三个鉴定模块，每个模块的考核成绩均达到本模块分值的 70%(含) 以上为合格。二级民航安全检查员还须进行综合评审。

1.8.4 考评人员与考生配比

理论知识考试考评人员与考生的配比为 1：20，每个标准教室不少于两名考评人员。技能操作考核考评人员与考生的配比为：模拟现场考核 1：10，实际工作现场考核 3：1；综合评审委员不少于 5 人。

1.8.5 鉴定时间

理论知识考试时间为 90 分钟；技能操作考核时间为 60 分钟；综合评审时间不少于 30 分钟。

1.8.6 鉴定场所设备

理论知识考试在标准教室进行；技能操作考核在模拟现场或实际工作现场进行。

2. 基本要求

2.1 职业道德

2.1.1 职业道德基本知识

2.1.2 职业守则

(1) 爱岗敬业，忠于职守。

(2) 钻研业务，提高技能。

(3) 遵纪守法，严格检查。

(4) 文明执勤，优质服务。

(5) 团结友爱，协作配合。

图5.14所示为民航机场安检员进行训练。

图5.14　民航机场安检员进行训练

2.2　基础知识

2.2.1　航空运输基础知识

(1) 航空器的概念及飞机结构基本知识

(2) 航线、航班与班期时刻表知识

(3) 国内主要航空公司概况

(4) 民航客、货运输基础知识

2.2.2　航空安全保卫法律、法规知识

(1) 有关航空安全保卫国际公约的知识

(2)《中华人民共和国民用航空法》的相关知识

(3)《中华人民共和国民用航空安全保卫条例》的相关知识

(4)《中国民用航空安全检查规则》的相关知识

(5)《中国民用航空危险品运输管理规定》的相关知识

2.2.3 物品检查知识

(1) 禁止旅客随身携带或者托运的物品

(2) 禁止旅客随身携带但可作为行李托运的物品

(3) 乘机旅客限量随身携带的生活用品及数量

(4) 爆炸物处置基本原则

2.2.4 机场运行保障相关知识

(1) 机场区域划分

(2) 安全检查各岗位工作职责

(3) 飞机监护工作知识

2.2.5 劳动保护知识

(1) 工作现场的环境要求

(2) 安全检查设备的安全操作与防护知识

(3)《中华人民共和国劳动法》的相关知识

2.2.6 英语知识

(1) 安全检查常用工作词汇

(2) 安全检查常用工作会话

2.2.7 服务、礼仪基本知识

(1) 言谈、举止、着装规范

(2) 主要服务忌语

(3) 称呼与礼貌用语

(4) 国内少数民族和外国风土人情常识

(5) 旅客服务心理学基础知识

(6) 涉外工作常识

2.2.8 机场联检部门工作常识

(1) 边防检查部门的主要工作职责

(2) 海关的主要任务

(3) 检验检疫部门的主要任务

3. 工作要求

本标准对五级、四级、三级和二级民航安全检查员的技能要求依次递进，高级别涵盖低级别的要求。

3.1 五级民航安全检查员

职业功能	工作内容	技能要求	相关知识
一、证件检查	（一）证件核查	1. 能识别有效乘机证件、客票、登机牌 2. 能识别涂改证件 3. 能识别伪造、变造证件 4. 能识别冒名顶替的证件 5. 能识别过期、破损证件 6. 能识别有效机场控制区通行证件	1. 乘机有效身份证件的种类和式样 2. 证件检查的程序、方法及注意事项 3. 机场控制区通行证件的种类和使用范围 4. 居民身份证的有效期和编号规则 5. 居民身份证一般防伪标识 6. 临时身份证明的要素 7. 主要国家的三字母代码表
	（二）情况处置	1. 能适时验放旅客 2. 能查缉与有效控制布控人员	1. 安全检查验讫章使用管理制度 2. 布控人员的查缉方法
二、人身检查	（一）设备准备	1. 能测试通过式金属探测门是否处于工作状态 2. 能测试手持金属探测器是否处于工作状态	1. 通过式金属探测门的工作原理 2. 通过式金属探测门的性能特点 3. 影响通过式金属探测门探测的因素 4. 手持金属探测器的工作原理
	（二）实施检查	1. 能使用通过式金属探测门和手持金属探测器实施人身检查 2. 能按规定程序实施手工人身检查	1. 人身检查的方法 2. 人身检查的要领和程序 3. 人身检查的注意事项 4. 人身检查的重点对象和重点部位 5. 岗位职责的工作程序
三、物品检查	（一）开箱（包）检查	1. 能按规定程序实施开箱（包）检查 2. 能对常见物品进行检查 3. 能看懂危险品的国际通用标识	1. 开箱（包）检查的程序、方法 2. 开箱（包）检查的重点对象 3. 开箱（包）检查的注意事项 4. 常见物品的检查方法 5. 危险品的国际通用标识知识
	（二）情况处置	1. 能处理枪支、弹药、管制刀具等违禁物品 2. 能处理遗留、自弃、移交、暂存物品 3. 能填写暂存、移交物品单据 4. 能进行 X 射线机紧急关机	1. 常见违禁物品的处理办法 2. 常见易燃、易爆、腐蚀性、毒害性物品的种类 3. 暂存、移交物品单据的填写要求 4. X 射线机关机程序

3.2 四级民航安全检查员

职业功能	工作内容	技能要求	相关知识
一、证件检查	（一）证件核查	能使用证件鉴别仪器核查身份证件	1. 证件制作的材料知识 2. 证件防伪的技术方法 3. 伪假证件的特征 4. 识别伪假居民身份证的主要技术方法 5. 护照的防伪方法
	（二）情况处置	1. 能对旅客持涂改、伪造、变造、冒名顶替证件的情况进行处理 2. 能对旅客持过期身份证件的情况进行处理 3. 能对旅客因故不能出示身份证件的情况进行处理	1. 涂改、伪造、变造、冒名顶替证件的处理方法 2. 过期身份证件的处理方法 3. 旅客因故不能出示身份证件的处理方法
二、物品检查	（一）设备准备	1. 能按要求完成X射线机开机、关机 2. 能根据X射线机自检情况判断其是否处于正常工作状态	1. X射线基本知识 2. X射线机的种类 3. X射线机的工作原理 4. X射线机操作规程 5. X射线机的穿透力指标 6. X射线机的空间分辨率指标
	（二）实施X射线机检查	1. 能利用X射线机功能键进行图像识别 2. 能识别常见物品的X射线图像 3. 能识别各类危险品、违禁品的图像 4. 能利用X射线机的图像颜色定义分辨被检物品 5. 能利用X射线机图像不同灰度级的含义分辨被检物品	1. X射线机操作键的功能 2. X射线机图像颜色的含义 3. X射线机图像不同灰度的含义 4. 物品摆放角度与X射线图像显示的关系 5. 显示器的色饱和度和亮度的含义 6. 识别X射线图像的主要方法 7. 违禁品的X射线图像特征 8. 常见易燃、易爆、腐蚀性、毒害性物品的性状知识
	（三）情况处置	1. 能对异常物品进行检查 2. 能对特殊物品进行检查 3. 能处置危险品、违禁品 4. 能处理国家法律法规规定的其他禁止携带、运输的物品 5. 能处理国家法律法规规定的其他限制携带、运输的物品 6. 能对可疑邮件、货物进行处理	1. 不易确定性质的物品的检查方法 2. 外形怪异、包装奇特的物品的检查方法 3. 机要文件、密码机的检查方法 4. 机密尖端产品的检查方法 5. 外汇箱（袋）的检查方法 6. 外交、信使邮袋的检查方法 7. 危险品、违禁品的处理要求 8. 国家法律法规有关其他禁止携带、运输物品的规定 9. 国家法律法规有关其他限制携带、运输物品的规定 10. 可疑邮件、货物的处理要求

3.3 三级民航安全检查员

职业功能	工作内容	技能要求	相关知识
一、物品检查	（一）设备准备	1. 能根据爆炸物探测设备自检情况判断其是否处于正常工作状态 2. 能判断网络型行李检查设备是否处于正常工作状态	1. 爆炸物探测设备操作规程 2. 网络型行李检查系统基础知识
	（二）情况处置	1. 能看懂危险品国际代码 2. 能看懂违禁品英文品名 3. 能借助词典读懂物品英文说明书 4. 能识别制式、非制式爆炸装置 5. 能处置制式、非制式爆炸装置 6. 能使用爆炸物探测设备进行检查	1. 危险品国际代码知识 2. 违禁品英文品名知识 3. 制式、非制式爆炸装置知识 4. 制式、非制式爆炸装置处置要求 5. 爆炸物探测设备工作原理
二、勤务管理	（一）组织与实施	1. 能按要求进行班前点名、班后讲评工作 2. 能按要求组织交接班工作 3. 能根据当日航班动态实施调整当班勤务 4. 能编写安全检查工作情况报告	1. 勤务组织的原则 2. 勤务的实施要求 3. 勤务制度 4. 日常工作方案内容 5. 安全检查情况报告知识 6. 交接班制度 7. 点名讲评制度
	（二）情况处置	1. 能组织、实施对特殊旅客的检查 2. 能对旅客、货主暂存、自弃和遗留的物品进行管理 3. 能对不配合安全检查的情况进行处置 4. 能对扰乱安全检查工作秩序的情况进行处置 5. 能对隐匿携带或夹带危险品、违禁品的情况进行处置 6. 能对检查工作中发现的变异物品进行处置 7. 能处置勤务现场发生的旅客、货主的投诉 8. 能解答勤务过程中的问题 9. 能针对勤务中的有关问题同相关部门进行协调与沟通	1. 特殊旅客检查知识 2. 不配合安全检查情况的处置方法 3. 扰乱安全检查工作秩序情况的处置方法 4. 隐匿携带或夹带危险品、违禁品情况的处置方法 5. 相关法律基础知识 6. 物品管理制度 7. 协调与沟通技巧 8. 投诉处理的基本要求
三、业务培训	（一）指导操作	能指导五级、四级民航安全检查员进行实际操作	培训教学的基本方法
	（二）理论培训	能讲授本专业技术理论知识	

3.4 二级民航安全检查员

职业功能	工作内容	技能要求	相关知识
一、设备管理	(一) 设备选型	1. 能根据需要提出安全检查设备选型、配备计划 2. 能根据需要提出安全检查设备布局需求方案	1. 民用机场安全保卫设施建设标准 2. 民用机场安全检查定员定额行业标准
	(二) 设备检测	能根据国家相关标准对安全检查设备性能指标进行测评	相关安全检查设备标准知识
二、勤务管理	(一) 组织与实施	1. 能编写本单位安全检查工作方案 2. 能组织实施安全检查工作方案 3. 能按照实际需要提出人员调配和岗位设置的需求 4. 能组织、开展安全检查调研工作 5. 能组织、开展应急演练工作 6. 能制定各岗位工作标准、考核办法 7. 能根据形势提出实施特别工作方案的具体措施 8. 能组织对安全检查人员的现场工作测试 9. 能对工作质量进行诊断,提出改进、优化安全检查操作规程方案	1. 安全检查调研工作知识 2. 安全检查工作的法律法规知识 3. 航空安全保卫管理知识 4. 犯罪心理学基础知识 5. 质量分析与控制方法 6. 安全检查现场测试方法 7. 各岗位工作相关标准
	(二) 情况处置	1. 能分析勤务工作中发生问题的原因 2. 能提出解决勤务工作中存在问题的具体措施 3. 能对发生劫机、炸机事件等紧急情况进行处置	1. 在勤务实施过程中影响质量的因素及提高质量的措施 2. 发生劫机、炸机事件等紧急情况的处置方法
三、业务培训	(一) 指导操作	能指导五级、四级、三级民航安全检查员进行实际操作	培训大纲、教案的编写方法
	(二) 理论培训	能编写培训大纲、教案	

4. 比重表

4.1 理论知识

单位：%

项　目		五级	四级	三级	二级
基本要求	职业道德	5	5	5	5
	基础知识	30	20	15	10
相关知识	证件检查	15	15	—	—
	人身检查	25	—	—	—
	物品检查	25	60	40	—
	勤务管理	—	—	35	40
	设备管理	—	—	—	30
	业务培训	—	—	5	15
合　计		100	100	100	100

4.2 技能要求

单位：%

项　目		五级	四级	三级	二级
技能要求	证件检查	30	20	—	—
	人身检查	40	—	—	—
	物品检查	30	80	60	—
	勤务管理	—	—	25	50
	设备管理	—	—	—	30
	业务培训	—	—	15	20
合　计		100	100	100	100

练习题

1. 国际民航组织关于民航安全的三个国际公约是什么？
2. 民航机场安检人员应该具备的五个条件是什么？
3. 民航机场安检工作的主要内容是什么？
4. 民航机场安全检查有哪两种方法？
5. 民航机场安检工作的六个岗位及其职责是什么？
6. 民航机场安检工作有几个级别？
7. 民航安全检查员应该具备的基础知识是什么？

第六章
机场候机服务

　　机场候机楼为旅客提供了高效、快捷、方便、舒适的乘机环境，同时配备了政务贵宾厅、商务贵宾室、头等舱候机室、母婴室、医疗室、商业网点、中西餐厅、休闲娱乐区和无障碍设施等，以满足不同层次旅客的候机需求。

　　机场运营必须具备信息服务系统，主要是一个包括机场航班运营、旅客服务、指挥调度、信息查询、航班泊位、广播等覆盖机场日常生产运营和旅客服务的综合集成解决系统，它是机场现代化的主要标志，也是机场运行的灵魂与核心。

　　机场候机服务中难免出现意外事件，主要是指多种突发因素带来的机场旅客服务非正常状态，对旅客正常出行造成影响的事件。它一般可分为飞行意外事件、机场跑道意外事件、候机楼意外或紧急情况等。对意外事件的妥当处理是对民航机场管理能力的最大考验。

第一节　机场候机服务资源

机场候机楼为旅客提供了高效、快捷、方便、舒适的乘机环境，同时配备了政务贵宾厅、商务贵宾室、头等舱候机室、母婴室、医疗室，商业网点、中西餐厅、休闲娱乐区和无障碍设施等，以保证不同层次旅客的候机需求。

一、候机楼内的旅客服务资源

1. 航空基础资源

（1）值机柜台：用于为出港旅客办理乘机的各种手续。其相应的评价因素是：办理乘机手续的等待时间、办理乘机手续人员的礼貌及热情程度、办理乘机手续人员的工作效率等。机场值机柜台如图6.1所示。

图6.1　机场值机柜台

（2）中转柜台：用于为出港旅客办理乘机中转的各种手续。其相应的评价因素的内容与值机柜台相同。

（3）安检通道：包括正常旅客安检通道、工作人员安检通道、残疾旅客安检通道、贵宾旅客安检通道和急客安检通道。其相应的评价因素是：安检的及时性、安检人员的礼貌及热情程度、安检工作的完整程度、旅客的安全感等。机场安检通道如图6.2所示。

图 6.2 机场安检通道

(4) 登机口：为旅客登机之用。其相应的评价因素是：工作人员的礼貌及友好程度、登机口广播服务质量等。机场候机楼旅客登机口如图 6.3 所示。

图 6.3 机场候机楼旅客登机口

(5) 电子客票柜台：专门用于持有电子客票的旅客办理手续。其相应的评价因素是：设备的有效性、值机手续的及时性等。机场电子客票柜台如图 6.4 所示。

图 6.4　电子客票柜台

(6) 无托运行李值机柜台：为加快办理乘机手续而设置的专门办理无托运行李旅客乘机手续的柜台。无托运行李值机柜台如图 6.5 所示。

图 6.5　无托运行李值机柜台

(7) 航空公司问讯柜台：航空公司设立的专门负责本航空公司相关信息咨询的柜台。航空公司问讯柜台如图 6.6 所示。

图 6.6　航空公司问讯柜台

(8) 售票柜台：设在机场内的机票销售机构，以方便旅客购票、换乘等。

(9) 行李转盘：用于出港航班或进港航班旅客的行李传输。其相应的评价因素是：行李到达的速度和行李完好率。机场行李转盘如图 6.7 所示。

(10) 行李查询柜台：主要负责行李晚到、行李丢失等信息的查询。

2. 非航空可选择性服务资源

(1) 旅客休息座椅：用于候机旅客等待乘机。其相应的评价因素是：座椅数量是否足够、清洁度与舒适度如何等。

(2) 公用电话：分布在值机厅、进港厅、登机口、旅客休息区、行李提取厅，如图 6.8 所示。

(3) 自动售卡机：方便旅客购买各种电话卡。

(4) 饮水处：主要在候机楼各主要旅客聚集处，有热水、凉水及自来水，如图 6.9 所示。

(5) 报刊架／手册架：分布在进出港厅公共区域、登机口区域等，如图 6.10 所示。

(6) 机场问讯柜台：用于旅客的各种问询。其相应的评价因素是：工作人员是否热情礼貌、是否能提供帮助。机场问讯柜台如图 6.11 所示。

图 6.7 机场行李转盘

图 6.8 机场公用电话

(7) 自动提款机：分布在公共区域和隔离区内。

(8) 行李寄存处：用于旅客寄存行李。其相应的评价因素是：寄存行李的便利性、寄存行李收费的合理性等。

(9) 吸烟室：专门供吸烟旅客使用的区域。

图 6.9　机场候机楼饮水处

图 6.10　机场民航报刊架

图 6.11 机场问讯柜台

(10) 卫生间：供旅客如厕、洗手使用的区域。其相应的评价因素是：卫生间使用的便利性、卫生间清洁状况等。

(11) 行李手推车：用于旅客拖运行李。其相应的评价因素是：寻找行李手推车的便利性、行李手推车的适用性等。机场行李手推车如图 6.12 所示。

图 6.12 机场行李手推车

(12) 货币兑换机等：方便旅客兑换不同面值的货币。

二、候机楼内服务的内容及相关标准

1. 候机楼问询服务

候机楼问询服务柜台一般设在机场出发大厅或到达大厅，用于出发旅客和到达旅客的相关问询。大多机场推行了首问负责制，其规范要求如下。

(1) 旅客询问的第一名工作人员必须直接解答旅客的问询，或协助引导旅客找到相应的解决部门，使旅客的问题得到及时解决，不允许对旅客说"不知道"，要把积极主动地为旅客排忧解难作为机场工作人员的责任。

(2) 候机楼问询服务人员要熟知机场候机楼内的主要设施位置、交通线路、国际国内乘机常识、行李托运常识、各航空公司驻航站楼办公地点等。

(3) 候机楼问询服务人员要想方设法为旅客提供周到、细致、快捷的服务，体现机场服务人性化的特点，提高机场服务水平。

图 6.13 所示为机场旅客服务中心。

图 6.13 机场旅客服务中心

在大型机场，还设有"机场大使""机场引导"人员，分布于国际国内出发厅前、国际国内问询柜台、国际国内值机柜台、国际国内隔离区内及海关边检的现场等，他们的职责如下。

(1) 引导旅客办理登机的所有流程。

(2) 协助需要特殊服务的旅客到达登机口。

(3) 协助旅客找到登机口、冠名休息室、吸烟室等航站楼内各类资源设施的准确位置。

(4) 对影响旅客通道畅通的旅客进行疏导。

(5) 指引旅客按照航班信息显示找到行李传送带、大件行李查询等。

(6) 海关、边境出入境现场指导旅客填写各种单据表格。

(7) 指引旅客乘坐出租车、机场大巴等交通工具。

例如，北京首都国际机场下属的贵宾公司，在2008年北京首都国际机场3号航站楼正式启用时，组建了一支由179名员工组成的、身着金色服装的"彩虹班组"服务团队，发展到今天，成为拥有328名员工的专业问讯团队，活跃在首都国际机场的3座航站楼内，其业务范围也扩展到"96158"服务热线、失物招领、旅客服务中心以及航站楼内广播。在为乘机旅客服务的过程中，该团队不仅编制了方便乘机旅客出行的"问讯宝典"，还逐步增加了机场问讯柜台的功能，成为架在首都国际机场与乘机旅客之间名副其实的"连心桥"。北京首都机场服务大使如图6.14所示。

图6.14　北京首都国际机场服务大使

2. 机场商务中心

机场商务中心一般设置于机场公众区、国内候机厅、国际候机厅等。服务内容有：提供公用电话、复印、文件装订、收发传真、手机充电、计算机上网、IC卡及IP卡销售等。

3. 航空意外保险

机场提供地点，由航空意外保险经营企业销售，旅客自愿选择是否购买。

4. 银行服务

机场与银行企业协作设置银行服务机构，根据机场客流量的大小，设置中国工商银行、中国建设银行、中国银行、民生银行、交通银行、光大银行等银行机场分支机构，为旅客提供服务，如兑换币种、汇款、存款、取款等。

5. 公用电话

机场公用电话多数为IC公用电话，旅客可以现买IC、IP电话卡，方便旅客使用。

6. 邮局

一般情况下，机场候机厅会设置邮政服务设施，满足旅客的基本需求。如邮寄信件、购买邮票及纪念册、电汇钱款、快递等。

7. 医疗服务

绝大多数机场设置医疗服务点，可以提供接诊、出诊、急救及救护车接送、转送病人等服务，并备有各种急救药品和常用药品。

8. 行李封包

行李封包为旅客托运行李提供封扎、包装业务，是收费项目。一般情况下，纸箱需要封包，软包需要上锁。托运行李要求包装完善，锁扎牢固，能承受一定压力，能在正常的操作条件下装卸和运输。旅客可视自己的行李情况决定是否封包。

9. 失物招领

失物招领为候机楼内遗失物品的旅客提供捡拾物品招领服务。如果在飞机上丢失物品，应尽快与航空公司联系。

10. 行李寄存

机场为旅客提供的行李寄存服务，分为按小时寄存和按天寄存两种方式，是收费项目。若寄存行李逾期120天无人领取，交由机场公安部门处理。

无托运行李乘机和大件行李托运、提取：若旅客为无托运行李，可去机场专设的无托运行李值机柜台办理乘机手续；若托运或提取的行李不规则或是超大、超重，则必须去专设的行李托运或提取柜台办理。

11. 预订酒店

预订酒店的办理站点一般设置在机场的到达大厅处。

12. 饮用水

机场饮用水设施一般分三种：电开水器提供热水，桶装纯净水提供常温水，弯管自动饮水机提供常温水、热水和冰水。旅客可根据需要自行取用，但饮用热水需要自备容器。

13. 吸烟室

吸烟室是为吸烟旅客提供的单独场所。

14. 计时休息室

计时休息室是机场候机服务的一种方式，依据提供服务的种类、档次等收费。

15. 更衣室

更衣室是为旅客提供更换衣服及修饰等用的地点，免费使用。

16. 婴儿打理台

婴儿打理台一般设在机场的女士卫生间内，有图示说明正确的使用方法，可为婴儿更换衣服等。

17. 行李手推车

旅客可以免费使用行李手推车。如果需要机场服务队提供行李搬运服务，通常都是需要付费的，如为老、弱、病、残、孕等群体服务，一般都是免费的。

18. 机场广播服务

除按要求负责候机楼内的广播工作，如航班信息广播、登机广播外，还为旅客提供寻人、寻物广播及其他需求的广播，广播时一般用普通话、英语、日语等语种。

19. 贵宾候机室

贵宾（VIP）候机室担负着国内外重要旅客进出机场的地面接待服务工作，是展示机场风采、树立机场形象，让外界了解机场所在地乃至中国国家发展的一个重要窗口。一般情况下，贵宾室内设多间贵宾厅，供候机的要客及送行的领导休息。同时设会议室若干间，可召开小型会议（20人）。候机楼内还分别设有国内到达厅贵宾室、国际到达厅贵宾室及落地签证处休息室，供大型会议接待要客使用。

贵宾候机室服务项目包括：提供豪华奔驰摆渡车接送要客上下飞机；提供茶水、报纸杂志、航班信息和现场服务；代办乘机、行李交运、联运等手续；提供乘机人员及随身携带行李的安全检查等。

20. 头等舱休息室

大中型机场会设置国内国际头等舱休息室及头等舱通道，为头等舱旅客提供舒适、优雅的候机环境，内有卫生间、会议室、吸烟室等配套设施。机场头等舱通道如图 6.15 所示。

图 6.15　机场头等舱通道

21. 商务贵宾服务

随着机场经营管理水平的提高，越来越多的机场开展了商务贵宾服务，为旅客有偿提供协办登机手续、头等舱休息室候机等一条龙服务；金色通道服务；与酒店等单位合作，提供商务贵宾延伸服务等。

22. 轮椅、担架服务

行动不便的病残旅客和老年旅客可以在办理乘机手续时申请轮椅服务，经承运人同意后，机场服务人员会将轮椅送至值机柜台为旅客服务，陪伴轮椅旅客办理值机等手续，并经过专门的安检通道到候机厅候机。无论是在登机的过程中还是在到达机场，轮椅旅客都将得到专门的照顾，细致的服务让旅客舒心、让亲友放心。

23. 无成人陪伴儿童、老人服务

2～12 周岁的儿童和单独出行的老年旅客，在值机柜台办理好申请手续后，可以享有专门的服务。机场服务人员会引导老人或儿童直至登上飞机。对于到达航班的无成人陪伴老人、儿童，服务人员也会送至机场到达厅与旅客亲友交接，在细致入微的照顾中体现亲情。

24. 母婴候机室服务

有条件的机场候机楼会在隔离区设置母婴候机室，这里有婴儿床、奶瓶、学步车、尿不湿、玩具等物品，旅客可以带婴幼儿进入该室候机，享受一片舒适宁静的自由天地。

25. 办理临时身份证服务

如果旅客到机场后发现身份证件不符合乘机要求，可在不迟于所乘航班预计起飞前1小时到设在候机楼内的公安民警值班室申请办理临时身份证件，但需具备以下条件。

(1) 属居民身份证过期的，应持有户籍证明、驾驶证、暂住证、户口簿等能证实旅客真实身份的证件或文件，或经调查，能查实旅客真实身份。

(2) 属居民身份证丢失的，应持有户籍地、丢失地公安机关证明(有照片)。如无粘贴照片，应同时提供驾驶证、暂住证等公安机关制发的贴有照片的证件。

(3) 属居民身份证破损的，应能辨别主要内容，并能提供户口簿等有关证明旅客身份的证件。

第二节　机场信息服务系统

一、机场信息服务系统概述

机场信息服务系统，是一个包括机场航班运营、旅客服务、指挥调度、信息查询、航班泊位、广播等覆盖机场日常生产运营和旅客服务的综合集成解决系统。它是机场现代化的主要标志，也是机场运行的灵魂与核心。

目前机场信息服务系统的论证和建设正在国内得到快速发展，它不仅被作为众多机场翻新和改建的补充，更为重要的是，它是一个遍及机场所有部门、直接影响和决定机场良好运转甚至影响机场经营管理理念的基础信息系统。

当今机场信息服务系统建设与管理大致包含的范围是：计算机弱电集成(AODB)、离港系统(DCS)、货运系统(CHS)、航显系统(FIDS)、广播系统(PAS)、通信系统(TIS，包括有线和无线通信)、行李分拣系统(BHS)、柜台分配系统(CAMS)、登机门分配系统(GAMS)、场面雷达监视系统(GRMS)、机位分配系统(AGS)、时钟系统(CS)、公共信息查询系统(IQS)、综合布线系统(CA-BLNGS)、楼宇自控系统(BA)、门禁管理系统(DMS)、消防报警系统(FAS)、自动监控系统(AMS)、周界报警系统(ASAS)、停车场管理系统(PS)、综合管理系统(OA)等。其中计算机弱电集成是整个信息项目建设的核心系统，它负责将SI-TA、AFTN、SOC等各系统提供的信息进行汇总处理进而让各生产一线运营部门实现信息共享，它是大型机场整个信息项目的核心部分。这些系统相互联系，在机场候机楼内构成了数百甚至上千台的设备，布点遍及各个角落，为乘机旅客和机场各服务系统提供各种信息显示功能。

二、离港系统

如果把机场信息系统比喻为机场运行的"心脏",离港系统(DCS)则是这个"心脏"中的"心脏"。

(一)什么是计算机离港控制系统

计算机离港控制系统(Departure Control System,DCS),是中国民航引进美国优利公司的航空公司旅客服务大型联机事务处理系统,分为旅客值机(CKI)、航班数据控制(FDC)和配载平衡(LDP)三大部分。

(1)旅客值机(CKI):是旅客购买机票后上飞机前必经的程序,包括核对旅客姓名、检验机票、确认机上座位、发放登机牌、交运行李等一系列操作。

(2)航班数据控制(FDC):负责值机系统的数据管理工作,通常旅客值机航班由航班数据控制系统编辑季节航班表生成,旅客名单可以向订座系统申请得到。

(3)配载平衡(LDP):是飞机起飞前工作人员进行航班的业载分配工作,确保飞机处于制造商要求的重量与平衡条件内的过程。

在日常工作中主要使用旅客值机和配载平衡两大部分,这两部分既可单独使用,又可同时使用。

(二)离港系统子系统介绍

1.旅客值机系统

(1)旅客值机系统是一套自动控制和记录旅客登机活动过程的系统。它记录旅客所乘坐的航班、航程、座位证实情况,记录附加旅客数据(如行李重量、中转航站等),记录为旅客办理乘机手续,即接收旅客的情况或将旅客列为候补的情况。它可以按顺序接收旅客、候补旅客,也可以选择接收;旅客也可以一次办理多个航班的登机手续。

(2)值机系统有姓名、序号、不分姓名和手工四种办理值机的方式,每种方式都可以有座位选择。

(3)旅客值机系统指令可以在任何有定义的航空公司的终端上使用,每个终端可以同时办理多个航班。反之,每个航班可以在任何一台终端上办理。当一个航班开始办理CKI-in手续时,该航班所有航段的起始航站可同时办理旅客值机手续,起始站进行座位分配,其余的航站都留有可利用的座位。

(4) 旅客值机系统指令设计为简洁的工作人员、旅客与系统之间的对话方式。当旅客值机系统存有旅客数据时,值机员可提取旅客记录为其办理乘机手续。旅客被接收后,系统自动分配座位号和登机号。当旅客在离港系统中没有记录或旅客记录未被证实时,该旅客被列为候补旅客,系统不会接收,而是产生候补号。当飞机仍有剩余座位时,再将其正式接收。在接收这类旅客时,系统同时为旅客建立订票记录编号及其他数据记录。当旅客需换乘其他航班时,系统设计了相应的换乘航班指令。

(5) 在办理值机前,离港系统可为要客、团体旅客或其他有特殊需求的旅客预留座位。已预留座位的旅客在办理乘机手续时,系统会将预留的座位分配给旅客。若有特殊情况,可解除已预留的座位。对于多航段航班,旅客可在起始站一次办理全程的乘机手续,这样旅客在过站时就不必提取行李。

(6) 旅行时限是旅客办好乘机手续后,从值机柜台到登机口的通行时间。每个办理值机的终端都必须设定此项,否则旅客不会被接收。

(7) 对于候补旅客,系统设计了候补旅客优先等级。旅客值机系统会在情况允许时,根据候补旅客的优先等级,自动接收候补旅客。若候补旅客没有到达机场,由旅客值机系统自动处理的候补旅客或由值机员处理的候补旅客将被列为需要通知的旅客。值机员需对此类旅客进行处理。未被接收的旅客可以转换到其他航班上,同时保留旅客的值机数据和旅客办理值机手续时被列为候补的优先等级。

(8) 旅客值机系统同时可以处理机场税和超重行李税。旅客值机系统需要来自航班操作数据和订座系统的信息,一般情况下,所有的数据都自动存放在 FDC 系统中,订座系统自动向离港系统传送数据。当有意外情况发生,系统不能自动提供所需信息时,离港系统设置了手工备份指令,以保证系统的正常使用。

2. 航班配载平衡系统

(1) 航班配载平衡系统(Load Planning,LDP)是中国民航计算机离港系统中的一个应用模块,供航空公司、机场配载工作人员使用。它既可以同离港系统中的值机功能模块结合使用,又可以单独使用。操作人员以指令形式将必要数据输入离港系统,系统即可精确计算出所需结果。飞机配载是飞机起飞前的必要程序。配载员综合考虑飞机平衡的各种因素,确定飞机配载分布,取得飞机起飞前必需的重量、重心等数值,确定飞机重量、重心是否在规定范围内。传统的手工配载方式工作程序复杂,环节较多,人为因素影响大,容易产生错误。计算机配载将配载员从烦琐的手工方式中解脱出来,大大提高了配载工作效率,提高了配载准确性,已为世界航空界广泛采用。

(2) 航班配载平衡系统的主要实现方式如下：

① 建立配载航班信息。

② 根据飞机平衡要求确定配载分布。

③ 做出航班的舱单。

④ 发送相关的业务报文。

三、货运系统

机场货运公司通常是代理多家航空公司的货运业务，并且具有这些航班的配载权，在物流配送方面也有很高的要求。这些特点决定了机场货运公司在代理不同的航空公司货运业务时有不同的运价种类、结算方式、销售日报、货运统计等，对于机场货运公司的代理人也会有多种销售方式。因此，手工重复劳动方式解决这些问题已经不适应如此烦琐的业务和日益激烈的市场竞争。机场货运装机如图 6.16 所示。

图 6.16 机场货运装机业务

机场货运公司使用什么样的货运系统取决于机场货运公司的特征。要满足这些方面，就必须有一套完善的管理系统。管理系统必须包括高质量的服务和局域网等硬件设施，还要有一套完善的货运系统软件。软件系统必须能够完成传统的制单、订舱、配载、打舱单、提货销号、查询等进出港业务，也应该有完善且易于管理的运价系统、结算系统、报表系统、仓库管理、物流配送系统、代理人管理系统等。其中物流配送系统包含货物流向在天空、在地面、在不同仓库、在某人手里等详细信息。作为一个完善的管理系统，机场货运公司所需要的不仅是对所有的货物流向信息的准确掌握和对所有货运信息的准确统计，还要把数据信息的财富价值发挥出来。机场物流工作人员如图 6.17 所示。

图 6.17　机场物流工作人员

如何发挥数据信息的价值？这需要强大的货运数据统计系统。它必须能够统计包含不同时间、不同航空公司、不同航班、不同种类货物以至不同代理人等各种类型的数据，这些数据对于机场货运公司的市场分析、趋势分析等有着重要的作用。同时，运价系统、结算系统、报表系统、代理人管理系统等也要适应机场货运公司的特点，这些部分既要紧密关联，又要便于使用；既要符合不同航空公司的要求，又能提供完善的服务。另外，货物流向的语音查询系统，随时随地都可进行的互联网货运查询系统等配套产品的应用，无疑是机场提升货运服务形象的好方法。这样的管理系统能够使机场货运部门更好地进行内部管理，更好地进行市场分析，更好地服务于客户。

例如，天信达信息技术有限公司的集中式货运处理系统 (FAST4)，是能满足航空货运管理要求的大型计算机软件。它的主机采用 IBMES9000 系列大型计算机，操作系统为

OS390，应用系统平台为 ALCS，统计系统平台为 DB2，通信网络覆盖了国内外三百多个大、中城市。货运系统的主要功能包括：舱位管理、订舱管理、出港管理、进港管理、仓库管理、集装箱管理、代理人管理、系统电报处理、静态数据管理、查询、运价管理以及强大的统计分析和决策支持等功能。

货运系统采用集中式的处理方式，使国内各航空公司、机场、航站及货运代理人之间的信息得到实时沟通，实现了航空公司内各航站之间、国内各航空公司之间以及与国外航空公司之间方便快捷的航班对接；实现了进出港航班的自动报关和提前报关；可以收发标准的国际航空运输协会 (International Air Transport Association，IATA) 报文。

四、航显系统

航显系统 (FIDS)：此系统向旅客提供及时准确的航班信息服务，利用高清晰度 CRT、PDP 彩置以及 LCD 等各种技术和产品，通过合理的显示点设置，构成清晰、方便、便于识别的航班信息发布体系。

如果旅客走进一家大型机场，面对数十个登机门，不要说第一次乘飞机的旅客心中紧张，就是经常坐飞机的人士也难免会走错地方，因此看信息成为旅客乘机的一项重要内容。机场候机楼航显信息如图 6.18 所示。

图 6.18 机场候机楼航显信息

在哪个值机柜台办理手续，通过哪个安检通道，登机门在哪个区域，飞机是否准时起飞、到达等信息，都必须依赖及时准确的航班信息显示系统，它是各类服务信息传达的窗口。航显系统的信息包括：航班信息综合显示、值机引导显示、值机柜台显示、登机引导显示、登机门牌显示、登机门信息显示、到达信息显示、到达行李提取引导信息显示、到达行李转盘信息显示、到达行李搬运信息显示、出发行李转盘信息显示、休闲客厅信息显示、安检引导信息显示等信息类型。其发布的信息内容除了通常的航班运营信息（如值机办票信息、登机信息、行李信息、中转信息等）外，还有旅客前往目的地的旅游信息（如气象信息、风光介绍、交通住宿等）、机场经营管理活动中必要的一些通告警告信息等，如图6.19所示。

图6.19　机场候机楼航显信息

五、行李自动分拣系统

行李自动分拣系统是面向大中型机场，对旅客行李进行集中统一的传送、分拣与处理的一套自动化系统，适用于旅客年吞吐量超过200万人次的机场，特别是年吞吐量超过500万人次的枢纽机场尤为必要。

行李自动分拣系统的应用，给机场的运营、服务带来显著的改善，主要体现在以下几个方面。

第一，行李的自动传输与分拣可以提高工作效率、减轻劳动强度、减少甚至杜绝差错，特别是在航班高峰时段更为明显。

第二，行李自动分拣系统同离港系统配合可以实现开放式柜台办票，即旅客可在其航班截止到办票之前的任何时间在任意柜台办理值机手续。除了方便旅客，它还可以有效地降低高峰时间的业务流量。

第三，行李自动分拣系统所采集的行李数据实现了物流与信息流的有机结合，是机场信息化管理的基础，同时支持机场间的数据共享，以提供行李的跟踪查询等增值服务。

第四，行李自动分拣系统支持行李的集中安检，这不仅改善了业务流程，而且还以较低的投入解决了对行李中爆炸物品的检测问题，这在当今民航安全问题成为全球关注焦点的时候具有重要意义。机场行李传送转盘如图6.20所示。

图 6.20　机场行李传送转盘

六、民航机场机位分配系统

在机场航班信息管理系统中，机位分配系统不仅直接影响飞机滑行和停放的安全，也会影响候机厅、登机口和行李转盘等其他资源的分配。同时，由于航班运行的不确定性，如航班发生延误、取消、返航等特殊情况，还应该具备实时监控机位是否发生冲突并及时做出相应调整的功能。机场停机位分配如图6.21所示。

图 6.21　机场停机位分配

中国民航第二研究所研制出了一套机场机位分配系统。为了使机位分配系统适应不同机场在机位分配上的不同要求，该系统可把算法中所有不确定因素提出来，由用户根据本场实际情况设定。在进行分配前，分别对所有的航班和机位计算出分配优先级并进行排序。对航班计算优先级将综合考虑是否属于特殊飞行、是否有要客、所属航空公司和机型大小以及飞行任务等情况，对机位计算优先级综合考虑机位的大小和距离的远近，各种情况的权值由用户确定。在分配时，首先安排有特殊要求的航班，在机位最终确认前需要满足机位分配机型约束、机位分配公司约束、机位分配航班属性约束，并且保证占用时间不会发生冲突。各个约束条件由用户根据本场实际情况进行维护。

机场机位分配系统为用户提供了三种界面以满足不同类型的要求：第一种是表格，即做系统操作的主界面，它能最快速地响应用户发出的指令，使用户能够同时监控各个航班的运行情况。系统提供的快速查找、信息过滤等功能，可方便用户对整个机场机位的分配情况作全面的了解。第二种是机位占用时间图，直观反映在一天中各机位的占用情况，使用户能一目了然地知道各个航班在本场的停靠时间段，以及是否会发生机位占用冲突，某段时间内哪些机位是空闲的。第三种是机位占用现场模拟图，实时直观地反映停机坪上各个机位的占用情况，能快速查看当前停靠在各机位上的飞机的各种信息。机场停机位分布如图 6.22 所示。

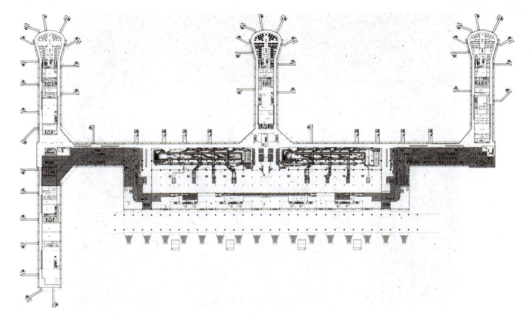

图 6.22　机场停机位分布示意图

七、其他系统

（1）广播系统（PAS）：通过航班信息广播、应急信息广播等满足多音源、多优先级的广播要求。

（2）通信系统（TIS）：通信系统包括有线和无线，内话系统也是机场实施有效管理的"神经"系统，它一般采用当今最现代化的有线、无线通话系统为旅客、管理者提供准确、及时、可靠的信息。

（3）综合布线系统（CA-BLINGS）：此系统是当今建设智能化建筑必不可少的系统，主要为管理者及旅客提供现代化的管理及服务手段。

（4）公共信息查询系统（IQS）：此系统给旅客提供多内容的查询服务，包括所乘航班信息、到达目的地天气、城市概况、酒店服务、航站楼服务设施等查询。机场公共信息指标牌如图 6.23 所示。

（5）楼宇自控系统（BA）：此系统主要用于自动管理建筑物的电力设备（如照明空调、电梯），采用智能化集散型控制、数字式直接式控制器（DDC）负责现场监控，最终达到节约能源、节约成本的目的。

（6）消防报警系统（FAS）：此系统对可燃气体、监测火灾事故进行广播，以及具备消防设备自动控制等功能。系统以高速的通信网络支持，控制主机对系统能够提供有效的监视和管理，以图形化的人机界面改善操作手段。

图 6.23　机场公共信息指示牌

（7）自动监控系统（AMS）：此系统多用于对飞行区、站坪、航站台票楼、道口、隔离区、停车场等区域实施监视，为现代化大型机场提供管理手段和公安特殊任务提供监控，是大型机场必建的项目之一。

（8）停车场管理系统（PS）：此系统可实现收费与闸口控制的自动管理，同时支持磁卡、接触式 IC 卡、感应 IC 卡。

（9）时钟系统（CS）：此系统为旅客、生产部门和计算机系统提供精确、统一的时间信息。它采用子母钟方式，时钟信息同时接入航班显示系统及地面信息系统，为机场所有的管理系统提供精确的时间。

（10）门禁管理系统（DMS）：此系统实现飞行区、隔离区及通道的出入控制管理，记录出入信息防盗报警等信息。此系统与自动监控系统实现联动控制，是实施航站区、飞行区、隔离区管理的必备系统。

（11）周界报警系统（ASAS）：此系统与自动监控系统实现联动控制、监视，对非法越界进入飞行区的各类活动目标实施监视、控制、早期报警，以保证飞行区的安全。它可采用电子紧拉铜线或磁性探测两种方式，由控制主机发送报警信号，驱动自动监控系统联动，并同时驱动灯光、广播、警铃等装置，以威慑非法越入者，并记录越入过程。

（12）柜台分配与登机门分配系统（CAMS、GAMS）：这两种系统均与离港系统相连，提取离港系统有关信息，对航站区内的登机门与柜台进行合理的分配，使航站区的设备得以充分利用。

(13) 场面雷达监视系统(GRMS)：此系统为飞行区的安全运营、防止飞机与地面活动目标产生碰撞提供科学及时的提示警告，防止灾难事故的发生。

(14) 综合管理系统(OA)：此系统为机场决策层、管理层提供现代化的管理平台，它与各生产系统直接相连，便于决策者从总部或远程直接查到实时的生产信息，同时也可为管理机关提供现代化的企业管理手段。决策者、管理者可通过此系统对企业实施及时、有效的管理。

保证上述诸系统的正常工作，既需要信息输入、输出系统的顺利实施，还要有正常的信息维护保障系统、信息系统的应急处置系统等，同样需要大量的相关人员和技术。

第三节　机场候机服务意外事件及处理

机场候机服务中的意外事件是指多种突发因素带来的机场旅客服务非正常状态，对旅客正常出行造成影响的事件。它一般可分为飞行意外事件、机场跑道意外事件、候机楼意外或紧急情况等。

一、飞行意外因素造成的机场服务非常态

飞行意外是指天气（如夏天的雷电、大雨，冬天的大雪，春季北方的大风、雾、沙等特殊天气）、飞行流量控制（如飞行等待、高度层调配、调整起飞及航路上飞行间隔、走廊口拥挤、避让专机或军事飞行、进近或降落的排序等）、空中交通服务（如调度不当、通信联络不通，导航设备故障，气象预报、航行情报预报不准导致绕飞或返航等）、飞机故障（如飞机突发性故障，例行检查维护未完成，意外事故造成飞机零部件破损等）、抢险救灾等多种因素造成的飞机不能准时或正常起降，从而给机场服务造成很多不利影响。

天气原因很容易造成航班大面积延误或取消，它不仅影响到一个机场内的很多航班，还会影响到该地区的很多机场。例如，北方冬季大雪时，往往是东北的哈尔滨、长春、沈阳、大连机场的航班首先受到影响，甚至涉及华北地区的天津、北京、呼和浩特、石家庄等。如遇雷雨天气时，华南的广州、深圳、珠海、香港等机场航班会出现大面积延误或取消，甚至涉及海口、三亚、长沙、武汉、桂林等。而华北地区的大风、强沙、大雾天气等，也令北京、天津、石家庄、太原、西安等地机场受到影响。

飞行流量控制因素是指由于区域（航路）管制区内、进近管制区内、机场塔台管制区内航班流量过大时，或者因空管设备或空管人员指挥存在突发问题时，必须进行的控制飞机起降、空中分流、避让、盘旋等待措施，这种措施会造成航班延误或取消，从而影响机

场旅客服务。例如，2013年6月4日上午，中国南方航空公司一架由广州飞往江苏连云港的航班由于连云港方面有雾，不具备降落条件而紧急备降徐州，将视天气情况再由徐州飞往连云港。在徐州延滞几个小时后宣布取消该航班。有旅客因此情绪激动，并从亲友的电话中得知连云港没有大雾，从而认为机场欺骗，遂阻挠其他航班旅客登机，拒绝调解。经过多方努力，终于由徐州机场提供班车送旅客到连云港。事后得知，该航班所经航线因当地农民焚烧小麦秸秆造成大片烟雾而无法降落，机场不存在欺骗旅客的情况，是旅客不了解飞行条件限制造成的误解。

飞机故障和抢险救急因素是指飞机在起降过程中出现故障，如起落架收放故障、挡风玻璃破裂、漏油、压力系统或电气系统有障碍等而采取紧急措施，如复飞、放油、排故等中止起飞或迫降，从而影响其他航班的正常起降；或因为某些航班突然发生故障或载有危重病人等有优先起降权造成其他航班延误。例如，2006年4月18日，中国南方航空公司北方分公司东京至沈阳的CZ628航班上一名女性旅客突然割腕自杀，机长向沈阳管制中心申请优先着陆，经协调，大韩航空和港龙航空的班机让道，为抢救旅客争取了时间。

按《中华人民共和国飞行基本规则》第94条的规定，执行不同任务的航空器或不同型别的航空器，在同一机场同时飞行的，应当根据具体情况安排优先起飞和降落的顺序……对有故障的航空器，剩余油量少的航空器，执行紧急或重要任务的航空器，班期飞行和航路、航线飞行或者转场飞行的航空器，应当允许优先降落。

二、机场跑道意外因素造成的机场服务非常态

机场跑道意外因素是指突然发生于跑道区域内的意外事件导致机场跑道不能正常使用，致使正常航班被打断，影响机场正常运营。它常有以下几种情况。

1. 外在闯入者意外因素

(1) 外来动物闯入机场跑道。例如，2004年7月21日上午10点30分左右，广州白云国际机场的货场里突然出现两只小狗，它们跑到停机坪后，又飞快地跑到机场跑道上。当时正是飞机进出港的高峰期，一架正准备降落的飞机，冷不防发现跑道上突然冒出了两位"不速之客"，吓得机长立即拉起机头复飞。飞机不断地在天空盘旋，等待降落。地面工作人员出动了6辆警车"围剿"两只小狗。在追逐了近20分钟后，工作人员只抓住其中的一只。为了飞行安全，工作人员叫来了机场公安，计划在无计可施的情况下，用枪将另一只小狗打死。因为盘旋上空的那架飞机无法降落，已经多耗了两吨油，另外一些飞机则转移到别的机场降落。机场公安与先前参加追捕的安全检查部和机关人员商议后决定对

另一只未抓住的小狗采用极端手段——用警车将它撞死。至此，小狗冲入跑道之事告一段落。但因当时正值机场进入港高峰，有十多个航班进出港受到影响。

按机场有关部门规定，为确保飞机飞行安全，机场方面对闯入的动物有一套应急方案：首先是驱赶，其次是捕获，万一有动物进入"禁区"，必须抓住或打死，绝不能让它们溜走，以免影响飞行安全。

类似的情况还发生在成都双流国际机场里，2005年7月30日，一位女旅客托运的宠物狗从笼子里跑出，跑上了机场滑行道，由于有飞机要起飞，机场管理人员抓捕无效后，便将小狗击毙。

(2) 飞鸟闯入机场空域的意外因素。例如，2004年7月28日10时左右，中国南方航空公司B-3116号北京飞往郑州的波音737型飞机在首都机场西跑道滑行中被大鸟撞击，飞机玻璃未被撞坏，大鸟当场死亡，尸体坠落在跑道上，成为飞机起落的障碍。为此，西跑道封闭清理、检查15分钟，为保证安全，首都机场两条跑道同时关闭，20余架待进港航班不得不按照空管确定的轨道盘旋，中国国际航空公司由厦门飞往北京的CA1802次和由上海飞往北京的CA1518次两个航班被迫在天津机场降落，还有一班飞机欲飞济南降落，后来得知西跑道迅速清理完毕后返航首都机场，并顺利降落。

两个跑道同时关闭的意外大大影响了机场航班的进出，作为繁忙的首都国际机场，在10时以后的一个小时之内，正常情况下最少起落50架飞机，但实际上起落飞机数量降低到20架，共有十多个从北京起飞的航班出现晚点，晚点时间大都在20分钟左右。

2. 飞机在机场跑道上起降过程中的意外因素

飞机起降过程中突然出现的轮胎爆裂、冲出跑道、紧急迫降等使飞机滞留在跑道上影响其他飞机的正常起降，从而导致航班服务不正常。

(1) 2004年7月28日10时4分，山东航空公司SC472航班（机型为CRJ-200，自连云港起飞经停北京、兰州至甘肃嘉峪关）在北京首都机场降落时，因飞机的前起落架转向系统突然发生故障，导致主起落架4个轮胎全部爆裂，飞机滑偏跑道，所幸没有人员伤亡。

事故发生后，首都机场的救援、消防、公安、武警等部门数十人迅速赶到东跑道参加救援，并启动了应急预案，关闭了整个东跑道，全力进行抢救——消防部门采取喷水降温等救援措施，以避免由于温度过高，产生火花，引起火灾。由于飞机偏离跑道中心线，并且主起落架全部爆胎，飞机旋梯无法正常接旅客下飞机，机场救援人员便要求飞机放下自救梯，让旅客依次下飞机，然后乘坐机场的摆渡车离开机场跑道。大约10时20分，飞机上的44名旅客全部撤离飞机并到达安全地点。旅客全部撤离后，飞机的工程师开始检查爆胎的主起落架。经过检查发现，主起落架两侧4个轮胎全部爆裂。随后工作人员拿出气囊将主起落架撑起，试图为飞机更换轮胎，并把它拉出东侧跑道。但经过多次努力，飞机轮胎仍不能顺利更换。为保证其他航班的正常起落，经过机场方面研究，决定将飞机强行拖出跑道。最后在拖车的帮助下，该飞机被拖出东跑道。

由于此前的一个小时里，首都国际机场只能用西跑道进行飞机起降，所以该起事故造成30多个航班不同程度的延误，3个航班备降到天津机场。另外，山东航空公司还至少取消了两个航班。

(2) 1990年10月2日早上，厦门航空公司一架波音737飞机（飞机注册号为B-2510，航班号为FM8301）自厦门起飞后不久有人劫机，意欲挟持飞机飞往台湾，机长以油料不足为由，一边与劫机者周旋，一边飞向广州。飞机在广州上空盘旋30分钟后，机长得到广州管理局同意：飞机可以飞往境内或境外的任何机场降落。机长再次以油料原因建议劫机者飞往香港机场加油后再飞往台湾，被劫机者拒绝。在油料不足的情况下，飞机驾驶员于9时4分在广州白云国际机场紧急降落。降落过程中，劫机者与机长发生打斗，使飞机在降落滑行过程中失控偏出跑道，先后与停机坪上的两架波音707和波音757相撞，飞机油箱起火爆炸，造成降落飞机上75名旅客和7名机组人员遇难，地面飞机上46名旅客遇难，相关三架飞机全部报废，并造成机场一度关闭。

3. 机场跑道或停机坪等区域的意外因素

(1) 2006年4月12日下午3时20分左右，在黑龙江哈尔滨太平国际机场跑道内，上海航空公司一架波音737-800型飞机正准备执行哈尔滨至上海的航班任务，不知道什么原因，飞机在起飞前突然将机场内的一位飞机维护人员吸入了该飞机的发动机内，发动机随即冒出黑烟，虽然飞机驾驶员马上关闭了发动机，但被吸入的人员已经死亡。事故发生后，飞机上的旅客转移到了其他飞机上，相关的人员和机场立即开始对事故进行检查和处理。

(2) 2005年3月29日上午10时4分，四川航空公司由成都飞往北京的3U8881航班在北京首都国际机场落地过程中因一套液压系统出现故障，使飞机前轮无法转弯，导致飞机停在跑道上，机场东跑道被临时关闭使用，至12时左右开放，造成首都国际机场的进出港航班受到不同程度的影响。

另外，航空油料加油车拉坏飞机接头或撞伤飞机的意外，也会导致航班延误。但由于航空油料公司改善了加油技术，现在已很少有这样的意外发生。

三、候机楼意外或紧急情况造成的机场服务非常态

候机楼的意外情况通常是指候机楼的服务设备、设施出现意料之外的情况，影响对机

场旅客的正常服务，如断电、断气，备用电源毁坏，行李传送带损坏，廊桥、摆渡车或客梯车发生故障，值机系统或其他计算机系统失灵或损坏，安检设备非正常等。

候机楼的紧急情况通常是指候机楼受到爆炸物威胁或恐怖威胁、候机楼失火、候机楼受到危险物品污染、医学紧急情况、机场严重暴力犯罪等。

(1) 2004 年 5 月 23 日清晨，法国巴黎戴高乐机场刚刚使用不到一年的 2E 候机厅棚坍塌，造成包括两名中国公民在内的 6 人死亡，3 人受伤。此事故被认为不可思议，因为事故发生的设施是投资巨大（造价 7.5 亿欧元）、技术先进，而且是 2003 年 6 月刚刚投入使用的，作为举世瞩目的国际机场建筑，不应该在启用后不到一年时间就发生严重事故，可以说是一个很大的意外。其原因至今仍没有公布。

(2) 2006 年 4 月 14 日早上 6 时 30 分左右，北京首都国际机场 13 号门一层至二层的电梯上突然发生意外，前面的旅客突然摔倒，随后呈多米诺骨牌向下倾倒，像叠罗汉一样，下面的人被上面的人和行李压倒、砸倒，多人受伤。经机场值班人员帮助，受伤的十多位旅客到机场内的医疗部门进行了检查和包扎治疗，继续乘机旅行。据分析，该意外的起因是搭乘扶梯的旅客过多，而且把不该带上扶梯的大件行李拉上了扶梯。

上述多种原因造成的机场服务非常态，对机场服务工作人员提出了更高、更难的要求，特别是大中型机场，因为旅客滞留数量巨大，恢复正常服务状态较慢，此时就要求机场服务人员注意以下几个方面。

1. 快速、准确地提供相关服务信息，帮助旅客改变行程计划或选择相应的处理措施

这一点说起来容易做起来难。例如，天气原因造成的大范围延误或取消航班时，旅客特别容易情绪冲动，如果用最初得到的消息回答旅客航班将可能一个小时后起飞，但因为天气处在变化之中，一个小时之后某些航班仍不能起飞，旅客就会说服务人员欺骗他们。类似的情况还包括飞机故障、空中流量控制、飞机晚到等，第一次回答旅客的情况可能在预计时间到时仍没有改变——即开始得到的信息是飞机在一定时间内可以修好，但经过检查后还需要更多的时间检修，甚至检修的结果是不能修好，要取消航班。这样一而再再而三的改变会让旅客难以理解，此时就需要有具备更多民航知识的服务人员对旅客进行解释，因为相关知识和信息的提供对平息旅客纷争最为有效。例如，飞机因为大雾不能起飞时，应告诉旅客为什么这种天气不能起飞，如果起飞，会造成什么样的后果。在解释时要注意态度平和，不厌其烦，耐心地说服、解释和服务。还有一种情况是同去一个方向的旅客看到别的航班不断起飞，自己乘坐的航班却没有起飞，就冲动地去堵截别的航班的旅客登机，此时要派有经验的服务人员向旅客解释：虽然方向相同，但因为不同的航空公司、不同的航线、不同的先后顺序，飞机要排队起飞，不可互相替代和改变。

同时，要不断寻求获得正确信息的方法和技巧，尽量地缓和和解决与旅客的冲突、矛盾。民航各部门要尽可能准确地告知旅客飞机起飞的时间，若是天气或空中管制或航空公司的原因，均应该在规定时间内给出明确的延误时间；避免不断地推后，让旅客无限期地等待。

2. 热情、耐心、有效地提供服务，人性化地解决相关问题

首先要理解旅客的心情，谁遇上延误或取消航班心情都会不好，要安慰、劝说旅客，帮助旅客解决实际问题。与旅客进行善意的、耐心的交流，告知其哪些要求是可以满足的，哪些要求不利于问题的解决。

其次是在政策允许的范围内提供相应的服务和有效的解决办法。按照民航有关规定去执行，并有效地告知旅客，请其知晓乘机的权利和义务，该享受的权利应该维护，但过分的要求也不能得到满足。按民航局相关规定，当航班发生延误、取消或变更时，机场要及时为旅客提供相应信息。如果旅客提出改签或退票要求，机场将根据后续航班情况，送旅客至值机柜台办理相关手续。

当航班不确定时，机场要协调承运人根据有关规定为旅客提供相应服务。如果旅客乘坐的航班因承运人的原因延误超过两个小时，机场要为旅客提供免费饮料；如正值用餐时间，机场要为旅客提供免费餐食；如航班延误超过4个小时或航班取消，机场要安排旅客免费乘坐巴士去宾馆休息。同时，要想办法搞好延误旅客的文化娱乐活动，提供必要的娱乐用品和书报杂志等，缓解旅客因航班延误等候飞机造成的烦躁不安和疲劳。

协助相关部门，向领导提供旅客要求及服务状况，尽快地恢复机场服务正常状态。民航服务人员对不同情况要具体分析和具体处理，其原则是快速、准确、高效、有效。

练习题

1. 民航机场旅客服务资源中的航空基础资源是什么？
2. 民航机场旅客服务资源中的非航空基础资源有哪些？
3. 如何理解民航机场航显系统的作用？
4. 民航机场候机服务中的意外事件是如何分类的？

第七章
机场商业服务

　　机场正在成为集购物、餐饮、娱乐等多种经营活动为一体的产业平台。候机楼内的服务除了应为旅客提供进出机场必不可少的民航行业专业服务之外，还应向旅客提供为进出机场及候机时所需要的周到、方便、舒适的服务。这些服务可以是商业性的收费行为，如机场商店、餐饮、交通服务、医疗、保险、宾馆、旅游、邮政、银行、通信、美容美发、电影院、餐厅等。由于服务内容不同，其就业人员安排与管理也是不同的，既有国有大型企业单位，也有私营特色机构，但整体上都是为机场服务，为旅客乘机服务。

第一节　机场候机楼内的购物餐饮

机场候机楼内的购物餐饮等服务，依据其经营内容不同，大体上分为以下几类。

一、免税店

免税店是机场在候机楼区域内设立的国内外商品市场，主要经营产业附加值较高的各类世界名牌免税品和国内传统产品，以方便旅客购买免税烟、酒、香水、化妆品和国际名牌皮具、手表及中国名优特产品等。一般设在国际候机区或国际到达厅。机场候机楼内的免税店如图 7.1 所示。

图 7.1　机场候机楼内的免税店

二、餐饮店

餐饮店可以为旅客候机提供有特色的饮食服务，咖啡厅、西餐厅、中餐厅、特色餐饮（如麦当劳、肯德基）、茶社等，多为招标经营。例如，深圳宝安机场引进了麦当劳、肯德基、金麒麟酒家和深圳风味食品店等中外餐厅，引进了我国港台地区的天母蓝鸟咖啡店及科维餐饮等。机场候机楼内的餐饮店如图 7.2 所示。

图 7.2　机场候机楼内的餐饮店

三、食品店

　　食品店可以为候机旅客提供便于携带的普通食品和特色食品，还有水果、茶叶、机场所在地特产、著名烟酒及机场所在地特色烟酒等，多为招标经营。有的机场还成功引进了著名的超市和各种便利店。

四、工艺品店

　　工艺品店所提供的商品包括旅游纪念品、工艺美术品、特色制品，如玉器、竹器、字画、瓷器等。

五、皮具、玩具店

　　皮具、玩具店可以为旅客提供名牌皮具或物美价廉的皮具、箱包等，也包括高质量的电动玩具等。

六、书刊、鲜花礼品、药品店

　　书刊、鲜花礼品、药品店包括书店、花店、药店、电子读物等。例如，深圳宝安国际机场引进的"知之洋"书店和"学而优书店"遍布候机楼多个地点。

七、体育用品店

体育用品店包括品牌体育用品专营店及其他专营店。

第二节　机场候机楼的交通服务

机场候机楼的交通服务可分为候机楼外的交通服务及候机楼内的交通服务两个部分。候机楼外的交通服务内容包括出租车服务、停车场服务、汽车租赁服务、机场班车服务、公共交通服务（如公交车、城铁、地铁等）；候机楼内的交通服务内容包括电梯服务、引导服务、行李托运服务等。机场交通运营如图 7.3 所示。

图 7.3　机场交通运营

在实际生活中，机场越大，所面临的交通服务问题就越突出。因为机场越大，说明旅客吞吐量越大，占有的土地面积越大，离所在城市中心也越远；相反，小型机场的交通压力则相对较小。

对进出机场的旅客来说，最便宜的交通方式是公交车服务方式，但因公交车往返机场的线路少、间隔时间长、下客站离候机楼远等，很少有旅客选择乘公交车进出机场。城铁、地铁等方式是很好的往返机场的交通方式；机场巴士因其舒适、方便和价格较低而备受旅客的欢迎，但仍然存在线路少、间隔时间较长的问题，大型机场的旅客不以机场巴士为首选，中小型机场的旅客较多选择机场巴士；出租车服务虽然价格较高，但因其可以随叫随走而且可以直接抵达旅客目的地，是乘机旅客选择最多的方式，但也是矛盾、问题发生最多、最难管理的一种方式。新型的乘机交通方式是机场与高铁联合运营，如图 7.4 所示。

图 7.4　机场与高铁联合运营

各机场都面临着如何管理和经营出租车、机场巴士、公共交通的问题，也都面临着如何安排相关机构和人员的问题，如果管理得当、高效，它是机场非主业产业性经营的重要内容和重要手段之一。

候机楼内的交通服务则主要由机场管理区域和人员完成。它包括电梯运行（如上下电梯、平行步梯、斜梯等）、乘机引导、行李货物搬运等，是机场候机楼正常秩序的重要保证之一。

第三节　机场候机楼的医疗急救及服务

机场候机楼的医疗急救及服务分为以下两个部分。

1. 机场自身拥有的医疗急救组织及其服务

这是机场组织机构中的一部分，配备有专业的医师和护理师等一批医护人员，是国家公职性质，如现在国内各大机场设置的机场医疗急救中心或急救机构。其主要任务是负责机场范围内出现各种突发事件时的紧急救护任务。这些突发事件可以分为以下三种类别。

(1) 涉及航空器的紧急情况，如因飞机机械故障、操纵失误、飞行指挥错误及复杂气象条件造成的紧急情况。

(2) 不涉及航空器的紧急情况，如加油库等各种火灾，候机楼爆炸，自然灾害如风灾、水灾、地震等。

(3) 医学紧急情况，如乘机旅客发生危重伤病、集体食物中毒、急性传染病等。

发生这些情况时，机场急救中心要保证按照预定方案、平时模拟演练及分工任务等快速、高效地完成急救任务。

2. 机场设置的或与相关医疗组织联合设置的机场医疗服务机构

这类机构以医疗服务和保健服务为主。在现代化的机场里，如果旅客感到身体不适需要医疗帮助时，大多数情况下可以在机场候机楼内的医疗中心或医疗站得到服务，并与相应的医疗急救热线与更大规模的医疗部门保持联系。急救服务站大多设在隔离区内，以方便提供现场医疗急救，平常会有许多免费服务项目，如航空旅行医学咨询、测量血压、脉搏和体温，提供服药用水、一次性口杯，患病旅客临时性留观和休息。有偿的服务则包括救护车救护运输服务，为旅客提供救护车进行机场场内摆渡或市区转运病员服务。

除对旅客的医疗服务外，机场还新设了为过往乘机旅客提供的保健服务，如氧气保健护疗服务——高纯度的氧气(92%)可以为旅客减轻长时间飞行后的压力和疲劳，也可以消除有轻微头痛的旅客的不适，而且收费很低；保健按摩服务——器械式按摩，如按摩椅、按摩床等，人工保健按摩服务等；设备齐全的健身服务——为中转或延误旅客提供的健身服务；洗浴休息服务——提供旅客放松及休息用的单独隔间或设施。

应该说明的是，机场的医疗服务无论在人员上还是规模上都不能与正规的医院相比，它更偏重于意外伤害的应急抢救治疗，或偏重于医疗保健、休闲等方面。但是，这些服务提升了机场整体的运作水平和服务形象，是未来机场服务发展的方向。

第四节　机场候机楼内的其他商业性服务

一、候机楼内的保险服务

几乎所有的机场候机楼内都设有航空意外保险销售柜台，为旅客提供航空意外保险销售服务，唯一的区别是提供航空意外保险的保险公司不同、保费的不同和保额的不同等。乘机旅客可以自主决定是否购买和购买哪一家的保险产品——前提是有可选择的余地，如果机场仅销售一种航空意外险，那就无法选择了。

二、候机楼内的银行服务

银行服务是多数机场候机楼配备的服务内容，但是否设置银行服务、要设置几家银行服务、要设置哪几家银行服务，则是由机场当局与银行管理机构协商确定的。设在机场内的银行分支机构均会向旅客提供外币兑换、自动柜员机取款等服务。国内机场的银行服务机构多为中国银行、中国工商银行、中国建设银行、民生银行、交通银行、光大银行、中信银行等。

三、候机楼内的邮政服务

按照国家有关规定，机场内应设有邮政服务机构或邮政局代办点，为乘机旅客提供信件、快件、包裹、电子汇款等服务。一般机场均设有邮政服务点，具体情况可询问该地机场。

四、候机楼内的宾馆、旅游服务

多数机场的到达厅内都设置专门的柜台，为宾馆酒店和旅行社的经营提供方便。这种设置是有偿的，一般情况下是宾馆、酒店、旅行社与所在机场达成经营租赁协议，长期合作。设在机场的宾馆、旅行社服务柜台可为旅客提供住宿及旅游方面的咨询和服务。

五、候机楼内的通信、展示服务

由于机场候机楼的独特资源性，许多行业都希望和机场候机楼保持合作关系，其中最突出的是通信、展览展示等行业。通信企业为开拓业务，均会努力在机场设置服务窗口，特别是全球通会员俱乐部，已在全国数十个机场内设置了业务点，为机场的全球通VIP用户免费提供无线宽带上网、手机充电、茶水提供等服务，并办理移动通信业务、咨询业务、推荐手机等业务。

展览展示行业的经营单位则与机场方面合作，经常举行车辆展示、服装展示、旅游展示、产品展示等，联通了相关的广告设计、制作、发布和施工企业的关系，也使乘机旅客获得了丰富的信息。

六、候机楼内的休闲服务

随着候机条件的不断改善和旅客要求的不断提高，越来越多的机场候机楼内设置了休闲设施。例如，福建厦门的高崎国际机场在候机区设置旅客娱乐厅，有儿童乐园、休闲健身区、棋牌区、休闲阅读区等，还在候机楼内多个地点设置按摩椅，旅客可投币享受电动按摩服务。还有的机场候机楼内设置了电影院、DVD放映室、舞厅、歌厅等。机场候机楼内的休闲服务大厅如图7.5所示。

图7.5　机场休闲服务大厅

练习题

1. 民航机场内的购物服务分为哪七种？
2. 民航机场候机楼交通服务方式的分类是什么？
3. 民航机场候机楼内的商业服务机构有哪些？
4. 民航机场候机楼应该开发旅客休闲服务内容吗？

参 考 文 献

[1] 刘得一. 民航概论 [M]. 北京：中国民航出版社，2000.

[2] 李永，朱天柱. 民航机场地面服务概论 [M]. 北京：中国民航出版社，2006.

[3] 蒋作舟. 中国民用机场集锦 [M]. 北京：清华大学出版社，2002.

[4] 张光辉. 中国民用机场 (上、下)[M]. 北京：中国民航出版社，2008.

[5] 董志毅，刘彦斌. 走进机场 [M]. 北京：机械工业出版社，2012.

[6] 朱志愚. 民航机场管理 [M]. 成都：西南交通大学出版社，2008.

[7] 中国民用航空局发展计划司. 从统计看民航 [M]. 北京：中国民航出版社，2014.

[8] 李永. 民航基础知识教程 [M]. 北京：中国民航出版社，2006.

[9] 田静，竺志奇. 机场服务概论 [M]. 北京：中国民航出版社，2007.

[10] 中国民用航空局. 中国民用航空旅客、行李国内运输规则 [M]. 北京：中国民航出版社，2007.

[11] 中国民用航空局. 中国民用航空旅客、行李国际运输规则 [M]. 北京：中国民航出版社，2007.

[12] 中国民用航空局. 中国民用航空安全检查规则 [M]. 北京：中国民航出版社，2006.